SOBRE OS BENEFÍCIOS

SÊNECA

SOBRE OS BENEFÍCIOS

ENCONTRE MAIS
LIVROS COMO ESTE

Copyright desta tradução © IBC - Instituto Brasileiro De Cultura, 2023

Título original: On Benefits
Reservados todos os direitos desta tradução e produção, pela lei 9.610 de 19.2.1998.

1ª Impressão 2024

Presidente: Paulo Roberto Houch
MTB 0083982/SP

Coordenação Editorial: Priscilla Sipans
Coordenação de Arte: Rubens Martim (capa)
Tradução: Juliana Bojczuk
Preparação de texto e revisão: Lilian Rozati
Apoio de Revisão: Leonan Mariano

Vendas: Tel.: (11) 3393-7727 (comercial2@editoraonline.com.br)

Foi feito o depósito legal.
Impresso na China

Dados Internacionais de Catalogação na Publicação (CIP)
de acordo com ISBD

C181s Camelot Editora

　　　　Sobre os Benefícios - Sêneca / Camelot Editora. – Barueri :
　　　　Camelot Editora, 2023.
　　　　240 p. ; 15,1cm x 23cm.

　　　　ISBN: 978-65-6095-017-7

　　　　1. Filosofia. 2. Sêneca. I. Título.

2023-3449　　　　　　　　　　　　　　　　CDD 100
　　　　　　　　　　　　　　　　　　　　　CDU 1

Elaborado por Vagner Rodolfo da Silva - CRB-8/9410

IBC — Instituto Brasileiro de Cultura LTDA
CNPJ 04.207.648/0001-94
Avenida Juruá, 762 — Alphaville Industrial
CEP. 06455-010 — Barueri/SP
www.editoraonline.com.br

SUMÁRIO

PREFÁCIO 7
CONTEÚDO DETALHADO 13
SOBRE OS BENEFÍCIOS 15
LIVRO I 16
LIVRO II 36
LIVRO III 68
LIVRO IV 101
LIVRO V 137
LIVRO VI 169
LIVRO VII 209

PREFÁCIO

Sêneca, o clássico favorito dos primeiros pais da igreja e da Idade Média, é conhecido como "Sêneca pai" por Jerônimo, Tertuliano e Agostinho, que acreditavam que ele havia se correspondido com São Paulo[1]. Até mesmo Calvino escreveu um comentário sobre ele, embora tenha sido esquecido nos tempos atuais. Sua popularidade pode ser atribuída, talvez, ao fato de ser considerado o autor de tragédias que são pouco lidas atualmente, mas que encantaram uma época que preferia Eurípedes a Ésquilo. Os casuístas devem ter encontrado material adequado em um autor cujos casos de consciência fantásticos se assemelham aos de Sánchez ou Escobar. No entanto, a moralidade de Sêneca é sempre pura e, mesmo que de segunda mão, podemos obter uma visão das doutrinas dos filósofos gregos Zenão, Epicuro, Crisipo etc., cujos preceitos e sistemas de pensamento religiosos foram adotados na sociedade romana culta, local do antigo culto a Júpiter e Quirino.

Desde a edição de Lodge (fol. 1614), não houve uma publicação completa das obras de Sêneca na Inglaterra. No entanto, Sir Roger L'Estrange escreveu paráfrases de diversos Diálogos, que se mostraram extremamente populares, com mais de dezesseis edições. É possível considerar que Shakespeare tenha tido acesso à tradução de Lodge, visto que há várias alusões à filosofia, especialmente em relação à concepção impossível de "o homem sábio".

---

1 NOTA DE AUBREY STEWART — Sobre o "De Clementia", um assunto estranho para o homem que queimou Servetus vivo por discordar dele.

Uma passagem em "Tudo está bem quando termina bem" parece incorporar o espírito de *De Beneficiis*.

> "*É uma pena...*
> *que o poço dos desejos não tenha um corpo que pudesse ser sentido: que nós, os mais pobres nascidos, cujas estrelas mais baixas nos fecham em desejos, poderíamos, com seus efeitos, seguir nossos amigos e mostrar o que só nós devemos pensar; que nunca nos agradece.*"
> "Tudo está bem quando termina bem", Ato I. c. 1.

Embora não se enquadre na suposta data da peça, a ideia pode ter sido inspirada em *The Woorke of Lucius Annaeus Seneca concerning Benefyting*, traduzido do latim por A. Golding e publicado em Londres, em 1578. E mesmo durante a Restauração, o ideal de reclusão virtuosa e letrada de Pepys é uma casa de campo em cujo jardim ele poderia se sentar nas tardes de verão com seu amigo, Sir W. Coventry, "talvez para ler um capítulo de Sêneca". Em nítido contraste com isso está o prefácio de Vahlen aos *Diálogos menores*, que ele editou após a morte de seu amigo Koch, que havia iniciado aquela obra, no qual observa que "ele leu muito deste escritor, a fim de aperfeiçoar seu conhecimento do latim, pois, de outra forma, ele não admira suas sutilezas artificiais de pensamento, nem seus maneirismos infantis de estilo" (Vahlen, prefácio, p. v., ed. 1879, Jena).

No entanto, é importante destacar a relevância de Sêneca para os estudantes da história de Roma sob os Césares. Independentemente da opinião sobre o valor intrínseco de suas especulações, Sêneca representa, talvez até mais do que Tácito, as características intelectuais da época e o espírito da sociedade em Roma. Não podemos ignorar também as histórias de fofoca que estão presentes em suas dissertações mais sérias. Um trecho da *História dos Romanos sob o Império*, de Dean Merivale, demonstra a avaliação que este talentoso escritor fez de Sêneca:

SOBRE OS BENEFÍCIOS

"Em Roma, não podemos supor que o Cristianismo fosse apenas uma opção para os aflitos e miseráveis. Pelo contrário, se analisarmos os documentos mencionados acima, podemos perceber que ele foi primeiramente adotado por pessoas que desfrutavam de um certo grau de conforto e respeitabilidade. Pessoas que se encaixavam no que poderíamos chamar de "classe média", tanto em termos de condição social quanto de educação e opiniões morais. Nessa classe, o filósofo Sêneca era muito admirado, sendo considerado o ídolo e o oráculo. Ele era, por assim dizer, o pregador favorito dos discípulos mais inteligentes e humanos da natureza e da virtude. Os escritos de Sêneca demonstram, de sua maneira, uma verdadeira preocupação dessa classe em elevar o padrão moral da humanidade ao seu redor. Havia um espírito de reforma e um zelo pela conversão das almas, que, embora nunca tenha atingido o fervor dos ensinamentos dos filósofos, emanava um calor admirável na superfície da sociedade. Apesar das diferenças em suas visões sociais e nas bases e supostas sanções de seus ensinamentos, tanto Sêneca quanto São Paulo eram reformadores morais. Ambos, com todo o respeito, eram colegas de trabalho na causa da humanidade, embora o cristão tivesse uma visão além dos objetivos imediatos da moralidade, preparando as pessoas para um desenvolvimento final que o estoico não poderia contemplar. Portanto, há tantos pontos em comum em seus princípios e até mesmo em sua linguagem, que se acredita que um tenha sido diretamente emprestado do outro[2].

"Mas o filósofo, lembre-se, discursava para um público grande e não desatento, e certamente o solo não era totalmente infrutífero sobre o qual sua semente foi espalhada quando ele proclamou que Deus não habita em templos de madeira e pedra, nem deseja os

---

2   NOTA DE AUBREY STEWART — Não é necessário se referir às pretensas cartas entre São Paulo e Sêneca. Além das evidências de estilo, algumas das datas que contêm são suficientes para condená-las como falsificações desajeitadas. Elas são mencionadas, mas sem expressão de crença em sua genuinidade, por Jerônimo e Agostinho. Ver Jones, "Sobre o Cânone", II. 80.

ministérios de mãos humanas[3]; que Ele não tem prazer no sangue das vítimas[4]: que Ele está próximo de todas as Suas criaturas[5]: que Seu Espírito reside nos corações dos homens[6]: que todos os homens são verdadeiramente Sua descendência[7]: que somos membros de um corpo, que é Deus ou Natureza[8]; que os homens devem acreditar em Deus antes que possam se aproximar D'Ele[9]: que o verdadeiro serviço de Deus é ser semelhante a Ele[10]: que todos os homens pecaram e nenhum realizou todas as obras da lei[11]: que Deus não faz acepção de nações, classes ou condições, mas todos, bárbaros e romanos, escravos e livres, são iguais sob Sua Providência que tudo vê[12].

"São Paulo defendeu a submissão e a obediência à tirania de Nero e Sêneca não promoveu ideias subversivas em relação à sujeição política. A resistência é considerada a virtude suprema do estoico. Para o homem sábio, as formas de governo eram completamente irrelevantes; elas eram apenas circunstâncias externas às quais ele se elevava em serena autocontemplação. Sêneca não expressou um desejo pela restau-

---

3 NOTA DE AUBREY STEWART — Sen., Ep. 95, e em Lactantius, Inst. VI. que Ele não tem prazer no sangue das vítimas.
4 NOTA DE AUBREY STEWART — Ep. 116: "Colitur Deus non tauris sed pia et recta seja voluntário."
5 NOTA DE AUBREY STEWART — Ep. 41, 73.
6 NOTA DE AUBREY STEWART — Ep. 46: "Sacer intra nos spiritus sedet."
7 NOTA DE AUBREY STEWART — "De Prov", I.
8 NOTA DE AUBREY STEWART — Ep. 93, 95: "Membra sumus magni corporis."
9 NOTA DE AUBREY STEWART — Ep. 95: "Primus Deorum cultus est Deos credere."
10 NOTA DE AUBREY STEWART — Ep. 95: "Satis coluit quisquis imitatus est."
11 NOTA DE AUBREY STEWART — Sen. de Ira. eu. 14; II. 27: "Quis est iste qui seprofitetur omnibus legibus inocenteem?"
12 NOTA DE AUBREY STEWART — "De Benef.", III. 18: "Virtus omnes admittit, libertinos, servos, reges." Estas e muitas outras passagens são coletadas por Champagny, II. 546, segundo Fabricius e outros, e comparado com textos bem conhecidos das Escrituras. A versão da Vulgata mostra muita correspondência verbal. M. Troplong observa, depois de De Maistre, que Sêneca escreveu um belo livro sobre a Providência, para o qual não havia sequer um nome em Roma na época de Cícero. CH. 4.

ração da liberdade política, nem apontou o Senado, como os patriotas da época, como um controle legítimo para a autocracia do déspota. Em sua opinião, a única maneira de moderar a tirania era educar o próprio tirano na virtude. Ele praticou a abnegação dos cristãos, mas sem a recompensa antecipada. Parece impossível duvidar que, em seu estilo retórico mais elevado — e nenhum homem jamais recomendou o inatingível com tanta graça refinada — Sêneca deve ter sentido que estava construindo uma casa sem alicerces; seu sistema, como Caio disse sobre seu estilo, era como areia sem cal. Certamente ele não estava inconsciente da inconsistência de sua própria posição como homem público e ministro, com as teorias às quais ele se comprometeu; e da impossibilidade de preservar a pureza de seu caráter como filósofo ou homem. Ele estava ciente de que, no estado atual da sociedade romana, a riqueza era necessária para os homens de alta posição; apenas a riqueza poderia manter sua influência, e um ministro pobre se tornaria imediatamente desprezível. O distribuidor dos favores imperiais deveria ter seus banquetes, recepções, escravos e libertos; ele deveria possuir os meios de atrair, se não de subornar; ele não deveria parecer excessivamente virtuoso ou austero em uma geração má; para fazer o bem, ele deveria nadar com a corrente, por mais poluída que ela estivesse. Sêneca contemplou toda essa inconsistência sem hesitar; e há algo comovente na serenidade que ele manteve em meio ao conflito que deve ter ocorrido constantemente entre seu senso natural e seus princípios adquiridos. Tanto Cícero quanto Sêneca eram homens com muitas fraquezas, e destacamos isso ainda mais porque ambos pretendiam ter uma força de caráter incomum; mas embora Cícero tenha cometido erros políticos, Sêneca não pode ser absolvido do verdadeiro crime. No entanto, se pudermos comparar os maiores mestres da sabedoria romana, o estoico parecerá, penso eu, o mais zeloso dos dois, o mais ansioso por cumprir seu dever por si mesmo, o mais sensato diante das demandas da humanidade sobre ele pelos preceitos de uma vida virtuosa que ele tinha para oferecer. Em uma época de incredulidade e comprometimento, ele ensinou que a Verdade era positiva e a Virtude objetiva. Ele concebeu, o que nunca passou pela cabeça de Cícero, a ideia de melhorar seus semelhantes; ele tinha o que Cícero não tinha: um coração voltado para a conversão ao cristianismo."

Não tenho nada a acrescentar a esse relato eloquente da posição de Sêneca e da tendência de seus escritos. Os principais detalhes de sua vida, como sua origem espanhola (assim como a de Lacan e Martial), os tratados de retórica de seu pai, sua mãe Hélvia, seus irmãos, sua riqueza, seu exílio na Córsega, sua ultrajante bajulação de Cláudio e seu poema satírico sobre sua morte — "A Visão do Julgamento", chamado assim por Merivale em homenagem a Lord Byron — sua posição como tutor de Nero, e sua morte, digna ao mesmo tempo de um romano e de um estoico, pelas ordens daquele tirano, podem ser encontrados em *A História dos Romanos sob o Império* ou no artigo "Sêneca" do "Dicionário de Biografia Clássica". Não é necessário reproduzi-los aqui, mas não posso deixar de destacar como a visão de Grote dos "Sofistas" como uma espécie de clero estabelecido e o relato de Sêneca sobre as várias seitas de filósofos como representantes do pensamento religioso da época são ilustrados por sua anedota sobre Júlia Augusta, mãe de Tibério, mais conhecida pelos leitores ingleses como Lívia, esposa de Augusto. Em sua primeira agonia de tristeza pela perda de seu primeiro marido, ela recorreu a seu filósofo grego, Areus, como a um tipo de capelão doméstico, em busca de consolo espiritual. (Capítulo IV de "Ad Marciam de Consolatione").

Aproveito esta oportunidade para expressar minha gratidão ao Rev. J. E. B. Mayor, Professor de Latim na Universidade de Cambridge, por sua gentileza em encontrar tempo entre seus muitos e importantes trabalhos literários para ler e corrigir as provas deste trabalho.

O texto que segui para *De Beneficiis* é o de Gertz, Berlim (1876).

AUBREY STEWART

Londres, março de 1887.

CONTEÚDO DETALHADO

LIVRO I. A prevalência da ingratidão — Como um benefício deve ser concedido — As Três Graças — Os benefícios como principal vínculo da sociedade humana — O que devemos em troca de um benefício recebido — O benefício não consiste em uma coisa, mas no desejo de fazer o bem — A perspectiva de Sócrates e Ésquines — Que tipos de benefícios devem ser concedidos e de que forma — O exemplo de Alexandre e a aliança com Corinto.

LIVRO II. Muitos homens doam por fraqueza de caráter — Devemos doar antes que nossos amigos peçam — Muitos benefícios são prejudicados pela maneira do doador — Marius Nepos e Tibério — Alguns benefícios devem ser concedidos secretamente — Não devemos dar o que prejudicaria o receptor — Alexandre dádiva de uma cidade — Troca de benefícios como um jogo de bola — De quem se deve receber um benefício? — Exemplos — Como receber um benefício — Ingratidão causada pelo amor-próprio, pela ganância ou por ciúme — Gratidão e retribuição não são a mesma coisa — Fídias e a estátua.

LIVRO III. Ingratidão — É pior ser ingrato pela bondade ou nem mesmo para lembrar dela? — A ingratidão deve ser punida por lei? Um escravo pode conceder um benefício? — Um filho pode conceder um benefício a seu pai? — Exemplos.

LIVRO IV. Se a concessão de benefícios e a retribuição de gratidão por eles são objetos desejáveis em si mesmos? Deus concede benefícios? — Como escolher o homem a ser beneficiado — Não devemos esperar qualquer retorno — Verdadeira gratidão — De manter a promessa — Philip e o soldado — Zenão.

LIVRO V. Sobre ser derrotado em uma competição de benefícios — Sócrates e Arquelau — Se um homem pode ser grato a si mesmo ou pode conceder um benefício para si — Exemplos de ingratidão — Diálogo sobre ingratidão — Se devemos lembrar aos amigos o que fizemos por eles — César e o soldado — Tibério.

LIVRO VI. Se um benefício pode ser tirado de alguém pela força — Os benefícios dependem do pensamento — Não somos gratos pelas vantagens que recebemos da natureza inanimada ou de animais mudos — para me colocar sob uma obrigação, você deve me beneficiar intencionalmente — a história de Cleantes dos dois escravos — Dos benefícios dados com espírito mercenário — Médicos e os professores concedem enormes benefícios, mas são suficientemente pagos com uma taxa moderada — Platão e o barqueiro — Temos obrigação para com o sol e a lua? — Devemos desejar que o mal aconteça aos nossos benfeitores para que possamos demonstrar a nossa gratidão?

LIVRO VII. O cínico Demétrio — suas regras de conduta — Do homem verdadeiramente sábio — se alguém que fez tudo ao seu alcance para retribuir um benefício o devolveu — Devemos devolver um benefício a um homem mau? — O pitagórico e o sapateiro — Como se deve lidar com os ingratos.

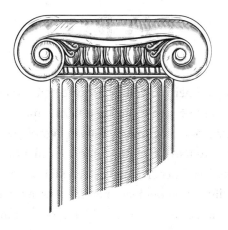

SOBRE OS BENEFÍCIOS

DEDICADO A ABUTIUS LIBERARIS

LIVRO I

I. Entre as numerosas falhas daqueles que passam a vida de forma imprudente e sem a devida reflexão, meu bom amigo Liberalis, eu diria que dificilmente haverá alguma tão prejudicial à sociedade quanto não sabermos como conceder ou como receber um benefício. Disso decorre que os benefícios são mal investidos e se tornam dívidas incobráveis: nesses casos, é tarde demais para reclamar do fato de não serem devolvidos, pois foram jogados fora quando os concedemos.

Não precisamos nos surpreender com o fato de que, embora os maiores vícios sejam comuns, nenhum deles é mais comum do que a ingratidão, pois, a meu ver, isso é causado por várias razões. A primeira delas é que não escolhemos pessoas dignas a quem conceder nossa generosidade, mas, embora quando estamos dispostos a emprestar dinheiro, primeiro fazemos uma investigação cuidadosa sobre os meios e hábitos de vida de nosso devedor e evitamos plantar sementes em um solo desgastado ou infrutífero, ainda assim, sem qualquer discriminação, espalhamos nossos benefícios ao acaso em vez de concedê-los.

É difícil dizer se é mais desonroso para o recebedor negar um benefício ou para o doador exigir a devolução do mesmo, pois um benefício é um empréstimo, cuja devolução depende apenas do bom sentimento do devedor. Fazer mau uso de um benefício como um perdulário é muito vergonhoso, porque não precisamos de nossa riqueza, mas apenas de nossa intenção de nos livrar da obrigação dela, pois um benefício é reembolsado ao ser reconhecido. No entanto, embora sejam culpados aqueles que não demonstram gratidão a ponto de reconhecer sua dívida, nós mesmos não somos menos culpados. Muitos homens são ingratos, mas nós os

SOBRE OS BENEFÍCIOS

tornamos ainda mais ingratos porque em um momento exigimos de forma severa e reprovável, algum retorno por nossa generosidade, em outro somos inconstantes e nos arrependemos do que demos, em outro somos rabugentos e aptos a encontrar falhas em mixarias. Ao agirmos dessa forma, destruímos todo o senso de gratidão, não apenas depois de termos dado algo, mas enquanto estamos dando.

Quem já pensou que é suficiente pedir algo de maneira improvisada ou pedir apenas uma vez? Quem, ao suspeitar que seria solicitado, não franziu a testa, desviou o olhar, fingiu estar ocupado ou conversou propositalmente sem parar, a fim de não dar ao pretendente a chance de dar preferência ao seu pedido e evitou, por meio de vários artifícios, ter de ajudar o amigo em sua necessidade imediata? E, quando encurralado, não tenha adiado a questão, ou seja, recusado covardemente ou prometido sua ajuda de forma ingrata, com uma expressão irônica e com palavras indelicadas, das quais parecia se ressentir. No entanto, ninguém fica feliz em dever o que não recebeu de seu benfeitor, mas o que foi arrancado dele. Quem pode ser grato por aquilo que lhe foi atirado com desdém, ou que lhe foi lançado com raiva, ou que lhe foi dado por cansaço, para evitar mais problemas? Ninguém precisa esperar qualquer retorno daqueles que cansou com atrasos ou adoeceu com expectativas.

Um benefício é recebido no mesmo estado em que é dado e, portanto, não deve ser oferecido descuidadamente, pois um homem agradece a si mesmo por aquilo que recebe sem o conhecimento de quem o deu. Tampouco devemos dar depois de muito tempo, porque em todos os bons ofícios a vontade do doador conta muito, e aquele que dá tardiamente deve ter sido, por muito tempo, relutante em fazê-lo. Nem, certamente, devemos dar de maneira ofensiva, porque a natureza humana é constituída de tal forma que os insultos afundam mais do que as gentilezas; a lembrança dessa última logo desaparece, enquanto a da primeira permanece guardada na memória; portanto, o que se pode esperar de um homem que insulta enquanto cede? Toda a gratidão que ele merece é ser perdoado por nos ajudar.

Por outro lado, o número de ingratos não deve nos impedir de conquistar a gratidão dos homens, pois, em primeiro lugar, o número deles aumenta devido aos nossos próprios atos. Em segundo lugar, o sacrilégio e a indiferença à religião por parte de alguns homens não impedem nem mesmo que os deuses imortais continuem a derramar seus benefícios sobre nós, pois eles agem de acordo com sua natureza divina e ajudam a todos da mesma forma, inclusive aqueles que não apreciam sua generosidade. Tomemos eles como nossos guias, até onde a fraqueza de nossa natureza mortal permitir; concedamos benefícios e não os distribuamos a troco de juros. O homem que, enquanto concede um benefício, pensa no que receberá em troca, merece ser enganado. Mas e se o benefício for ruim? Nossas esposas e nossos filhos muitas vezes decepcionam nossas esperanças, mas nos casamos — e criamos filhos — e somos tão obstinados diante da experiência que lutamos depois de termos sido derrotados e nos lançamos ao mar depois de termos naufragado.

Quão mais constância deveríamos demonstrar ao conceder benefícios! Se um homem não concede benefícios porque não os recebeu, ele deve tê-los concedido para recebê-los em troca, e ele justifica a ingratidão, cuja desgraça está no fato de não devolver os benefícios quando pode fazê-lo. Quantos não são dignos da luz do dia? E, no entanto, o sol nasce. Quantos reclamam por terem nascido? Mas a natureza está sempre renovando nossa raça e até mesmo permite que vivam homens que gostariam de nunca ter vivido. É próprio de uma mente grande e boa cobiçar, não o fruto de boas ações, mas as próprias boas ações, e procurar um homem bom mesmo depois de ter encontrado homens maus. Se não houvesse bandidos, que glória haveria em fazer o bem a muitos? A virtude consiste em conceder benefícios para os quais não temos certeza de receber qualquer retorno, mas cujos frutos são imediatamente desfrutados por mentes nobres. Essa influência deve ser tão pequena para nos impedir de praticar boas ações que, mesmo que me fosse negada a esperança de encontrar um homem agradecido, o medo de não ter meus benefícios devolvidos não impediria que eu os concedesse, porque aquele que não dá, evita o vício daquele que é ingrato. Vou explicar o que quero dizer. Aquele que não retribui um benefício peca mais, mas aquele que não o concede peca mais cedo.

"Se você desperdiçar aleatoriamente suas recompensas, muito será perdido, para alguém que está bem colocado."

II. No primeiro versículo, você pode culpar duas coisas, pois não se deve lançá-las ao acaso e não é correto desperdiçar nada, muito menos benefícios; pois, a menos que sejam concedidos com discernimento, eles deixam de ser benefícios e podem ser chamados de qualquer outro nome que você queira. O significado desse último versículo é admirável, pois um benefício concedido corretamente compensa o dano de muitos que foram perdidos. Veja, eu lhe peço, se não é mais verdadeiro e mais digno da glória do doador, que nós o encorajemos a doar, mesmo que nenhuma de suas dádivas seja colocada dignamente. "Muito deve ser perdido." Nada é perdido porque aquele que perde já havia calculado o custo antes. A contabilidade dos benefícios é simples: tudo é gasto; se alguém o devolve, é claro que é ganho; se não o devolve, não está perdido, eu o ofereci para dar. Ninguém anota suas dádivas em um livro de registro ou, como um credor ganancioso, exige o reembolso no dia e na hora. Um homem de bem nunca pensa em tais assuntos, a menos que seja lembrado por alguém que devolva suas dádivas; caso contrário, elas se tornam como dívidas para com ele. Considerar um benefício como um investimento é uma ambição básica. Qualquer que tenha sido o resultado de seus benefícios anteriores, persevere em conceder mais a outros homens; eles estarão mais bem colocados nas mãos dos ingratos a quem a vergonha, uma oportunidade favorável ou a imitação de outros pode, algum dia, fazer com que sejam gratos. Não se canse, cumpra seu dever e aja como um bom homem. Ajude um homem com dinheiro, outro com crédito, outro com seu favor; este homem com bons conselhos, aquele com consistência. Até mesmo os animais selvagens sentem bondade e não há nenhum animal tão selvagem que um bom tratamento não o domestique e conquiste seu amor. As bocas dos leões são manipuladas por seus tratadores impunemente; para obter seu alimento, elefantes ferozes se tornam tão dóceis quanto escravos: de modo que a bondade constante e incessante conquista o coração até mesmo de criaturas que, por sua natureza, não conseguem compreender ou pesar o valor de um benefício. Um homem é ingrato por um benefício? Talvez ele não o seja depois de receber um segundo. Ele se esqueceu de duas bondades? Talvez com uma terceira ele possa se lembrar das anteriores também.

III. Aquele que se apressa em acreditar que jogou fora seus benefícios, na verdade os joga fora; mas aquele que insiste e acrescenta novos benefícios aos anteriores, força a gratidão até mesmo de um peito duro e esquecido. Diante de tantas bondades, seu amigo não ousará levantar os olhos; deixe-o vê-lo onde quer que ele se vire para escapar da sua lembrança; cerque-o com seus benefícios. Quanto ao poder e à propriedade delas, eu o explicarei se primeiro você me permitir dar uma olhada em um assunto que não pertence ao nosso tema, como porque as Graças são três em número, por que são irmãs, por que estão de mãos dadas e por que são sorridentes e jovens, com um vestido solto e transparente. Alguns escritores acham que há uma que concede um benefício, outra que o recebe e uma terceira que o devolve; outros dizem que elas representam os três tipos de benfeitores, aqueles que concedem, aqueles que retribuem e aqueles que recebem e retribuem. Mas, seja qual for a sua opinião, o que esse conhecimento nos trará de benefício? Qual é o significado dessa dança de irmãs em um círculo, de mãos dadas? Significa que o curso de um benefício é de mão em mão, de volta ao doador; que a beleza de toda a corrente se perde se um único elo falhar, e que ela é mais bela quando prossegue em uma ordem regular ininterrupta. Na dança, há uma pessoa, mais estimada do que as outras, que representa os doadores de benefícios. Seus rostos são alegres, como costumam ser os dos homens que dão ou recebem benefícios. Eles são jovens, porque a lembrança dos benefícios não deve envelhecer. São virgens, porque os benefícios são puros e imaculados, e considerados sagrados por todos; nos benefícios não deve haver condições estritas ou obrigatórias, por isso as Graças usam túnicas soltas e esvoaçantes, que são transparentes, porque os benefícios gostam de ser vistos. As pessoas que não estão sob a influência da literatura grega podem dizer que tudo isso é óbvio; mas não há ninguém que pense que os nomes que Hesíodo deu a elas tenham relação com nosso assunto. Ele chamou a mais velha de Aglaia, a do meio de Euphrosyne, a terceira de Thalia. Cada um, de acordo com suas próprias ideias, distorce o significado desses nomes, tentando reconciliá-los com algum sistema, embora Hesíodo tenha dado às suas donzelas nomes que surgiram de sua própria fantasia. Assim, Homero alterou o nome de uma delas, chamando-a de Pasithea, e a desposou com um marido, para que você saiba que elas não são virgens vestais[13].

---

13 NOTA DE AUBREY STEWART — Ou seja, não juraram castidade.

Eu poderia encontrar outro poeta, em cujos escritos eles são cingidos e usam vestes frígias grossas ou bordadas. Mercúrio está ao lado deles pela mesma razão, não porque o argumento ou a eloquência lhes traga benefícios, mas porque o pintor assim o escolheu. Também Crisipo, aquele homem de intelecto penetrante que viu até o fundo da verdade, que fala apenas ao ponto e não faz uso de mais palavras do que as necessárias para expressar seu significado, preenche todo o seu tratado com essas puerilidades, de modo que ele diz muito pouco sobre os deveres de dar, receber e devolver um benefício, e não inseriu fábulas entre esses assuntos, mas inseriu esses assuntos entre uma massa de fábulas. Pois, para não mencionar o que Hecaton toma emprestado dele, Crisipo nos diz que as três Graças são filhas de Júpiter e Eurínome, que são mais jovens do que as Horas e mais belas, e que, por essa razão, são designadas como companheiras de Vênus. Ele também acha que o nome da mãe delas tem relação com o assunto, e que ela se chama Eurínome porque distribuir benefícios requer uma ampla herança; como se a mãe geralmente recebesse seu nome depois das filhas, ou como se os nomes dados pelos poetas fossem verdadeiros. Na verdade, assim como no caso de um "nomenclador" a audácia substitui a memória e ele inventa um nome para cada pessoa cujo nome não consegue lembrar, os poetas pensam que não é importante falar a verdade, mas são forçados pelas exigências da métrica ou atraídos pela doçura do som a chamar cada pessoa por qualquer nome que se encaixe perfeitamente no verso. Tampouco sofrem com isso se introduzirem outro nome na lista, pois o poeta seguinte faz com que eles tenham o nome que quiser. Para que você saiba que é assim, por exemplo, Thalia, nosso atual tema de discussão, é uma das Graças nos poemas de Hesíodo, enquanto nos de Homero ela é uma das Musas.

IV. Mas, para que eu não faça exatamente o que estou acusando, passarei por cima de todas essas questões, que estão tão distantes do assunto que nem mesmo estão relacionadas a ele. Apenas me proteja, se alguém me atacar por ter criticado Crisipo, que, por Hércules, era um grande homem, mas ainda assim um grego, cujo intelecto, muito aguçado, é muitas vezes dobrado e voltado para si mesmo; mesmo quando parece estar falando sério, ele apenas pica, mas não perfura. Aqui, porém, que ocasião há para sutileza? Estamos falando de benefícios e definindo um assunto que é o principal vínculo da sociedade humana; estamos estabelecendo uma regra de vida, de modo que nem a franqueza descuidada possa se apresentar a nós sob o pretexto de bondade de coração e, ainda assim, que nossa circunspecção, embora moderada, não possa extinguir nossa generosidade, uma qualidade na qual não devemos nos exceder nem ficar aquém. Os homens devem ser ensinados a estar dispostos a dar, a receber, a retribuir; e a colocar diante de si mesmos o alto objetivo, não apenas de igualar, mas até mesmo de superar aqueles a quem estão em dívida, tanto em bons ofícios quanto em bons sentimentos; porque o homem cujo dever é retribuir nunca poderá fazê-lo, a menos que supere seu benfeitor[14]; uma classe deve ser ensinada a não esperar retorno, a outra a sentir uma gratidão mais profunda. Nessa mais nobre das competições para superar benefícios por benefícios, Crisipo nos encoraja, ordenando-nos que tomemos cuidado para que, como as Graças são as filhas de Júpiter, agir de forma ingrata não seja um pecado contra elas e não prejudique essas belas donzelas. Ensine-me como posso conceder mais coisas boas e ser mais grato àqueles que merecem minha gratidão e como as mentes de ambas as partes podem competir uma com a outra, o doador esquecendo, o receptor lembrando sua dívida. Quanto a essas outras tolices, que sejam deixadas para os poetas, cujo objetivo é meramente en-

---

14 NOTA DE AUBREY STEWART — Ou seja, ele nunca se aproxima de seu benfeitor a menos que o deixe para trás: ele só pode fazer um calor mortal ao começar.

cantar os ouvidos e tecer uma história agradável; mas que aqueles que desejam purificar as mentes dos homens, manter a honra em suas relações e imprimir em suas mentes a gratidão pelas gentilezas, que falem com seriedade e ajam com toda a sua força; a menos que você imagine, porventura, que por meio dessa conversa irreverente e mítica, e desse raciocínio de esposas velhas, seja possível evitar a consumação mais ruinosa, o repúdio aos benefícios.

V. No entanto, enquanto passo por cima do que é fútil e irrelevante, devo salientar que a primeira coisa que temos de aprender é o que devemos em troca de um benefício recebido. Um homem diz que deve o dinheiro que recebeu, outro diz que deve um cargo de cônsul, um sacerdócio, uma província e assim por diante. Esses, no entanto, são apenas sinais externos de bondade, não a bondade em si. Um benefício não deve ser sentido e manuseado, é algo que existe apenas na mente. Há uma grande diferença entre o objeto de um benefício e o benefício em si. Portanto, nem o ouro, nem a prata, nem qualquer uma das coisas mais estimadas são benefícios, mas o benefício está na boa vontade de quem os dá. Os ignorantes só prestam atenção naquilo que está diante de seus olhos e que pode ser possuído e passado de mão em mão, enquanto desconsideram aquilo que dá valor a essas coisas. As coisas que temos em nossas mãos, que vemos com nossos olhos e que nossa avareza abraça, são transitórias, podem ser tiradas de nós por má sorte ou por violência; mas uma gentileza perdura mesmo após a perda daquilo por meio do qual foi concedida, pois é uma boa ação que nenhuma violência pode desfazer. Por exemplo, suponha que eu tenha resgatado um amigo dos piratas, mas outro pirata o pegou e o jogou na prisão. O pirata não lhe roubou o meu benefício, mas apenas o impediu de usufruir dele. Ou suponhamos que eu tenha salvado os filhos de um homem de um naufrágio ou de um incêndio, e que depois uma doença ou um acidente os tenha levado; mesmo que eles não existam mais, a bondade que foi feita por meio deles permanece. Todas essas coisas, portanto, que impropriamente assumem o nome de benefícios, são meios pelos quais o sentimento de bondade se manifesta. Em outros casos, também encontramos uma distinção entre o símbolo visível e o assunto em si, como quando um general concede colares de ouro, ou coroas cívicas ou murais a qualquer pessoa. Que valor tem a coroa em si mesma? Ou a túnica com bordas roxas? Ou o fasces? Ou o assento de julgamento e o carro do triunfo? Nenhuma dessas coisas é em si mesma uma honra, mas é um emblema de honra. Da mesma forma, aquilo que é visto não é um benefício — é apenas o traço e a marca de um benefício.

VI. O que é, então, um benefício? É a arte de fazer uma gentileza que tanto proporciona prazer quanto o obtém ao proporcioná-lo, e que realiza seu trabalho por impulso natural e espontâneo. Portanto, não é a coisa que é feita ou dada, mas o espírito no qual ela é feita ou dada, que deve ser considerado, porque um benefício existe não naquilo que é feito ou dado, mas na mente de quem o faz ou dá. Como é grande a distinção entre eles, você pode perceber que, embora um benefício seja necessariamente bom, o que é feito ou dado não é bom nem ruim. O espírito com o qual são dados pode exaltar coisas pequenas, glorificar coisas insignificantes e desacreditar coisas grandes e preciosas; os próprios objetos que são procurados têm uma natureza neutra, nem boa nem má; tudo depende da direção dada pelo espírito orientador do qual as coisas recebem sua forma. O que é pago ou entregue não é o benefício em si, assim como a honra que prestamos aos deuses não está nas vítimas em si, embora sejam gordas e reluzentes de ouro[15], mas nos sentimentos puros e sagrados dos adoradores.

---

15 NOTA DE AUBREY STEWART — Alusão à prática de dourar os chifres das vítimas.

Assim, os homens bons são religiosos, embora sua oferta seja de farinha e seus vasos de barro; enquanto os homens maus não escaparão de sua impiedade, embora derramem o sangue de muitas vítimas sobre os altares.

VII. Se os benefícios consistissem em coisas, e não no desejo de se beneficiar, então quanto mais coisas recebêssemos, maior seria o benefício. Mas isso não é verdade, pois às vezes sentimos mais gratidão por alguém que nos dá ninharias com nobreza, que, como o pobre e velho soldado de Virgílio, "se considera tão rico quanto os reis", se ele nos deu tão pouco com boa vontade, que tem não apenas o desejo, mas a ânsia de ajudar, que pensa que recebe um benefício quando o concede, que dá como se não fosse receber nada em troca, que recebe um reembolso como se não tivesse dado nada originalmente e que fica atento e aproveita a oportunidade de ser útil. Por outro lado, como eu disse antes, as dádivas que dificilmente são arrancadas do doador, ou que caem sem serem ouvidas de suas mãos, não exigem gratidão de nossa parte, por maiores que pareçam e sejam. Valorizamos muito mais o que vem de uma mão disposta do que o que vem de uma mão cheia. Este homem me deu pouco e ainda mais não podia pagar, enquanto o que aquele deu é realmente muito, mas ele hesitou, adiou, resmungou quando deu, deu com altivez ou proclamou em voz alta, e fez isso para agradar aos outros, não para agradar à pessoa a quem deu; ele ofereceu para seu próprio orgulho, não para mim.

VIII. Enquanto os alunos de Sócrates, cada um na proporção de suas posses, davam-lhe grandes presentes, Ésquines, um aluno pobre, disse: "Não consigo encontrar nada para lhe dar que seja digno de você; sinto minha pobreza apenas nesse aspecto. Portanto, eu o presenteio com a única coisa que possuo, eu mesmo. Peço-lhe que aceite este meu presente, tal como ele é, em boa parte, e que se lembre de que os outros, embora tenham lhe dado muito, deixaram para si mesmos mais do que deram". Sócrates respondeu: "Certamente você me deu um grande presente, a não ser que, por acaso, tenha dado um valor pequeno a si mesmo. Portanto, eu me esforçarei para devolvê-lo a si mesmo como um homem melhor do que quando o recebi". Com esse presente, Ésquines superou Alcibíades, cuja mente era tão grande quanto sua riqueza e todo o esplendor dos jovens mais ricos de Atenas.

IX. Veja como a mente, mesmo nas circunstâncias mais difíceis, encontra os meios para a generosidade. Ésquines me parece ter dito: "Fortuna, foi em vão que você me fez pobre; apesar disso, encontrarei um presente digno para este homem. Já que não posso dar a ele nada que seja seu, darei a ele algo que seja meu". Nem é preciso supor que ele se considerava barato; ele fez de si mesmo seu próprio preço. Por um golpe de gênio, esse jovem descobriu um meio de apresentar Sócrates a si mesmo. Não devemos considerar quão grandes são os presentes, mas em que espírito eles são dados.

Fala-se bem de um homem rico se ele for inteligente o suficiente para facilitar o acesso a homens de ambição desmedida e, embora não tenha a intenção de fazer nada para ajudá-los, ainda assim encoraja suas esperanças inconscientes; mas ele é considerado pior se for afiado na língua, azedo na aparência e exibir sua riqueza de forma injuriosa. Pois os homens respeitam e, ao mesmo tempo, detestam um homem afortunado e o odeiam por fazer o que, se tivessem a chance, eles mesmos fariam.

Hoje em dia, os homens não mais ofendem secretamente, mas abertamente, as esposas de outros e permitem que outros tenham acesso a suas próprias esposas. Um casamento é considerado condenado, incivilizado, de mau estilo e deve ser protestado por todas as damas, se o marido proibir sua esposa de aparecer em público em uma liteira e ser carregada exposta ao olhar de todos os observadores. Se um homem não se tornar notório por meio de uma ligação com alguma amante, se ele não pagar uma pensão para a esposa de outra pessoa, as mulheres casadas falarão dele como uma criatura de espírito pobre, um homem dado a vícios baixos, um amante de garotas criadas. Logo o adultério se torna a forma mais respeitável de casamento, e a viuvez e o celibato são comumente praticados. Ninguém toma uma esposa a menos que a tire de outra pessoa. Agora os homens competem uns com os outros para desperdiçar o que roubaram e para juntar o que desperdiçaram com a mais aguda avareza; eles se tornam totalmente imprudentes, desprezam a pobreza dos outros, temem os danos pessoais mais do que qualquer outra coisa, quebram a paz com seus tumultos e, por meio da violência e do terror, dominam aqueles que são mais fracos do que eles. Não é de se admirar que saqueiem as províncias e coloquem à venda a sede do juízo, arrematando-a após um leilão, a quem der o maior lance, uma vez que é lei das nações que se possa vender o que se comprou.

X. Entretanto, meu entusiasmo me levou mais longe do que eu pretendia, pois o assunto é convidativo. Permitam-me, então, terminar ressaltando que a desgraça desses crimes não pertence especialmente à nossa época. Nossos ancestrais antes de nós lamentaram e nossos filhos depois de nós lamentarão, assim como nós, a ruína da moralidade, a prevalência do vício e a deterioração gradual da humanidade; no entanto, essas coisas são realmente imutáveis, apenas levemente movidas para um lado e para o outro, como as ondas que, em um momento, uma maré crescente leva mais longe sobre a terra e, em outro, uma maré vazante restringe a uma marca d'água mais baixa. Em uma época, o principal vício será o adultério, e a depravação ultrapassará todos os limites; em outra, a fúria por banquetes estará em alta e os homens desperdiçarão sua herança da maneira mais vergonhosa de todas, na cozinha; em outra, o cuidado excessivo com o corpo e a devoção à beleza pessoal, o que implica a feiura da mente; em outro momento, a liberdade concedida inadvertidamente se manifestará em imprudência e desafio à autoridade; às vezes, haverá um reinado de crueldade tanto em público quanto em privado, e a loucura das guerras civis se abaterá sobre nós, destruindo tudo o que é sagrado e inviolável. Às vezes, até mesmo a embriaguez será considerada uma honra e será uma virtude engolir a maior parte do vinho. Os vícios não nos aguardam em um só lugar, mas pairam ao nosso redor em formas mutáveis, às vezes até mesmo em desacordo uns com os outros, de modo que, por sua vez, eles ganham e perdem o campo de batalha; no entanto, sempre seremos obrigados a pronunciar o mesmo veredito sobre nós mesmos, de que somos e sempre fomos maus e, a contragosto, acrescento que sempre seremos. Sempre haverá homicidas, tiranos, ladrões, adúlteros, estupradores, sacrílegos, traidores: pior do que todos esses é o homem ingrato, a não ser que consideremos que todos esses crimes decorrem da ingratidão, sem a qual quase nenhuma grande maldade jamais atingiu sua plena estatura. Certifique-se de se proteger contra isso como o maior dos crimes em si mesmo, mas perdoe-o como o menor dos crimes em outra pessoa. Pois todo o dano que você sofre é o seguinte: você perdeu o objeto de um benefício, não o benefício em si, pois você possui a melhor parte dele, já que o concedeu. Embora devamos ter o cuidado de conceder nossos benefícios de preferência àqueles que provavelmente nos mostrarão gratidão por eles, às vezes temos que fazer o que não esperamos que seja bom e conceder benefícios àqueles que não apenas achamos que se mostrarão ingratos, mas que sabemos que o foram. Por exemplo, se eu puder salvar os filhos de um homem de um grande perigo sem nenhum risco para mim mesmo, não hesitarei em fazê-lo. Se um homem for digno, eu o defenderei até mesmo com meu sangue e compartilharei seus perigos; se ele não for digno e, ainda assim, apenas gritando por ajuda, eu puder salvá-lo de ladrões, eu não hesitaria em dar o grito que salvaria um semelhante.

XI. O próximo ponto a ser definido é que tipo de benefícios devem ser concedidos e de que maneira. Primeiro, vamos dar o que é necessário, depois o que é útil e, por fim, o que é agradável, desde que seja duradouro. Devemos começar com o que é necessário, pois as coisas que sustentam a vida afetam a mente de maneira muito diferente daquelas que a adornam e melhoram. Um homem pode ser agradável e difícil de agradar em coisas que ele pode facilmente dispensar, das quais ele pode dizer: "Leve-as de volta; eu não as quero, estou satisfeito com o que tenho". Às vezes, desejamos não apenas devolver o que recebemos, mas até mesmo jogá-lo fora. Entre as coisas necessárias, a primeira classe consiste em coisas sem as quais não podemos viver; a segunda, em coisas sem as quais não devemos viver; e a terceira, em coisas sem as quais não devemos nos preocupar em viver. A primeira classe é a de ser salvo das mãos do inimigo, da ira dos tiranos, da proscrição e de vários outros perigos que assolam a vida humana. Ao evitarmos qualquer um desses perigos, receberemos gratidão proporcional à grandeza do perigo, pois quando os homens pensam na grandeza da miséria da qual foram salvos, o terror pelo qual passaram aumenta o valor de nossos serviços. No entanto, não devemos atrasar o resgate de ninguém mais do que o necessário, apenas para que seus temores aumentem o peso de nossos serviços. Em seguida, vêm as coisas sem as quais podemos de fato viver, mas de tal forma que seria melhor morrer, como a liberdade, a castidade ou uma boa consciência. Depois dessas, vêm as coisas que passamos a valorizar por conexão e relacionamento e por longo uso e costume, como nossas esposas e filhos, nossos deuses domésticos e assim por diante, aos quais a mente se apega tão firmemente que a separação deles parece pior do que a morte.

SOBRE OS BENEFÍCIOS

Depois disso, vêm as coisas úteis, que formam uma classe muito ampla e variada; entre elas, o dinheiro, não em excesso, mas o suficiente para viver em um estilo moderado; cargos públicos e, para os ambiciosos, a devida ascensão a postos mais altos; pois nada pode ser mais útil para um homem do que ser colocado em uma posição na qual ele possa se beneficiar. Todos os benefícios além desses são supérfluos e podem estragar aqueles que os recebem. Ao dar esses benefícios, devemos ter o cuidado de torná-los aceitáveis, dando-os no momento apropriado, ou dando coisas que não sejam comuns, mas que poucas pessoas possuam ou, pelo menos, que poucas possuam em nossa época; ou ainda, dando coisas de tal forma que, embora não sejam naturalmente valiosas, tornem-se valiosas pelo momento e local em que são dadas. Devemos refletir sobre qual presente produzirá mais prazer, o que será mais frequentemente percebido por quem o possui, de modo que, sempre que ele estiver com ele, possa estar conosco também; e, em todos os casos, devemos ter o cuidado de não enviar presentes inúteis, como armas de caça para uma mulher ou um idoso, ou livros para um rústico, ou redes para capturar animais selvagens para um literato tranquilo. Por outro lado, devemos ter cuidado, embora desejemos enviar o que nos agrade, para não enviarmos o que possa lembrar nossos amigos de suas falhas, como, por exemplo, se enviarmos vinho a um bebedor inveterado ou drogas a um inválido, pois um presente que contenha uma alusão às falhas do destinatário se torna um desacato.

XII. Se tivermos a liberdade de escolher o que dar, devemos, acima de tudo, escolher presentes duradouros, para que nosso presente perdure pelo maior tempo possível, pois poucos são tão gratos a ponto de pensar no que receberam, mesmo quando não o veem. Até mesmo os ingratos se lembram de nós por meio de nossos presentes, quando eles estão sempre à sua vista e não se deixam esquecer, mas constantemente se impõem e estampam na mente a lembrança do doador. Como nunca devemos lembrar aos homens o que lhes demos, devemos ainda mais escolher presentes que sejam permanentes, pois as próprias coisas impedirão que a lembrança de quem as deu desapareça. Eu daria de bom grado uma placa de presente do que de dinheiro em espécie, e daria de bom grado estátuas do que roupas ou outras coisas que logo se desgastam. Poucos permanecem gratos depois que o presente acaba: muitos mais se lembram de seus presentes apenas enquanto fazem uso deles. Se possível, eu gostaria que meu presente não fosse consumido; que ele permaneça existindo, que se apegue ao meu amigo e compartilhe sua vida. Ninguém é tão tolo a ponto de precisar ser aconselhado a não enviar gladiadores ou animais selvagens para alguém que acabou de dar um espetáculo público, ou a não enviar roupas de verão no inverno, ou roupas de inverno no verão. O bom senso deve guiar nossos benefícios; devemos considerar a época e o local, e o caráter do receptor, que são os pesos na balança, que fazem com que nossos presentes sejam bem ou mal recebidos. Quão mais aceitável é um presente se dermos a um homem o que ele não tem, do que se lhe dermos o que ele tem em abundância! Vamos presentear com coisas raras e escassas, em vez de caras, coisas que até mesmo um homem rico ficará satisfeito, assim como frutas comuns, das quais nos cansamos depois de alguns dias, nos agradam se tiverem amadurecido antes da época habitual. As pessoas também apreciarão coisas que ninguém mais lhes deu, ou que nós não demos a ninguém mais.

XIII. Quando a conquista do Oriente levou Alexandre da Macedônia a acreditar que era mais do que um homem, o povo de Corinto enviou uma embaixada para parabenizá-lo e presenteou-o com a franquia de sua cidade. Quando Alexandre sorriu diante dessa forma de cortesia, um dos embaixadores disse: "Nunca inscrevemos nenhum estranho entre nossos cidadãos, exceto Hércules e você". Alexandre aceitou de bom grado a honra oferecida, convidou os embaixadores para sua mesa e mostrou-lhes outras cortesias. Ele não pensou em quem ofereceu a cidadania, mas em quem a concedeu; e sendo totalmente escravo da glória, embora não conhecesse nem sua verdadeira natureza e nem seus limites, seguiu os passos de Hércules e Baco, e nem mesmo parou sua marcha onde eles pararam; de modo que desviou o olhar dos doadores dessa honra para aquele com quem a compartilhava, e imaginou que o céu ao qual sua vaidade aspirava estava de fato se abrindo diante dele quando foi igualado a Hércules. Em que, de fato, aquele jovem frenético, cujo único mérito era sua audácia afortunada, se assemelhava a Hércules? Hércules não conquistou nada para si mesmo; ele viajou por todo o mundo, não cobiçando para si mesmo, mas libertando os países que conquistou, um inimigo dos homens maus, um defensor dos bons, um pacificador tanto por mar quanto por terra; enquanto o outro foi, desde a infância, um salteador e desolador de nações, uma praga tanto para seus amigos quanto para seus inimigos, cuja maior alegria era ser o terror de toda a humanidade, esquecendo-se de que os homens temem não apenas os animais mais ferozes, mas também os mais covardes, por causa de sua natureza maligna e venenosa.

XIV. Voltemos agora ao nosso assunto. Aquele que concede um benefício sem discriminação, dá o que não agrada a ninguém; ninguém se considera sob qualquer obrigação para com o proprietário de uma taverna, ou para com o hóspede de qualquer pessoa com quem jante em tal companhia que possa dizer: "Que civilidade ele demonstrou para comigo? Não mais do que demonstrou para aquele homem, que ele mal conhece, ou para aquele outro, que é seu inimigo pessoal e um homem de caráter infame. Você acha que ele desejava me honrar? Não, ele apenas desejava satisfazer seu próprio vício abundante". Se você deseja que os homens sejam gratos por qualquer coisa, dê raramente; ninguém pode suportar receber o que você dá a todo o mundo. No entanto, que ninguém compreenda que com isso, eu queira impor qualquer vínculo à generosidade; deixe-a ir até onde quiser, de modo que ela siga um curso firme, não ao acaso. É possível conceder presentes de tal maneira que cada um dos que os recebem, embora os compartilhe com muitos outros, possa se sentir diferenciado do rebanho comum. Que cada homem tenha alguma peculiaridade em seu presente que o faça se considerar mais favorecido do que os demais. Ele pode dizer: "Recebi o mesmo presente que ele, mas nunca o pedi". "Recebi o mesmo presente, mas o meu me foi dado depois de alguns dias, enquanto ele o ganhou com um longo serviço." "Outros têm o mesmo presente, mas não foi dado a eles com a mesma cortesia e palavras gentis com que foi dado a mim." "Aquele homem recebeu o presente porque pediu; eu não pedi." "Aquele homem recebeu o presente tão bem quanto eu, mas ele poderia facilmente devolvê-lo; temos grandes expectativas em relação a um homem rico, velho e sem filhos, como ele é; ao passo que, ao dar o mesmo presente para mim, ele realmente deu mais, porque o deu sem a esperança de receber qualquer retorno." Assim como uma cortesã divide seus favores entre muitos homens, de modo que nenhum de seus amigos fique sem alguma prova de seu afeto, que aquele que deseja que seus benefícios sejam valorizados considere como pode, ao mesmo tempo, agradar a muitos homens e, ainda assim, dar a cada um deles alguma marca especial de favor para distingui-lo dos demais.

XV. Não sou defensor da negligência na concessão de benefícios: quanto mais e maiores forem, mais elogios trarão ao doador. No entanto, que sejam dados com discrição, pois o que é dado de forma descuidada e imprudente não agrada a ninguém. Portanto, quem quer que suponha que, ao dar esse conselho, eu deseje restringir a benevolência e confiná-la a limites mais estreitos, engana-se totalmente quanto ao objetivo de minha advertência. Que virtude admiramos mais do que a benevolência? Qual

Depois disso, vêm as coisas úteis, que formam uma classe muito ampla e variada; entre elas, o dinheiro, não em excesso, mas o suficiente para viver em um estilo moderado; cargos públicos e, para os ambiciosos, a devida ascensão a postos mais altos; pois nada pode ser mais útil para um homem do que ser colocado em uma posição na qual ele possa se beneficiar. Todos os benefícios além desses são supérfluos e podem estragar aqueles que os recebem. Ao dar esses benefícios, devemos ter o cuidado de torná-los aceitáveis, dando-os no momento apropriado, ou dando coisas que não sejam comuns, mas que poucas pessoas possuam ou, pelo menos, que poucas possuam em nossa época; ou ainda, dando coisas de tal forma que, embora não sejam naturalmente valiosas, tornem-se valiosas pelo momento e local em que são dadas. Devemos refletir sobre qual presente produzirá mais prazer, o que será mais frequentemente percebido por quem o possui, de modo que, sempre que ele estiver com ele, possa estar conosco também; e, em todos os casos, devemos ter o cuidado de não enviar presentes inúteis, como armas de caça para uma mulher ou um idoso, ou livros para um rústico, ou redes para capturar animais selvagens para um literato tranquilo. Por outro lado, devemos ter cuidado, embora desejemos enviar o que nos agrade, para não enviarmos o que possa lembrar nossos amigos de suas falhas, como, por exemplo, se enviarmos vinho a um bebedor inveterado ou drogas a um inválido, pois um presente que contenha uma alusão às falhas do destinatário se torna um desacato.

XII. Se tivermos a liberdade de escolher o que dar, devemos, acima de tudo, escolher presentes duradouros, para que nosso presente perdure pelo maior tempo possível, pois poucos são tão gratos a ponto de pensar no que receberam, mesmo quando não o veem. Até mesmo os ingratos se lembram de nós por meio de nossos presentes, quando eles estão sempre à sua vista e não se deixam esquecer, mas constantemente se impõem e estampam na mente a lembrança do doador. Como nunca devemos lembrar aos homens o que lhes demos, devemos ainda mais escolher presentes que sejam permanentes, pois as próprias coisas impedirão que a lembrança de quem as deu desapareça. Eu daria de bom grado uma placa de presente do que de dinheiro em espécie, e daria de bom grado estátuas do que roupas ou outras coisas que logo se desgastam. Poucos permanecem gratos depois que o presente acaba: muitos mais se lembram de seus presentes apenas enquanto fazem uso deles. Se possível, eu gostaria que meu presente não fosse consumido; que ele permaneça existindo, que se apegue ao meu amigo e compartilhe sua vida. Ninguém é tão tolo a ponto de precisar ser aconselhado a não enviar gladiadores ou animais selvagens para alguém que acabou de dar um espetáculo público, ou a não enviar roupas de verão no inverno, ou roupas de inverno no verão. O bom senso deve guiar nossos benefícios; devemos considerar a época e o local, e o caráter do receptor, que são os pesos na balança, que fazem com que nossos presentes sejam bem ou mal recebidos. Quão mais aceitável é um presente se dermos a um homem o que ele não tem, do que se lhe dermos o que ele tem em abundância! Vamos presentear com coisas raras e escassas, em vez de caras, coisas que até mesmo um homem rico ficará satisfeito, assim como frutas comuns, das quais nos cansamos depois de alguns dias, nos agradam se tiverem amadurecido antes da época habitual. As pessoas também apreciarão coisas que ninguém mais lhes deu, ou que nós não demos a ninguém mais.

XIII. Quando a conquista do Oriente levou Alexandre da Macedônia a acreditar que era mais do que um homem, o povo de Corinto enviou uma embaixada para parabenizá-lo e presenteou-o com a franquia de sua cidade. Quando Alexandre sorriu diante dessa forma de cortesia, um dos embaixadores disse: "Nunca inscrevemos nenhum estranho entre nossos cidadãos, exceto Hércules e você". Alexandre aceitou de bom grado a honra ofe-

incentivamos mais? Quem deveria aplaudi-la mais do que nós, estoicos, que pregamos a fraternidade da raça humana? O que é, então? Uma vez que nenhum impulso da mente humana pode ser aprovado, mesmo que tenha origem em um sentimento correto, a menos que seja transformado em uma virtude pela discrição, eu proíbo que a generosidade degenere em extravagância. É, de fato, agradável receber um benefício de braços abertos, quando a razão o concede a quem merece, e não quando ele é jogado para cá ou para lá de forma impensada e aleatória; somente isso nos interessa exibir e reivindicar como nosso. Você pode chamar algo de benefício se tiver vergonha de mencionar a pessoa que o concedeu? Quão mais grato é um benefício, quão mais profundamente ele se imprime na mente, para nunca mais ser esquecido, quando nos alegramos em pensar não tanto no que ele é, mas em quem o recebeu! Crispus Passienus costumava dizer que o conselho de alguns homens era preferível aos seus presentes, e os presentes de alguns homens aos seus conselhos; e ele acrescentou como exemplo: "Eu preferiria ter recebido um conselho de Augusto do que um presente; eu preferiria receber um presente de Cláudio do que um conselho". Eu, no entanto, acho que não se deve desejar um benefício de qualquer homem cujo julgamento seja inútil. O que fazer, então? Não devemos receber o que Cláudio dá? Devemos, mas devemos considerá-lo como algo obtido da sorte, que a qualquer momento pode se voltar contra nós. Por que separamos o que está naturalmente ligado a isso? Isso não é um benefício, ao qual falta a melhor parte de um benefício, que é ser concedido com discernimento: uma grande soma de dinheiro, se não for dada nem com discernimento e nem com boa vontade, não é mais um benefício do que se permanecesse acumulada. Há, entretanto, muitas coisas que não devemos rejeitar, mas pelas quais não podemos nos sentir em dívida.

LIVRO II

I. Vamos considerar, excelentíssimo Liberalis, o que ainda resta da parte anterior do assunto; de que maneira um benefício deve ser concedido. Acho que posso indicar o caminho mais curto para isso; vamos dar da maneira que nós mesmos gostaríamos de receber. Acima de tudo, devemos dar de bom grado, rapidamente e sem qualquer hesitação; um benefício não merece gratidão se ficar por muito tempo nas mãos do doador, se ele parecer não querer se separar dele e o der como se estivesse sendo roubado. Mesmo que haja algum atraso, devemos, por todos os meios ao nosso alcance, nos esforçar para não parecer que estivemos indecisos quanto a entregá-lo. Hesitar é o mesmo que se recusar a dar e destrói qualquer direito à gratidão. Pois assim como a parte mais doce de um benefício é o sentimento de bondade de quem o dá, segue-se que aquele que, por sua própria demora, provou que dá de má vontade, deve ser considerado não como se tivesse dado algo, mas como se não tivesse sido capaz de mantê-lo longe de um pretendente importuno. De fato, muitos homens se tornam generosos por falta de firmeza. Os benefícios mais aceitáveis são aqueles que estão esperando que os recebamos, que são fáceis de serem recebidos e que se oferecem a nós, de modo que a única demora é causada pela modéstia de quem os recebe. O melhor de tudo é antecipar os desejos de uma pessoa; o próximo é segui-los; o primeiro é o melhor caminho, estar à frente de nossos amigos, dando-lhes o que querem antes que nos peçam, pois o valor de um presente é muito maior ao poupar um homem honesto da miséria de pedir por ele com confusão e vergonha. Aquele que recebe o que pediu não o recebe de graça, pois, de fato, como pensavam nossos severos ancestrais, nada é tão caro quanto aquilo que é comprado por meio de orações. Os homens seriam muito mais

SOBRE OS BENEFÍCIOS

modestos em suas petições ao céu se tivessem que fazê-las publicamente; de modo que, mesmo quando nos dirigimos aos deuses, diante dos quais podemos, com toda honra, dobrar os joelhos, preferimos orar em silêncio e dentro de nós mesmos.

II. É desagradável, pesado e nos cobre de vergonha ter de dizer: "Dê-me". Você deve poupar seus amigos, e aqueles que deseja tornar seus amigos, de terem que fazer isso; por mais rápido que seja, um homem que dá tarde demais dá o que lhe foi pedido. Devemos, portanto, adivinhar os desejos de cada pessoa e, quando os descobrirmos, libertá-la da difícil necessidade de pedir; você pode ter certeza de que um benefício que vem sem ser pedido será agradável e não será esquecido. Se não conseguirmos nos antecipar aos nossos amigos, vamos, de qualquer forma, interrompê-los quando nos pedirem alguma coisa, de modo que pareçamos ter sido lembrados do que pretendíamos fazer, em vez de termos sido solicitados a fazê-lo. Vamos concordar imediatamente e, em seguida, pedir para que o façam. Vamos concordar imediatamente e, com nossa prontidão, dar a entender que pretendíamos fazer isso antes mesmo de sermos solicitados. Da mesma forma que, ao lidar com pessoas doentes, muito depende do momento em que o alimento é dado, e a água pura dada no momento certo às vezes age como um remédio, um benefício, por menor e mais banal que seja, se for dado prontamente sem perder o momento certo, ganha enorme importância e conquista nossa gratidão mais do que um presente muito mais valioso dado após longa espera e deliberação. Aquele que dá tão prontamente deve dar com boa vontade; portanto, ele dá com alegria e mostra sua disposição em seu semblante.

III. Muitos dos que concedem benefícios imensos os estragam com seu silêncio ou lentidão na fala, o que lhes dá um ar de morosidade, pois dizem "sim" com uma expressão que parece dizer "não". É muito melhor unir palavras gentis a ações gentis e aumentar o valor de nossos presentes por meio de um elogio civilizado e gracioso! Para que seu amigo não demore a lhe pedir um favor, você pode juntar ao seu presente a conhecida repreensão: "Estou com raiva de você por não ter me dito há muito tempo o que queria, por ter pedido tão formalmente ou por ter se interessado por um terceiro". "Eu me parabenizo por você ter tido o prazer de me testar; daqui em diante, se quiser alguma coisa, peça-a como é seu direito; no entanto, por enquanto, perdoo sua falta de educação." Ao fazer isso, você fará com que ele valorize sua amizade mais do que aquilo que ele veio lhe pedir, seja o que for. A bondade e a gentileza de um benfeitor nunca parecem tão grandes quanto quando, ao deixá-lo, dizemos: "Hoje ganhei muito; estou mais satisfeito por encontrá-lo tão mais gentil do que se tivesse obtido muitas vezes mais daquilo de que estava falando por outros meios; nunca poderei retribuir adequadamente esse homem por sua bondade".

IV. No entanto, há muitos que, por meio de palavras ásperas e maneiras desdenhosas, tornam suas próprias gentilezas odiosas, pois, ao falar e agir com desdém, fazem com que nos arrependamos de ter atendido nossos pedidos. Vários atrasos também ocorrem depois de termos obtido uma promessa; e nada é mais desolador do que ser forçado a implorar pela mesma coisa que já nos foi prometida. Os benefícios devem ser concedidos imediatamente, mas com algumas pessoas é mais fácil obter a promessa do que recebê-los. É preciso pedir a um homem que lembre nosso benfeitor de seu propósito; a outro, que o coloque em prática; e assim um único presente se desgasta ao passar por muitas mãos, até que quase não reste nenhuma gratidão ao promissor original, pois quem quer que sejamos forçados a solicitar após a promessa recebe parte da gratidão que devemos ao doador. Portanto, se quiser que seus presentes sejam estimados, cuide para que eles cheguem inteiros àqueles a quem foram prometidos e, como diz o ditado, sem nenhuma dedução. Não deixe que ninguém os intercepte ou os atrase, pois ninguém pode receber qualquer parte da gratidão devida por suas dádivas sem roubá-lo dela.

V. Nada é mais amargo do que uma longa incerteza; alguns suportam melhor ter suas esperanças extintas do que tê-las adiadas. No entanto, muitos homens são levados por uma vaidade indigna a esse erro de adiar o cumprimento de suas promessas, apenas para aumentar a multidão de seus pretendentes, como os ministros da realeza, que se deleitam em prolongar a exibição de sua própria arrogância, dificilmente se julgando possuidores de poder, a menos que deixem cada homem ver por um longo tempo o quanto são poderosos. Eles não fazem nada prontamente ou de uma só vez; de fato, são rápidos para fazer o mal, mas lentos para fazer o bem. Tenha certeza de que o poeta cômico diz a mais absoluta verdade nos versos:

"Não sabeis isto? Se você atrasar seus presentes, você leva minha gratidão embora."

E seguindo as linhas, a expressão da dor sincera — a miséria de um homem de espírito elevado,

"O que você fizer, faça logo;"

E:

"Nada no mundo vale a pena esse trabalho; eu preferia que você recusasse a mim agora."

Quando a mente começa, devido ao cansaço, a odiar o benefício prometido, ou enquanto está vacilando na expectativa dele, como pode se sentir grata por ele? Assim como a crueldade mais refinada é aquela que prolonga a tortura, enquanto matar a vítima de uma vez é uma espécie de misericórdia, já que o extremo da tortura traz consigo seu próprio fim — o intervalo é a pior parte da execução — quanto mais curto for o tempo em que um benefício estiver pendente na balança, mais grato ele será para quem o recebe. É possível aguardar ansiosamente até mesmo as coisas boas e, considerando que a maioria dos benefícios consiste em uma libertação de alguma forma de miséria, um homem destrói o valor do benefício que ele confere se tiver o poder de nos aliviar e, ainda assim, permitir que soframos ou não tenhamos prazer por mais tempo do que o necessário. A bondade sempre anseia por fazer o bem e quem age por amor naturalmente age de imediato; aquele que nos faz o bem, mas o faz tardiamente e com muita demora, não o faz de coração. Assim, ele perde duas coisas muito importantes: tempo e a prova de sua boa vontade para conosco, pois um consentimento demorado é apenas uma forma de negação.

VI. A maneira como as coisas são ditas ou feitas, meu Liberalis, constitui uma parte muito importante de toda transação. Ganhamos muito com a rapidez e perdemos muito com a lentidão. Assim como nos dardos, a força da cabeça de ferro permanece a mesma, mas há uma diferença imensurável entre o golpe de um que é arremessado com o balanço completo do braço e um que simplesmente cai da mão, e a mesma espada raspa ou perfura de acordo com o golpe desferido; da mesma forma, o que é dado é o mesmo, mas a maneira como é dado faz a diferença. Quão doce, quão preciosa é uma dádiva, quando aquele que dá não se permite ser agradecido e, enquanto dá, esquece-se de que deu! Repreender um homem no exato momento em que se está prestando um serviço a ele é pura loucura; é misturar insulto com seus favores. Não devemos tornar nossos benefícios pesados, nem acrescentar qualquer amargura a eles. Mesmo que haja algum assunto sobre o qual você queira advertir seu amigo, escolha outro momento para fazê-lo.

VII. Fabius Verrucosus costumava comparar um benefício concedido por um homem rude de forma ofensiva a um pedaço de pão duro que um homem faminto é obrigado a receber, mas que é doloroso de comer. Quando Marius Nepos, da guarda pre-

SOBRE OS BENEFÍCIOS

toriana, pediu ajuda a Tibério César para pagar suas dívidas, Tibério lhe pediu uma lista de seus credores; isso é convocar uma reunião de credores, não pagar dívidas. Quando a lista foi feita, Tibério escreveu a Nepos dizendo que havia ordenado que o dinheiro fosse pago e acrescentando algumas censuras ofensivas. O resultado disso foi que Nepos não tinha dívidas, mas não recebeu nenhuma bondade; Tibério, de fato, o libertou de seus credores, mas não o colocou sob nenhuma obrigação. Tibério, no entanto, tinha algum objetivo ao fazer isso; imagino que ele não queria que mais de seus amigos fossem até ele com o mesmo pedido. Seu modo de proceder foi, talvez, bem-sucedido em restringir os desejos extravagantes dos homens pela vergonha, mas aquele que deseja conferir benefícios deve seguir um caminho completamente diferente. De todas as formas, você deve tornar seu benefício o mais aceitável possível, apresentando-o da forma mais atraente possível; mas o método de Tibério não é o de conferir benefícios, mas o de repreender.

VIII. Além disso, se por acaso eu tiver que dizer o que penso sobre essa parte do assunto, não considero que seja adequado, mesmo para um imperador, dar apenas para cobrir um homem de vergonha. "E, no entanto", nos é dito, "Tibério nem mesmo dessa forma alcançou seu objetivo; pois, depois disso, muitas pessoas foram encontradas fazendo o mesmo pedido. Ele ordenou que todas elas explicassem as razões de suas dívidas perante o senado e quando o fizeram, concedeu-lhes certas somas de dinheiro". Isso não é um ato de generosidade, mas uma repreensão. Você pode chamá-lo de subsídio ou contribuição imperial; não é um benefício, pois quem o recebe não consegue pensar nele sem vergonha. Fui intimado a comparecer perante um juiz e tive de ser julgado no tribunal antes de obter o que pedi.

IX. Dessa forma, todos os autores de filosofia ética nos dizem que alguns benefícios devem ser concedidos em segredo, outros em público. Aquelas coisas que é glorioso receber, como condecorações militares ou cargos públicos e qualquer outra coisa que ganha valor quanto mais conhecida for, devem ser conferidas em público; por outro lado, quando não promovem um homem ou aumentam sua posição social, mas o ajudam quando está em fraqueza, em necessidade ou em desgraça, devem ser dadas silenciosamente e de modo a serem conhecidas apenas por aqueles que se beneficiam delas.

X. Às vezes, até mesmo a pessoa que está sendo ajudada precisa ser enganada, para que possa receber nossa generosidade sem saber a fonte de onde ela vem. Conta-se que Arcesilaus tinha um amigo que era pobre, mas escondia sua pobreza; que estava doente, mas tentava esconder sua doença, e que não tinha dinheiro para as despesas necessárias da existência. Sem que ele soubesse, Arcesilaus colocou uma sacola de dinheiro debaixo do travesseiro para que essa vítima de falsa vergonha parecesse mais encontrar o que queria do que receber. "O que", você diz, "ele não deveria saber de quem o recebeu?" Sim; deixe-o não saber no início, se for essencial para sua bondade que ele não saiba; depois farei tanto por ele e lhe darei tanto que ele perceberá quem foi o doador do benefício anterior; ou, melhor ainda, deixe-o não saber que recebeu alguma coisa, desde que eu saiba que a dei. "Isso", você diz, "é receber muito pouco retorno por sua bondade". É verdade, se for um investimento no qual você está pensando; mas se for um presente, ele deve ser dado da maneira que seja mais útil para quem o recebe. Você deve ficar satisfeito com a aprovação de sua própria consciência; caso contrário, você não está realmente satisfeito em fazer o bem, mas em ser visto fazendo o bem. "Por tudo isso", diz você, "eu desejo que ele saiba disso". É um devedor que você procura? "Por tudo isso, quero que ele saiba disso." Embora seja mais útil, mais digno de crédito, mais agradável para ele não conhecer seu benfeitor, você não concorda em ficar de fora? "Eu quero que ele saiba." Então, você não salvaria a vida de um homem no escuro? Não nego que, sempre que o assunto permitir, devemos levar em consideração o prazer que recebemos com a alegria de quem recebe nossa bondade; mas se ele precisa de ajuda e tem vergonha de recebê-la — se o que concedemos a ele o aflige, a menos que seja escondido — eu me abstenho de tornar meus benefícios públicos. Por que eu não deveria me abster de insinuar que lhe dei algo, quando a primeira e mais essencial regra é nunca censurar um homem pelo que você fez por ele e nem mesmo lembrá-lo disso? A regra para o doador e o receptor de um benefício é que um deve esquecer imediatamente que o deu, e o outro nunca deve esquecer que o recebeu.

XI. Uma referência constante aos próprios serviços fere os sentimentos de nossos amigos. Como o homem que foi salvo da proscrição sob o triunvirato por um dos amigos de César, e depois achou impossível suportar a arrogância de seu preservador, eles desejam gritar: "Devolva-me a César". Por quanto tempo você continuará dizendo: "Eu o salvei, eu o tirei das garras da morte"? Isso é realmente vida, se eu me lembrar por minha própria vontade, mas é morte se eu me lembrar por sua vontade; eu não lhe devo nada, se você me salvou apenas para ter alguém para quem apontar. Por quanto tempo pretende me guiar? Por quanto tempo pretende me proibir de esquecer minha aventura? Se eu fosse um inimigo derrotado, teria sido conduzido em triunfo apenas uma vez. Não devemos falar dos benefícios que concedemos; lembrar os homens deles é pedir que os devolvam. Não devemos nos intrometer neles nem lembrar deles; só se deve lembrar a um homem o que lhe foi dado dando-lhe outra coisa. Não devemos nem mesmo contar aos outros sobre nossas boas ações. Aquele que confere um benefício deve ficar em silêncio, ele deve ser contado por quem o recebe; caso contrário, você pode receber a réplica que foi dada a alguém que estava sempre se gabando do benefício que havia conferido: "Você não vai negar", disse sua vítima, "que recebeu um retorno por isso?" "Quando?", perguntou ele. "Muitas vezes", disse o outro, "e em muitos lugares, ou seja, onde e quando você contou a história." Que necessidade há de você falar e tomar o lugar que pertence a outro? Há um homem que pode contar a história de uma forma muito mais digna de seu crédito, e assim você ganhará a glória por não contá-la você mesmo. Você me consideraria ingrato se, por meio de seu próprio silêncio, ninguém soubesse de seu benefício. Longe de fazer isso, mesmo que alguém conte a história em nossa presença, devemos responder: "Ele realmente merece muito mais do que isso, e estou ciente de que até agora não fiz grandes coisas por ele, embora deseje fazê-lo". Isso não deve ser dito em tom de brincadeira, nem com aquele ar com que algumas pessoas repelem aqueles que desejam atrair. Além disso, devemos agir com a maior polidez em relação a essas pessoas. Se o fazendeiro parar de trabalhar depois de ter colocado a semente, ele perderá o que semeou; é somente com muito esforço que as sementes são levadas a produzir uma colheita; nenhuma planta dará frutos a menos que seja cuidada com igual cuidado do início ao fim, e a mesma regra é verdadeira para os benefícios. Pode haver algum benefício maior do que aqueles que os filhos recebem de seus pais? No entanto, esses benefícios são inúteis se forem abandonados enquanto jovens, se o cuidado piedoso dos pais não cuidar por muito tempo da dádiva que concederam. O mesmo acontece com outros benefícios; a menos que você os ajude, você os perderá; dar não é suficiente, você deve promover o que você deu. Se você deseja que aqueles a quem tem a obrigação de agradecer sejam gratos a você, não deve apenas conferir-lhes benefícios, mas também amá-los. Acima de tudo, como eu disse antes, poupe os ouvidos deles; você os cansará se os lembrar de sua bondade; se os censurar com isso, fará com que eles o odeiem. O orgulho deve ser evitado acima de tudo quando você confere um benefício. Que necessidade você tem de ar desdenhoso ou de frases exageradas? O próprio ato o exaltará. Evitemos a vanglória: fiquemos em silêncio e deixemos que nossos atos falem por nós. Um benefício conferido com altivez não só não merece gratidão, como também causa aversão.

XII. Caio César concedeu a vida a Pompeu Pennus, ou seja, se não fosse para tirar a vida, seria para concedê-la; então, quando Pompeu foi libertado e agradeceu a ele, estendeu o pé esquerdo para ser beijado. Aqueles que desculpam essa ação e dizem que ela não foi feita por arrogância, dizem que ele queria lhe mostrar um sapato dourado, ou melhor, um sapato dourado cravejado de pérolas. "Bem", dizem eles, "que desgraça pode haver em um homem de nível consular beijar ouro e pérolas, e que parte do corpo inteiro de César era menos poluída para beijar?" Então, aquele homem, cujo objetivo de vida era transformar um estado livre em um despotismo persa, não ficou satisfeito quando um senador, um homem idoso, um homem que havia ocupado os mais altos cargos do estado, prostrou-se diante dele na presença de todos os nobres, assim como os vencidos se prostram diante de seu conquistador! Ele descobriu um lugar abaixo de seus joelhos para onde poderia empurrar a liberdade. O que é isso senão pisotear a comunidade, e isso, também, com o pé esquerdo, embora você possa dizer que esse ponto não significa nada? Não era um ultraje suficientemente sujo e frenético para o imperador assistir ao julgamento de um consulado por sua vida usando chinelos, ele precisava empurrar seus sapatos no rosto de um senador.

XIII. Ó orgulho, a falha mais tola da grande sorte! Como é agradável não receber nada de ti! Como transformas todos os benefícios em ultrajes! Como te deleitas com todo excesso! Como todas as coisas te fazem mal! Quanto mais alto você se eleva, mais baixo você fica e prova que as coisas boas com as quais você se envaidece tanto não lhe trazem proveito; você estraga tudo o que dá. Vale a pena indagar porque o orgulho se envaidece e muda a forma e a aparência de seu semblante, de modo que prefere uma máscara a seu próprio rosto. É agradável receber presentes quando eles são conferidos de maneira gentil e amável, quando um superior, ao dá-los, não se exalta sobre mim, mas demonstra o máximo de bom sentimento possível, colocando-se no mesmo nível que eu, dando sem ostentação e escolhendo um momento em que eu esteja feliz com sua ajuda, em vez de esperar até que eu esteja na mais amarga necessidade. A única maneira de convencer os homens orgulhosos a não estragarem suas dádivas com sua arrogância é provar a eles que os benefícios não parecem maiores porque são concedidos com grande pompa e circunstância; que ninguém os considerará maiores por fazerem isso, e que o orgulho excessivo é uma mera ilusão que leva os homens a odiar até mesmo o que deveriam amar.

XIV. Há algumas coisas que prejudicam aqueles que as recebem, coisas que não é um benefício dar, mas reter; devemos, portanto, considerar a utilidade de nosso presente em vez do desejo do solicitante de recebê-lo; pois muitas vezes desejamos coisas prejudiciais e somos incapazes de discernir o quanto elas são ruinosas, porque nosso julgamento é influenciado por nossos sentimentos; quando, no entanto, o desejo passa, quando o impulso frenético que domina nosso bom senso passa, abominamos aqueles que nos deram presentes prejudiciais. Assim como recusamos água fria aos doentes, ou espadas aos aflitos ou arrependidos e tiramos dos insanos tudo o que eles possam usar em seu delírio para sua própria destruição, devemos persistir em nos recusar a dar qualquer coisa que seja prejudicial, embora nossos amigos implorem sincera e humildemente, ou melhor, às vezes até mesmo com muita pena. Devemos olhar para o fim de nossos benefícios, assim como para o começo e não apenas dar o que os homens têm prazer em receber, mas o que eles terão prazer em receber no futuro. Há muitos que dizem: "Eu sei que isso não lhe fará bem algum, mas o que devo fazer? Ele implora por isso, não posso resistir às suas súplicas. Deixe que ele faça isso; ele culpará a si mesmo, não a mim". Não é bem assim: você o culpará, e merecidamente; quando ele voltar ao seu juízo perfeito, quando o frenesi que agora o excita o deixar, como ele poderá deixar de odiar o homem que o ajudou a se prejudicar e a se colocar em perigo? É uma bondade cruel permitir que alguém seja convencido a conceder o que prejudica aqueles que o imploram. Assim como é o mais nobre dos atos salvar os homens do mal contra sua vontade, também é ódio, sob a máscara da civilidade, conceder o que é prejudicial àqueles que o pedem. Vamos conferir benefícios de tal espécie que, quanto mais forem usados, mais agradarão, e que nunca poderão se transformar em danos. Jamais darei dinheiro a um homem se souber que ele o pagará a uma adúltera, nem serei encontrado em conexão com qualquer ato ou plano perverso; se possível, impedirei os homens de cometerem crimes; senão, pelo menos jamais os ajudarei a cometê-los. Quer meu amigo seja impelido a cometer erros pela raiva ou seduzido do caminho da segurança pelo calor da ambição, ele nunca obterá os meios para cometer o mal, exceto de si mesmo, nem permitirei que um dia ele diga: "Ele me arruinou por amor a mim". Nossos amigos muitas vezes nos dão o que nossos inimigos desejam que recebamos; somos levados pela afeição inoportuna dos primeiros à ruína que os últimos esperam que aconteça conosco. No entanto, por mais frequente que seja o caso, o que pode ser mais vergonhoso do que não haver diferença entre um benefício e o ódio?

XV. Nunca concedamos presentes que possam nos envergonhar. Como a soma total da amizade consiste em tornar nossos amigos iguais a nós mesmos, devemos considerar os interesses de ambas as partes; devo dar a quem precisa, mas de modo que eu mesmo não precise; devo ajudar quem está perecendo, mas de modo que eu mesmo não pereça, a menos que, ao fazê-lo, eu possa salvar um grande homem ou uma grande causa. Não devo dar nenhum benefício que seria vergonhoso pedir. Não devo fazer com que um pequeno benefício pareça um grande benefício, nem permitir que grandes benefícios sejam considerados pequenos; pois, embora destrua todo sentimento de gratidão tratar o que você dá como um credor, ainda assim você não censura um homem, mas apenas coloca seu presente na melhor vantagem, fazendo com que ele saiba o quanto ele vale. Todo homem deve considerar quais são seus recursos e poderes, para que não possamos dar mais ou menos do que somos capazes. Também devemos considerar o caráter e a posição da pessoa a quem damos, pois alguns homens são grandes demais para dar pequenos presentes, enquanto outros são pequenos demais para receber grandes presentes. Compare, portanto, o caráter tanto de quem dá quanto de quem recebe, e pondere o que você dá entre os dois, cuidando para que o que é dado não seja nem muito pesado e nem muito trivial para quem dá, nem que o recebedor o trate com desdém por ser muito pequeno ou o considere muito grande para ele.

XVI. Alexandre, que não tinha uma mente sã e estava sempre cheio de ideias magníficas, presenteou alguém com uma cidade. Quando o homem a quem ele deu a cidade refletiu sobre o alcance de seus próprios poderes, ele quis evitar o ciúme que um presente tão grande poderia provocar, dizendo que o presente não combinava com um homem de sua posição. "Eu não pergunto", respondeu Alexandre, "o que é adequado para você receber, mas o que é adequado para eu dar". Esse parece ser um discurso espirituoso e real, mas na verdade é um discurso muito tolo. Nada é, por si só, um presente adequado para alguém: tudo depende de quem o dá, a quem ele dá, quando, por qual motivo, onde e assim por diante, sem os quais é impossível argumentar sobre esses detalhes. Criatura inflada! Se não lhe convinha receber esse presente, não lhe convinha dá-lo. Deve haver uma proporção entre o caráter dos homens e os cargos que eles ocupam; e como a virtude em todos os casos deve ser nossa medida, aquele que dá demais age tão erroneamente quanto aquele que dá de menos. Mesmo admitindo que a fortuna o tenha elevado a tal ponto que, onde outros homens dão xícaras, você dá cidades (o que seria mais inteligente da sua parte não tomar do que tomar e desperdiçar), ainda assim deve haver alguns de seus amigos que não são fortes o suficiente para colocar uma cidade no bolso.

XVII. Um certo cínico pediu a Antígono um talento. Antígono respondeu que isso era pedir demais para um cínico. Depois dessa recusa, ele pediu um centavo. Antígono respondeu que isso era muito pouco para um rei dar. "Esse tipo de conversa-fiada" (você diz) "é desprezível: ele encontrou meios de não dar nada. Na questão do centavo, ele pensou no rei, na questão do talento, ele pensou no cínico, enquanto que, em relação ao cínico, teria sido correto receber o centavo, em relação ao rei, teria sido correto dar o talento. Embora possa haver coisas que sejam grandes demais para um cínico receber, nada é tão pequeno que não caiba a um rei gracioso conceder." Se me perguntarem, eu aplaudo Antígono, pois não se deve tolerar que um homem que despreza o dinheiro peça por ele. Se o cínico proclamou publicamente seu ódio ao dinheiro e assumiu o caráter de alguém que o despreza: deixe-o agir de acordo com suas profissões. É muito incoerente para ele ganhar dinheiro glorificando sua pobreza. Quero usar o exemplo de Crisipo do jogo de bola, no qual a bola certamente cairá por culpa do arremessador ou do pegador; ela só mantém seu curso quando passa entre as mãos de duas pessoas que a arremessam e a pegam adequadamente. No entanto, é necessário que um bom jogador envie a bola de uma forma para um companheiro a uma longa distância e de outra para um companheiro a uma curta distância. O mesmo acontece com um benefício: a menos que seja adequado tanto para quem o dá quanto para quem o recebe, ele não sairá de um nem chegará ao outro como deveria. Se tivermos que jogar com um jogador experiente e habilidoso, lançaremos a bola de forma mais imprudente, pois, por mais que ela venha, aquela mão rápida e ágil a devolverá; se estivermos jogando com um novato não habilidoso, não a lançaremos com tanta força, mas com muito mais delicadeza, guiando-a diretamente para suas mãos, e correremos para encontrá-la quando ela voltar para nós. Isso é exatamente o que devemos fazer ao conceder benefícios; ensinemos alguns homens a fazê-lo e fiquemos satisfeitos se eles tentarem, caso tenham coragem e vontade de fazê-lo. No entanto, na maioria das vezes, tornamos os homens ingratos e os incentivamos a ser assim, como se nossos benefícios só fossem grandes quando não podemos receber qualquer gratidão por eles; assim como alguns jogadores de bola rancorosos propositadamente colocam seu companheiro para fora, naturalmente para a ruína do jogo, que não pode ser realizado sem total concordância. Muitos homens são de natureza tão depravada que preferem perder os presentes que os fazem pensar que receberam um retorno por eles, porque são orgulhosos e gostam de colocar as pessoas sob obrigações: No entanto, quão melhor e mais gentil seria se eles tentassem permitir que os outros também cumprissem suas partes, se eles os encorajassem a retribuir a gratidão, dessem a melhor interpretação a todos os seus atos, recebessem alguém que desejasse agradecê-los tão cordialmente como se viesse retribuir o que havia recebido e facilmente se prestassem à crença de que aqueles a quem eles impuseram uma obrigação desejam retribuí-la. Culpamos igualmente os gananciosos quando eles pressionam duramente pelo pagamento e quando atrasam e dificultam a devolução do dinheiro que emprestaram; da mesma forma, é tão correto que um benefício seja devolvido quanto é errado pedir a alguém que o devolva. O melhor homem é aquele que dá prontamente, nunca pede retorno e fica encantado quando o retorno é feito, porque, tendo realmente esquecido o que deu, ele o recebe como se fosse um presente.

XVIII. Alguns homens não apenas dão, mas até mesmo recebem benefícios com arrogância, um erro no qual não devemos cair: agora vamos passar para o outro lado do assunto e considerar como os homens devem se comportar quando recebem benefícios. Toda função desempenhada por duas pessoas exige o mesmo de ambas: depois de considerar o que um pai deve ser, você perceberá que ainda resta uma tarefa igual, a de considerar o que um filho deve ser: o marido tem certos deveres, mas os da esposa não são menos importantes. Cada um deles dá e recebe igualmente, e cada um requer uma regra de vida semelhante, que, como Hecaton observa, é difícil de seguir: de fato, é difícil para nós alcançarmos a virtude, ou mesmo qualquer coisa que se aproxime da virtude: pois devemos não apenas agir virtuosamente, mas fazê-lo com base em princípios. Devemos seguir esse guia durante toda a nossa vida e fazer tudo, grande e pequeno, de acordo com seus princípios: de acordo com o que a virtude nos incita, devemos tanto dar quanto receber. Agora, ela declarará desde o início que não devemos receber benefícios de todos os homens. "De quem, então, devemos recebê-los?" Para responder brevemente, eu diria: daqueles a quem os demos. Vamos considerar se não deveríamos ser ainda mais cuidadosos ao escolher a quem devemos do que a quem devemos dar. Pois, mesmo supondo que não haja nenhum resultado desagradável (o que sempre acontece), ainda assim é uma grande infelicidade estar em dívida com uma pessoa com a qual não desejamos ter uma obrigação; ao passo que é muito agradável receber um benefício de alguém a quem podemos amar mesmo depois de ele ter nos prejudicado, e quando o prazer que sentimos em sua amizade é justificado pelos motivos em que ela se baseia. Nada é mais infeliz para um homem modesto e honrado do que sentir que é seu dever amar alguém que não lhe agrada amar. Devo lembrá-lo constantemente de que não estou falando de homens sábios, que sentem prazer em tudo o que é seu dever, que têm seus sentimentos sob controle e são capazes de estabelecer qualquer lei que queiram para si mesmos e cumpri-la, mas que estou falando de seres imperfeitos que lutam para seguir o caminho certo, que muitas vezes têm dificuldade em dobrar suas paixões à sua vontade. Devo, portanto, escolher o homem de quem aceitarei um benefício; de fato, devo ser mais cuidadoso na escolha de meu credor por um benefício do que por dinheiro, pois só tenho que pagar a este último tanto quanto recebi dele, e quando tiver pago, estarei livre de qualquer obrigação; mas ao outro devo pagar mais, e mesmo quando tiver retribuído sua bondade, permaneceremos ligados, pois quando tiver pago minha dívida, devo renová-la novamente, enquanto nossa amizade perdurar ininterruptamente. Portanto, assim como não devo fazer de um homem indigno meu amigo, também não devo admitir um homem indigno naquele vínculo mais sagrado de gratidão por benefícios, do qual surge a amizade. Você responde: "Nem sempre posso dizer 'não': às vezes preciso receber um benefício mesmo contra minha vontade. Suponha que eu receba algo de um tirano cruel e facilmente ofendido, que consideraria uma afronta se sua generosidade fosse desprezada... Não devo aceitá-lo? Suponhamos que isso seja oferecido por um pirata, um bandido ou um rei com o temperamento de um pirata ou bandido. O que devo fazer? Tal homem não é um objeto digno para que eu deva um benefício". Quando digo que você deve escolher, estou excluindo o major e o medo, que destroem todo o poder de escolha. Se você é livre, se cabe a você decidir se quer ou não, então você decidirá em sua própria mente se aceitará um presente de um homem ou não; mas se sua posição torna impossível que você escolha, então tenha certeza de que você não recebe um presente, apenas obedece a ordens. Ninguém incorre em qualquer obrigação ao receber o que não estava em seu poder recusar; se você quer saber se eu quero aceitar, organize as coisas de modo que eu possa dizer 'não'. "No entanto, suponha que ele tenha lhe dado sua vida." Não importa qual foi o presente, a menos que seja dado e recebido com boa vontade: você não é meu preservador porque salvou minha vida. O veneno às vezes age como remédio, mas nem por isso é considerado saudável. Algumas coisas nos beneficiam, mas não nos obrigam a nada: por exemplo, um homem que pretendia matar um tirano, cortou com sua espada um tumor do qual ele sofria; no entanto, o tirano não lhe demonstrou gratidão porque, ao feri-lo, ele havia curado uma doença com a qual os cirurgiões temiam se intrometer.

XIX. Veja que a coisa em si não tem muita importância, porque não é considerada um benefício, se você faz o bem quando pretendia fazer o mal; nesse caso, o benefício é feito por acaso, o homem fez o mal. Eu vi um leão no anfiteatro que reconheceu um dos homens que lutavam com feras selvagens, que uma vez foi seu guardião e o protegeu contra os ataques de outros animais. Devemos, então, dizer que essa ajuda da fera foi um benefício? De forma alguma, porque ele não tinha a intenção de fazê-lo e não o fez com intenções bondosas. Você pode classificar o leão e seu tirano juntos: cada um deles salvou a vida de um homem, mas nenhum deles conferiu um benefício. Porque não é um benefício ser forçado a receber um benefício, tampouco é um benefício estar sob uma obrigação para com um homem a quem não desejamos ficar em dívida. Você deve primeiro me dar liberdade de decisão pessoal e depois o seu benefício.

XX. Foi levantada a questão se Marcus Brutus deveria ter recebido sua vida das mãos de Júlio César, que, segundo sua decisão, deveria ser condenado à morte. Quanto aos motivos pelos quais ele o condenou à morte, discutirei em outro lugar, pois, a meu ver, embora em outros aspectos ele fosse um grande homem, nesse aspecto ele parece ter se enganado completamente e não ter seguido as máximas da filosofia estoica. Ele deve ter temido o nome de "rei", embora um estado prospere melhor sob um bom rei ou deve ter esperado que a liberdade pudesse existir em um estado onde alguns tinham tanto a ganhar reinando e outros tinham tanto a ganhar tornando-se escravos. Ou, ainda, ele deve ter suposto que seria possível restaurar a antiga constituição depois que todas as antigas maneiras tivessem sido perdidas, e que os cidadãos pudessem continuar a ter direitos iguais, ou que as leis permanecessem invioladas, em um estado no qual ele tinha visto tantos milhares de homens lutando para decidir, não se deveriam ser escravos ou livres, mas a qual mestre deveriam servir. Como ele parece ter se esquecido, tanto da natureza humana quanto da história de seu próprio país, ao supor que, quando um déspota fosse destruído, outro do mesmo temperamento não tomaria seu lugar, embora, depois de tantos reis terem perecido pelo raio e pela espada, um Tarquínio fosse encontrado para reinar! No entanto, Brutus agiu corretamente ao receber sua vida de César, embora ele não fosse obrigado a considerar César como seu pai, já que foi por um erro que César chegou a estar em posição de conceder esse benefício. Um homem não salva sua vida se não o mata; nem lhe confere um benefício, mas apenas lhe dá sua dispensa[16].

XXI. Parece oferecer mais oportunidades de debate considerar o que um cativo deve fazer se um homem de vícios abomináveis lhe oferecer o preço de seu resgate? Devo me permitir ser salvo por um miserável? Quando estiver a salvo, que recompensa poderei lhe dar? Devo viver com uma pessoa infame? No entanto, não devo viver com meu salvador? Vou lhe dizer minha opinião. Eu aceitaria dinheiro, mesmo de tal pessoa, se fosse para salvar minha vida; no entanto, eu o aceitaria apenas como um empréstimo, não como um benefício. Eu lhe devolveria o dinheiro e, se fosse capaz de preservá-lo do perigo, eu o faria. Quanto à amizade, que só pode existir entre iguais, eu não aceitaria ser amigo de

---

16   NOTA DE AUBREY STEWART — A "dispensa" mencionada é aquela concedida ao derrotado de um par de gladiadores, quando o duelo não foi até a morte.

tal homem; muito menos o consideraria como meu preservador, mas apenas como um emprestador de dinheiro, a quem só tenho a obrigação de devolver o que peguei emprestado.

Um homem pode ser uma pessoa digna de receber um benefício, mas será prejudicial para ele se o der. Por essa razão, não o receberei, porque ele está pronto para me ajudar em seu próprio prejuízo ou até mesmo em perigo. Suponhamos que ele esteja disposto a me defender no tribunal, mas, ao fazer isso, tornará o rei seu inimigo. Eu seria seu inimigo se, quando ele estiver disposto a se arriscar por mim, eu não me arriscar sem ele, o que, além disso, é mais fácil para mim.

Como exemplo disso, Hecaton chama o caso de Arcesilaus de tolo e sem propósito. Arcesilaus, diz ele, recusou-se a receber uma grande soma de dinheiro que lhe foi oferecida por um filho, para que o filho não ofendesse seu pai avarento. O que ele fez que merecesse elogios ao não receber bens roubados, ao escolher não recebê-los, em vez de devolvê-los? Que prova de autocontrole há em se recusar a receber a propriedade de outro homem? Se você quiser um exemplo de magnanimidade, veja o caso de Julius Graecinus, a quem Caius Caesar condenou à morte simplesmente pelo fato de que ele era um homem melhor do que um tirano poderia ser. Esse homem, quando estava recebendo subornos, não tinha o direito de receber nada. Esse homem, quando estava recebendo assinaturas de muitos de seus amigos para cobrir suas despesas com a exibição de jogos públicos, não quis receber uma grande soma que lhe foi enviada por Fabius Persicus, e quando foi acusado de rejeitá-la por aqueles que pensam mais no que é dado do que em quem o dá, ele respondeu: "Devo aceitar um presente de um homem quando não aceitaria sua oferta de beber um copo de vinho com ele?"

Quando um consulado chamado Rebilius, um homem de caráter igualmente ruim, enviou uma quantia ainda maior a Graecinus e o pressionou a recebê-la. "Devo implorar", respondeu ele, "que você me desculpe. Eu também não aceitei dinheiro de Persicus". Será que devemos chamar isso de receber presentes, ou melhor, de tirar a sorte grande do senado?

XXII. Quando decidirmos aceitar, aceitemos com alegria, demonstrando prazer e deixando que o doador veja isso, para que ele possa receber imediatamente algum retorno por sua bondade, pois, assim como é um bom motivo de alegria ver nosso amigo feliz, é melhor ainda tê-lo feito feliz. Portanto, demonstremos o quanto um presente é aceitável, expressando em voz alta nossa gratidão por ele; e façamos isso não apenas para que o doador ouça, mas em todos os lugares. Aquele que recebe um benefício com gratidão retribui a primeira parcela do mesmo.

XXIII. Há pessoas que só gostam de receber benefícios em particular: elas não gostam de ter testemunhas e confidentes. Podemos acreditar que esses homens não têm boas intenções. Da mesma forma que o doador tem o direito de se concentrar nas qualidades de seu presente que agradará ao receptor, o homem, quando recebe, deve fazê-lo publicamente; não se deve tirar de um homem o que se tem vergonha de dever a ele. Alguns agradecem a alguém verdadeiramente, em um canto, em um sussurro. Isso não é modéstia, mas uma espécie de negação da dívida: é próprio de um homem ingrato não expressar sua gratidão diante de testemunhas. Alguns se opõem à manutenção de quaisquer contas entre eles e seus benfeitores e não desejam que sejam contratados corretores ou que sejam chamadas testemunhas, mas apenas que assinem um recibo. Esses homens agem da mesma forma, cuidando para que o menor número possível de pessoas saiba dos benefícios que receberam. Eles temem recebê-los em público, a fim de que seu sucesso possa ser atribuído mais a seus próprios talentos do que à ajuda de outros: eles raramente são encontrados atendendo àqueles a quem devem suas vidas e fortunas, e assim, enquanto evitam a imputação de submissão, incorrem na de ingratidão.

XXIV. Alguns homens falam nos termos mais ofensivos sobre aqueles a quem mais devem. Há homens a quem é mais seguro afrontar do que servir, pois sua antipatia os leva a assumir ares de pessoas que não nos devem, embora nada mais se espere deles do que que se lembrem do que nos devem, refrescando sua memória de tempos em tempos, porque ninguém pode ser grato se esquecer uma gentileza, e aquele que se lembra dela, ao fazê-lo, prova sua gratidão. Não devemos receber benefícios com um ar tedioso, nem com uma humildade servil, pois se um homem não se importa com um benefício quando ele é recém-concedido — um momento em que todos os presentes nos agradam mais — o que ele fará quando seus primeiros encantos tiverem desaparecido? Outros recebem com um ar de desdém, como se dissessem. "Eu não quero isso; mas como você deseja muito, vou permitir que você me dê". Outros recebem benefícios tristemente e deixam o doador em dúvida se sabem que os receberam; outros mal abrem os lábios em agradecimento e seriam menos ofensivos se não dissessem nada. Deve-se proporcionalmente o agradecimento à importância do benefício recebido e usar as frases: "Você colocou mais de nós do que imagina sob uma obrigação", pois todos gostam de descobrir que suas boas ações se estendem mais do que esperavam. "Você não sabe o que fez por mim, mas deve saber que é muito mais importante do que imagina." É em si uma expressão de gratidão falar de si mesmo como se estivesse sobrecarregado pela bondade; ou "Nunca serei capaz de lhe agradecer o suficiente; mas, de qualquer forma, nunca deixarei de expressar em todos os lugares minha incapacidade de lhe agradecer".

XXV. Nada fez com que Furnius ganhasse mais crédito com Augusto e tornasse mais fácil para ele obter qualquer outra coisa que pudesse pedir, do que simplesmente dizer, quando, a seu pedido, Augusto perdoou seu pai por ter tomado o partido de Antônio: "Só recebi um erro de suas mãos, César; você me forçou a viver e a morrer com uma dívida de gratidão maior do que jamais poderei pagar". O que pode comprovar a gratidão tão bem quanto o fato de um homem nunca estar satisfeito, nem mesmo ter a esperança de fazer qualquer retorno adequado pelo que recebeu? Por meio dessas expressões e de outras semelhantes, devemos tentar não esconder nossa gratidão, mas demonstrá-la da forma mais clara possível. Não é necessário usar palavras; se apenas sentirmos o que devemos, nossa gratidão será demonstrada em nosso semblante. Aquele que pretende ser grato, que pense em como retribuirá uma gentileza enquanto a estiver recebendo. Crisipo diz que esse homem deve ficar atento à sua oportunidade e avançar sempre que ela surgir, como alguém que foi inscrito em uma corrida e que fica no ponto de partida esperando que as barreiras sejam abertas; e mesmo assim ele deve usar grandes esforços e grande rapidez para alcançar o outro, que tem uma vantagem sobre ele.

XXVI. Devemos agora considerar qual é a principal causa da ingratidão. Ela é causada pela autoestima excessiva, por aquele defeito inato em todos os mortais de ter uma visão parcial de nós mesmos e de nossos próprios atos, pela ganância ou pela inveja.

Vamos começar com a primeira delas. Todo mundo tem preconceito em seu próprio favor, o que faz com que ele acredite ter merecido tudo o que recebe, considere isso como um pagamento por seus serviços e não pense que foi avaliado em um valor suficientemente próximo ao seu. "Ele me deu isso", diz ele, "mas até que ponto, depois de quanto trabalho? Quanto mais eu poderia ter ganho se tivesse me ligado a Fulano de Tal, ou a Beltrano de Tal? Eu não esperava por isso; fui tratado como um membro do rebanho; será que ele realmente pensou que eu merecia tão pouco? Ora, teria sido menos insultante se tivesse me ignorado completamente".

XXVII. O infeliz Cnaeus Lentulus, que, antes de ser reduzido à pobreza por seus libertos, era um dos homens mais ricos que se via na posse de uma fortuna de quatrocentos milhões — digo "via", pois ele nunca fazia mais do que ver — era tão estéril e desprezível no intelecto quanto no espírito. Embora muito avarento, ele era um orador tão ruim que achava mais fácil dar moedas aos homens do que palavras. Esse homem, que devia toda a sua prosperidade ao falecido imperador Augusto, a quem havia trazido apenas pobreza, sobrecarregado com um nome nobre, quando havia se tornado o principal homem de Roma, tanto em riqueza quanto em influência, costumava às vezes reclamar que Augusto havia interrompido seus estudos jurídicos, observando que não havia recebido nada parecido com o que havia perdido ao abandonar o estudo da eloquência. No entanto, a verdade é que Augusto, além de dotá-lo de outros dons, libertou-o da necessidade de se tornar ridículo trabalhando em uma profissão na qual nunca poderia ter sucesso.

A ganância não permite que ninguém seja grato, pois o que é dado nunca está à altura de seus desejos básicos, e quanto mais recebemos, mais cobiçamos, pois a avareza é muito mais ávida quando tem de lidar com grandes acúmulos de riqueza, assim como o poder de uma chama é enormemente maior em proporção ao tamanho da conflagração da qual ela se origina. A ambição, da mesma forma, não permite que nenhum homem se satisfaça com aquela medida de honras públicas, que já foi o limite de sua mais louca esperança; ninguém é grato por se tornar tribuno, mas resmunga por não ser imediatamente promovido ao posto de pretor; nem é grato por isso se o consulado não vier em seguida; e mesmo isso não o satisfaz se ele for cônsul apenas uma vez. Sua ganância sempre se estende mais, e ele não entende a grandeza de seu sucesso porque sempre olha para frente, para o ponto que almeja, e nunca para trás, para o ponto de onde partiu.

XXVIII. Um vício mais violento e angustiante do que qualquer um desses é o ciúme, que nos perturba ao sugerir comparações. "Ele me deu isso, mas deu mais para aquele homem, e deu para ele antes de mim"; depois disso, ele não se compadece de ninguém, mas empurra suas próprias reivindicações para o prejuízo de todos os outros. Quão mais direto e modesto é aproveitar ao máximo o que recebemos, sabendo que nenhum homem é tão valorizado por ninguém quanto por si mesmo! "Eu deveria ter recebido mais, mas não foi fácil para ele dar mais; ele foi obrigado a distribuir sua liberalidade entre muitas pessoas. Isso é apenas o começo; deixe-me ficar satisfeito e, por meio de minha gratidão, encorajá-lo a me conceder mais favores; ele não fez tanto quanto deveria, mas o fará com mais frequência; ele certamente preferiu aquele homem a mim, mas me preferiu a muitos outros; aquele homem não é igual a mim nem em virtude e nem em serviços, mas tem algum charme próprio: ao reclamar, não farei com que eu mereça receber mais, mas me tornarei indigno do que recebi. Foi dado mais àqueles homens mais perversos do que a mim; bem, qual é o propósito disso? Quão raramente a Fortuna mostra discernimento em sua escolha? Reclamamos todos os dias do sucesso dos homens maus; muitas vezes o granizo passa sobre as propriedades dos maiores vilões e derruba as plantações dos melhores homens; todo homem tem que aproveitar sua chance, tanto na amizade quanto em tudo o mais." Não há benefício tão grande que a maldade não possa abrir buracos nele, nem tão insignificante que não possa ser melhorado por uma interpretação amigável. Nunca nos faltará motivo para reclamação se olharmos os benefícios pelo lado errado.

XXIX. Veja como as dádivas do céu são injustamente avaliadas até mesmo por alguns que se dizem filósofos, que se queixam de que não

SOBRE OS BENEFÍCIOS

somos tão grandes como os elefantes, tão velozes como os veados, tão leves como os pássaros, tão fortes como os touros; que as peles das focas são mais fortes, as das corças mais bonitas, as dos ursos mais grossas, as dos castores mais macias do que as nossas; que os cães nos superam em delicadeza de cheiro, as águias em agudeza de visão, os corvos em duração de dias e muitos animais em facilidade de nadar. E embora a própria natureza não permita que algumas qualidades, como, por exemplo, a força e a rapidez, sejam combinadas na mesma pessoa, ainda assim eles chamam de monstruoso o fato de os homens não serem compostos de qualidades boas diferentes e inconsistentes, e chamam os deuses de negligentes conosco porque não nos deram saúde, que nem mesmo nossos vícios podem destruir, ou conhecimento do futuro. Eles dificilmente se abstêm de chegar a um nível de insolência tal que odeiam a natureza porque estamos abaixo dos deuses e não em igualdade com eles. Quão melhor é nos voltarmos para a contemplação de tantas bênçãos grandiosas e sermos gratos pelo fato de os deuses terem tido o prazer de nos dar um lugar que só fica atrás deles nesta belíssima morada, e de terem nos designado para sermos os senhores da terra! Alguém pode nos comparar com os animais sobre os quais governamos? Nada nos foi negado, exceto o que não poderia ter sido concedido. Da mesma forma, você que tem uma visão injusta da sorte da humanidade, pense nas bênçãos que nosso Pai nos concedeu, nos animais muito mais poderosos do que nós que conseguimos dominar, como pegamos aqueles que são muito mais rápidos, como nada que tenha vida está fora do alcance de nossas armas! Recebemos tantas excelências, tantos ofícios, acima de tudo nossa mente, que pode perfurar imediatamente qualquer coisa contra a qual seja dirigida, que é mais rápida do que as estrelas em seu curso, pois chega antes delas ao lugar que elas alcançarão depois de muitas eras; e, além disso, tantos frutos da terra, tantos tesouros, tantas massas de várias coisas empilhadas umas sobre as outras. Você pode percorrer toda a ordem da natureza e, como não encontra nenhuma criatura inteira que preferiria ser, pode escolher entre cada uma delas as qualidades especiais que gostaria que fossem dadas a você; então, se você apreciar corretamente a parcialidade da natureza em relação a você, não poderá deixar de se confessar como seu filho mimado. Assim é; os deuses imortais sempre nos consideraram muito queridos até hoje e nos concederam a maior honra possível, um lugar mais próximo a eles. De fato, recebemos grandes coisas, mas não muito grandes.

XXX. Achei necessário, meu amigo Liberalis, expor esses fatos, tanto porque, ao falar de pequenos benefícios, deve-se fazer alguma menção aos maiores, quanto porque também esse vício vergonhoso e odioso (da ingratidão), começando com esses, transfere-se deles para todos os outros. Se um homem desprezar esses, que são os maiores de todos os benefícios, a quem ele sentirá gratidão, que dádiva ele considerará valiosa ou merecedora de ser retribuída: a quem ele será grato por sua segurança ou por sua vida, se ele negar que recebeu dos deuses a existência que ele implora a eles diariamente? Aquele, portanto, que ensina os homens a serem gratos, defende a causa não apenas dos homens, mas até mesmo dos deuses, pois embora eles, estando acima de todos os desejos, não possam carecer de nada, ainda assim podemos oferecer-lhes nossa gratidão.

Ninguém tem justificativa para procurar uma desculpa para a ingratidão em sua própria fraqueza ou pobreza, ou para dizer: "O que devo fazer e como? Quando poderei pagar minha dívida com meus superiores, os senhores do céu e da terra?" Por mais avarento que você seja, é fácil agradecer a eles, sem gastar nada; por mais preguiçoso que você seja, pode fazer isso sem trabalho. No mesmo instante em que recebeu sua dívida para com eles, se quiser pagá-la, terá feito o máximo que qualquer pessoa pode fazer, pois quem recebe um benefício com boa vontade o retribui.

XXXI. Esse paradoxo da filosofia estoica, de que devolve um benefício quem o recebe com boa vontade, está, em minha opinião, longe de ser admirável ou então é incrível. Pois se olharmos para tudo meramente do ponto de vista de nossas intenções, todo homem fez tanto quanto escolheu fazer; e uma vez que a piedade filial, a boa-fé, a justiça e, em suma, toda virtude é completa em si mesma, um homem pode ser grato em intenção, mesmo que não seja capaz de levantar uma mão para provar sua gratidão. Sempre que um homem obtém o que almeja, ele recebe o fruto de seu trabalho. Quando um homem concede um benefício, qual é o seu objetivo? Claramente ser útil e proporcionar prazer àquele a quem ele o concede. Se ele faz o que deseja, se seu propósito me alcança e nos enche de alegria, ele alcançou seu objetivo. Ele não deseja que nada lhe seja dado em troca, ou então isso se tornará uma troca de mercadorias, e não uma concessão de benefícios. Um homem que dirige bem alcança o porto para o qual partiu: um dardo lançado por uma mão firme cumpre seu dever se acertar o alvo; aquele que concede um benefício deseja que ele seja recebido com gratidão; ele obtém o que queria se for bem recebido. "Mas", você diz, "ele também esperava obter algum lucro". Então não se tratava de um benefício, cuja propriedade é não pensar em qualquer reembolso. Eu recebo o que me foi dado com o mesmo espírito com que foi dado: então eu o retribuí. Se isso não for verdade, então essa melhor das ações tem a pior das condições associadas a ela, que depende inteiramente da sorte o fato de eu ser grato ou não, pois se minha sorte for adversa, não poderei retribuir. A intenção é suficiente. O que devo fazer então? Não devo fazer tudo o que puder para retribuir, e não devo estar sempre atento a uma oportunidade de encher o peito[17]. O grande ator francês Talma, quando vestido pela primeira vez com o traje clássico correto, per-

---

17 NOTA DE AUBREY STEWART — Sinus, a dobra da toga sobre o peito, usada como bolso pelos romanos.

guntou indignado onde deveria colocar sua caixa de rapé daquele de quem recebi alguma gentileza? É verdade; mas um benefício está em uma situação ruim se não pudermos ser gratos por ele mesmo quando estivermos de mãos vazias.

XXXII. "Um homem", argumenta-se, "que recebeu um benefício, por mais que o tenha recebido com gratidão, ainda não cumpriu todo o seu dever, pois ainda resta a parte da retribuição; assim como, ao jogar bola, é preciso pegar a bola com inteligência e cuidado, mas um homem não é chamado de bom jogador a menos que possa devolver a bola que pegou com habilidade e rapidez". Essa analogia é imperfeita; e por quê? Porque fazer isso de forma digna depende do movimento e da atividade do corpo, e não da mente: e um ato que julgamos inteiramente pelos olhos deve ser claramente exibido. Mas se um homem pegasse a bola como deveria, eu não o chamaria de mau jogador por não devolvê-la, se a demora em devolvê-la não fosse causada por sua própria culpa. "No entanto", você diz, "embora o jogador não tenha falta de habilidade, porque ele fez uma parte de seu dever e foi capaz de fazer a outra parte, ainda assim, nesse caso, o jogo é imperfeito, pois sua perfeição está em mandar a bola para frente e para trás". Não estou disposto a expor ainda mais essa falácia; pensemos que é o jogo, e não o jogador, que é imperfeito: da mesma forma, no assunto que estamos discutindo, a coisa que é dada carece de algo, porque outra coisa igual deveria ser devolvida por ela, mas a mente do doador não carece de nada, porque encontrou outra mente igual a si mesma e, no que diz respeito às intenções, realizou o que desejava.

XXXIII. Um homem me concede um benefício: Eu o recebo exatamente como ele queria que fosse recebido: então ele obtém imediatamente o que queria, e a única coisa que queria, e, portanto, eu me mostro grato. Depois disso, resta-me desfrutar de meus próprios recursos, com o acréscimo de uma vantagem conferida a mim por alguém a quem obriguei; essa vantagem não é o restante de um serviço imperfeito, mas um acréscimo a um serviço aperfeiçoado[18]. Por exemplo, Fídias faz uma estátua. Agora, o produto de uma arte é uma coisa, e o de um comércio é outra. O negócio da arte é fazer a coisa que ele desejava fazer, e o do comércio é fazê-la com lucro. Fídias concluiu seu trabalho, mesmo que não o tenha vendido. O produto, portanto, de seu trabalho é triplo: há a consciência de tê-lo feito, que ele recebe quando seu trabalho é concluído; há a fama que ele recebe; e, em terceiro lugar, a vantagem que ele obtém por meio dele, em influência, ou vendendo-o, ou de outra forma. Da mesma forma, o primeiro fruto de um benefício é a consciência dele, que sentimos quando o concedemos à pessoa que escolhemos; em segundo e terceiro lugar, há o crédito que ganhamos ao fazê-lo, e há as coisas que podemos receber em troca dele. Assim, quando um benefício é recebido graciosamente, o doador já recebeu gratidão, mas ainda não recebeu recompensa por ele: o que devemos em troca é, portanto, algo separado do benefício em si, pois pagamos pelo benefício em si quando o aceitamos com um espírito grato.

XXXIV. "O que", você diz, "pode um homem retribuir um benefício, embora não faça nada?" Ele deu o primeiro passo, ofereceu-lhe uma coisa boa com bom sentimento e, o que é característico da amizade, colocou vocês dois em pé de igualdade. Em segundo lugar, um benefício não é reembolsado da mesma forma que um empréstimo: você não tem motivo para esperar que eu lhe ofereça qualquer pagamento; a conta entre nós depende apenas dos sentimentos. O que vou dizer não parecerá difícil, embora possa não estar de acordo com suas ideias a princípio, se me fizer o favor de lembrar que há mais coisas do que palavras para expressá-las. Há uma enorme massa de coisas sem

---

18 NOTA DE AUBREY STEWART — Nada é necessário para tornar perfeito um benefício, conferido por bons motivos: se for devolvido, a gratidão deve ser contada como lucro líquido.

nomes, das quais não falamos com nomes próprios e distintos, mas com nomes de outras coisas transferidos para elas. Falamos de nosso próprio pé, do pé de um sofá, de uma vela ou de um poema; aplicamos a palavra "cão" a um cão de caça, a um peixe e a uma estrela. Como não temos palavras suficientes para atribuir um nome separado a cada coisa, tomamos emprestado um nome sempre que queremos um. Bravura é a virtude que corretamente despreza o perigo, ou a ciência de repelir, sustentar ou convidar perigos: no entanto, chamamos um homem corajoso de gladiador e usamos a mesma palavra para um escravo inútil, que é levado pela imprudência a desafiar a morte. Economia é a ciência de evitar gastos desnecessários, ou a arte de usar a renda com moderação: no entanto, chamamos um homem de mente mesquinha e estreita de muito econômico, embora haja uma distância imensurável entre moderação e mesquinhez. Essas coisas são naturalmente distintas, mas a pobreza de nossa linguagem nos obriga a chamar esses dois homens de econômicos, assim como aquele que vê os pequenos acidentes com desprezo racional e aquele que, sem razão, corre perigo são igualmente chamados de corajosos. Assim, um benefício é tanto uma ação benéfica quanto aquilo que é concedido por essa ação, como dinheiro, uma casa, um cargo no estado: há apenas um nome para ambos, embora sua força e poder sejam muito diferentes.

XXXV. Portanto, dê-me sua atenção e logo perceberá que não digo nada que possa ser contestado. O benefício que consiste na ação é reembolsado quando o recebemos graciosamente; o outro, que consiste em algo material, ainda não foi reembolsado, mas esperamos fazê-lo. A dívida de boa vontade foi quitada por um retorno de boa vontade; a dívida material exige um retorno material. Assim, embora possamos declarar que aquele que recebeu um benefício com boa vontade retribuiu o favor, ainda assim o aconselhamos a devolver ao doador algo do mesmo tipo que recebeu. Uma parte do que dissemos se afasta da linha de pensamento convencional e depois volta a ela por outro caminho. Afirmamos que um homem sábio não pode receber uma ofensa; no entanto, se um homem lhe bater com o punho, esse homem será considerado culpado de lhe causar uma ofensa. Declaramos que um tolo não pode possuir nada; no entanto, se um homem roubasse algo de um tolo, deveríamos considerar esse homem culpado de roubo. Declaramos que todos os homens são loucos, mas não os aplicamos uma dose de heléboro; mas colocamos nas mãos dessas mesmas pessoas, a quem chamamos de loucos, tanto o direito de votar quanto o de julgar. Da mesma forma, dizemos que um homem que recebeu um benefício de boa vontade retribuiu o favor, mas ainda assim o deixamos em dívida — obrigado a reembolsá-lo, mesmo que ele o tenha feito. Isso não é para negar os benefícios, mas é um incentivo para que não tenhamos medo de receber benefícios nem desfaleçamos sob o peso excessivo deles. "Boas coisas me foram dadas; não passei fome; fui salvo da miséria da pobreza abjeta; minha vida, e o que é mais caro do que a vida, minha liberdade, foi preservada. Como poderei retribuir esses favores? Quando chegará o dia em que poderei provar minha gratidão a ele?" Quando um homem fala assim, o dia já chegou. Receba um benefício, abrace-o, regozije-se, não por tê-lo recebido, mas por ter que retribuí-lo; assim, você nunca correrá o risco de cometer o grande pecado de se tornar ingrato por um infortúnio. Não vou enumerar nenhuma dificuldade para vocês, para que não se desesperem e desmaiem diante da perspectiva de uma longa e trabalhosa servidão. Não o remeto ao futuro; faça-o com os meios que tiver à mão. Você nunca será grato se não o for imediatamente. O que, então, você fará? Não precisa pegar em armas, mas talvez tenha que fazê-lo; não precisa cruzar os mares, mas pode ser que pague sua dívida, mesmo quando o vento ameaçar soprar um vendaval. Deseja retribuir o benefício? Então, receba-o graciosamente; assim, você terá retribuído o favor — não, de fato, para que possa pensar que o retribuiu, mas para que possa dever a ele com a consciência mais tranquila.

LIVRO III

I. Não retribuir a gratidão pelos benefícios, meu AEbutius Liberalis, é algo vil em si mesmo e é considerado desprezível por todos os homens; portanto, até mesmo os homens ingratos se queixam de ingratidão e, no entanto, o que todos condenam está, ao mesmo tempo, enraizado em todos; e os homens, às vezes, chegam ao outro extremo, de tal forma que alguns deles se tornam nossos inimigos mais amargos, não apenas depois de receberem benefícios de nós, mas porque os receberam. Não posso negar que alguns fazem isso por pura maldade da natureza, mas outros o fazem porque o tempo destrói sua lembrança, pois o tempo gradualmente apaga o que eles sentiram vivamente no momento. Lembro-me de ter discutido com o senhor sobre essa classe de pessoas, a quem o senhor queria chamar de esquecidos em vez de ingratos, como se aquilo que levasse um homem a ser ingrato fosse uma desculpa para ele ser assim, ou como se o fato de isso acontecer com um homem impedisse que ele fosse ingrato, quando sabemos que isso só acontece com homens ingratos. Há muitas classes de ingratos, como há de ladrões ou homicidas, todos com o mesmo defeito, embora haja uma grande variedade em suas diversas formas. É ingrato o homem que nega ter recebido um benefício; que finge não tê-lo recebido; que não o retribui. O homem mais ingrato de todos é aquele que se esquece do fato. Os outros, embora não o retribuam, ainda assim sentem sua dívida e possuem alguns traços de valor, embora obstruídos por sua má consciência. Eles podem, por algum meio e em algum momento, ser levados a demonstrar sua gratidão, se, por exemplo, forem picados pela vergonha, se conceberem alguma ambição nobre como a que ocasionalmente surge até mesmo no peito dos ímpios, se alguma oportunidade fácil de fazê-lo se oferecer; mas o homem de quem toda a lembrança do benefício já passou nunca poderá se tornar grato. Qual dos dois você considera o pior: aquele que é ingrato pela bondade ou aquele que nem mesmo se lembra dela? Os olhos que temem olhar para a luz são doentes, mas aqueles que não conseguem vê-la são cegos. É impiedade filial não amar os pais, mas não reconhecê-los é loucura.

II. Quem é tão ingrato quanto aquele que deixou de lado e descartou tão completamente aquilo que deveria estar em primeiro plano em sua mente e sempre diante de si, que não sabe disso? É evidente que, se o esquecimento de um benefício se apodera de um homem, ele não pode ter pensado com frequência em retribuí-lo.

Em resumo, a retribuição requer gratidão, tempo, oportunidade e a ajuda da sorte; ao passo que aquele que se lembra de um benefício é grato por ele, e isso também sem gastos. Uma vez que a gratidão não exige trabalho, riqueza ou boa sorte, aquele que não a retribui não tem desculpa para se proteger, pois aquele que coloca um benefício tão longe que o perde de vista nunca poderia ter a intenção de ser grato por ele. Assim como as ferramentas que são mantidas em uso e são tocadas diariamente pela mão nunca correm o risco de enferrujar, enquanto as que não são colocadas diante de nossos olhos e ficam como se fossem supérfluas, não sendo necessárias para o uso comum, acumulam sujeira pelo mero lapso de tempo, da mesma forma, aquilo que nossos pensamentos frequentemente reviram e renovam nunca desaparece de nossa memória, que só perde as coisas para as quais raramente dirige seus olhos.

III. Além disso, há outras causas que, às vezes, apagam de nossa mente os maiores serviços. A primeira e mais poderosa delas é que, estando sempre atentos a novos objetos de desejo, pensamos não no que temos, mas no que estamos nos esforçando para obter. Aqueles cuja mente está inteiramente fixada naquilo que esperam ganhar, consideram com desprezo tudo o que já é seu. Portanto, como a ânsia dos homens por algo novo os faz subestimar o que já receberam, eles não estimam aqueles de quem o receberam. Enquanto estivermos satisfeitos com a posição que conquistamos, amamos nosso benfeitor, olhamos para ele e declaramos que devemos nossa posição inteiramente a ele; então começamos a nutrir outras aspirações e nos apressamos para alcançá-las, à maneira dos seres humanos que, quando conquistam muito, sempre cobiçam mais; logo tudo o que costumávamos considerar como benefícios desaparece de nossa memória e não consideramos mais as vantagens que desfrutamos sobre os outros, mas apenas a prosperidade insolente daqueles que nos ultrapassaram. Ora, ninguém pode ser invejoso e grato ao mesmo tempo, porque aqueles que são invejosos são queixosos e tristes, enquanto os gratos são alegres. Em seguida, como nenhum de nós pensa em outro momento que não seja o presente, e poucos voltam seus pensamentos para o passado, o resultado é que nos esquecemos de nossos professores e de todos os benefícios que obtivemos deles, porque deixamos nossa infância para trás: assim, tudo o que foi feito por nós em nossa juventude perece sem ser lembrado, porque nossa juventude em si nunca é revista. O que foi é considerado por todos não apenas como passado, mas como passado; e, pela mesma razão, nossa memória é fraca para o que está prestes a acontecer no futuro.

IV. Aqui devo fazer justiça a Epicuro para dizer que ele constantemente reclama de nossa ingratidão por benefícios passados, porque não podemos trazer de volta, ou contar entre nossos prazeres atuais, aquelas coisas boas que recebemos há muito tempo, embora nenhum prazer possa ser mais inegável do que aqueles que não podem ser tirados de nós. O bem presente ainda não está totalmente completo, algum infortúnio pode interrompê-lo; o futuro está em suspenso e é incerto; mas o que é passado está guardado em segurança. Como pode um homem sentir gratidão pelos benefícios, se ele passa a vida inteira totalmente absorvido pelo presente e pelo futuro? É a lembrança que torna os homens gratos; e quanto mais os homens esperam, menos se lembram.

V. Da mesma forma, meu Liberalis, assim como algumas coisas permanecem em nossa memória assim que são aprendidas, enquanto que, para conhecer outras, não basta tê-las aprendido, pois nosso conhecimento se esvai de nós a menos que seja mantido — refiro-me à geometria e à astronomia, e a outras ciências que são difíceis de lembrar por causa de sua complexidade —, assim também a grandeza de alguns benefícios impede que sejam esquecidos, enquanto outros, individualmente menores, embora em maior número, e concedidos em épocas diferentes, passam despercebidos, porque, como afirmei acima, não pensamos neles constantemente e não reconhecemos de bom grado o quanto devemos a cada um de nossos benfeitores. Ouçam as palavras daqueles que pedem favores. Não há nenhum deles que não declare que sua lembrança será eterna, que não se jure seu servo e escravo devotado ou que não encontre, se puder, alguma expressão ainda maior de humildade com a qual possa se comprometer. Depois de um breve espaço de tempo, esses mesmos homens evitam suas expressões anteriores, considerando-as abjetas e pouco condizentes com homens nascidos livres; depois, chegam ao mesmo ponto a que, como suponho, chegam os piores e mais ingratos dos homens, ou seja, esquecem. O esquecimento é tão pouco capaz de desculpar a ingratidão, que até mesmo a lembrança de um benefício pode nos deixar ingratos.

VI. Foi levantada a questão se esse vício mais odioso deveria ficar impune; e se a lei comumente usada nas escolas, pela qual podemos processar um homem por ingratidão, deveria ser adotada também pelo Estado, já que todos concordam que ela é justa. "Por que não?", você pode dizer, "já que até mesmo as cidades jogam nos dentes umas das outras os serviços que prestaram umas às outras e exigem dos filhos algum retorno pelos benefícios conferidos a seus pais?" Por outro lado, nossos ancestrais, que eram homens admiráveis, faziam exigências apenas a seus inimigos e davam e perdiam seus benefícios com magnanimidade. Com exceção da Macedônia, nenhuma nação jamais estabeleceu uma ação judicial por ingratidão. E esse é um forte argumento contra o seu estabelecimento, porque todos concordam em culpar o crime; e o homicídio, o envenenamento, o parricídio e o sacrilégio são punidos com penalidades diferentes em países diferentes, mas em todos os lugares com alguma penalidade; enquanto esse vício mais comum não é punido em lugar algum, embora seja culpado em todos os lugares. Não o absolvemos, mas como seria muito difícil calcular com exatidão a penalidade para um assunto tão variável, nós o condenamos apenas para ser odiado, e o colocamos na lista dos crimes que remetemos aos deuses para julgamento.

VII. Muitos argumentos me ocorrem para provar que esse vício não deveria estar sob a ação da lei. Em primeiro lugar, a melhor parte de um benefício é perdida se o benefício puder ser exigido judicialmente, como no caso de um empréstimo, ou de locação e arrendamento. De fato, a melhor parte de um benefício é que o concedemos sem considerar se o perderemos ou não, que deixamos tudo isso à livre escolha daquele que o recebe: se eu o convocar perante um juiz, começa a não ser um benefício, mas um empréstimo. Além disso, embora seja uma coisa muito honrosa demonstrar gratidão, ela deixa de ser honrosa se for forçada, pois, nesse caso, ninguém elogiará um homem grato mais do que elogia aquele que devolve o dinheiro que foi depositado em sua guarda ou que paga o que tomou emprestado sem a intervenção de um juiz. Portanto, deveríamos estragar as duas melhores coisas da vida humana — um homem grato e um homem beneficente; pois o que há de admirável em alguém que não dá, mas apenas empresta um benefício, ou em alguém que o reembolsa, não porque deseja, mas porque é forçado a fazê-lo? Não há crédito em ser grato, a menos que seja seguro ser ingrato. Além disso, todos os tribunais dificilmente seriam suficientes para a ação dessa única lei. Quem não se submeteria a ela? Pois cada um exalta seus próprios méritos, cada um engrandece até mesmo as menores coisas que concedeu a outro. Além disso, as coisas que formam o objeto de uma investigação judicial podem ser definidas distintamente e não podem dar licença ilimitada ao juiz; Portanto, uma boa causa está em uma posição melhor se for apresentada a um juiz do que a um árbitro, porque as palavras da lei prendem o juiz e definem certos limites além dos quais ele não pode passar, enquanto a consciência de um árbitro é livre e não está presa a quaisquer regras, de modo que ele pode dar ou tirar, e pode organizar sua decisão, não de acordo com os preceitos da lei e da justiça, mas apenas de acordo com seu próprio sentimento de bondade ou compaixão. Uma ação por ingratidão não vincularia um juiz, mas o colocaria na posição de um autocrata. Não se pode saber o que ou quão grande é um benefício; tudo o que seria realmente importante seria a indulgência com que o juiz o interpretaria. Nenhuma lei define uma pessoa ingrata, muitas vezes, de fato, aquele que devolve o que recebeu é ingrato, e aquele que não devolveu é grato. Até mesmo um juiz pouco experiente pode dar seu voto em algumas questões; por exemplo, quando o que deve ser determinado é se algo foi ou não foi feito, quando uma disputa é encerrada com a entrega de títulos por escrito pelas partes ou quando a prestação de contas é decidida entre os disputantes. Quando, no entanto, os motivos precisam ser adivinhados, quando assuntos sobre os quais somente a sabedoria pode decidir são levados ao tribunal, eles não podem ser julgados por um juiz escolhido aleatoriamente da lista de "juízes seletos"[19] que a propriedade e a herança de uma fortuna equestre[20] colocaram na lista.

VIII. A ingratidão, portanto, não é apenas uma questão imprópria para ser levada ao tribunal, mas nenhum juiz poderia ser considerado apto a julgá-la; e isso não o surpreenderá se você examinar as dificuldades de qualquer pessoa que tente processar

---

19 NOTA DE AUBREY STEWART — Veja o "Dict. of Antiq." de Smith, s. V.
20 NOTA DE AUBREY STEWART — 400.000 sestércios.

um homem sob tal acusação. Um homem pode ter dado uma grande soma de dinheiro, mas ele é rico e não sentiria isso; outro pode tê-la dado à custa de toda a sua herança. A quantia dada é a mesma em cada caso, mas o benefício conferido não é o mesmo. Acrescente outro exemplo: suponha que, para resgatar um devedor da escravidão, um homem tenha pago dinheiro de seus próprios meios privados, enquanto outro homem pagou a mesma quantia, mas teve que pedir emprestado ou implorar por ele, e se permitiu ficar sob uma grande obrigação para com alguém; você classificaria o homem que tão facilmente concedeu seu benefício em igualdade com aquele que foi obrigado a receber um benefício antes de poder concedê-lo? Alguns benefícios são grandes, não por causa de sua quantia, mas por causa do momento em que são concedidos; é um benefício dar uma propriedade cuja fertilidade pode baixar o preço do milho, e é um benefício dar um pedaço de pão em tempos de fome; é um benefício dar províncias através das quais fluem vastos rios navegáveis, e é um benefício, quando os homens estão sedentos e mal conseguem respirar através de suas gargantas secas, mostrar-lhes uma fonte de água. Quem comparará esses casos entre si, ou pesará um contra o outro? É difícil tomar uma decisão quando não é a coisa dada, mas seu significado, que deve ser considerado; embora o que é dado seja o mesmo, se for dado em circunstâncias diferentes, terá um valor diferente. Um homem pode ter me concedido um benefício, mas de má vontade; ele pode ter reclamado por tê-lo concedido; ele pode ter me olhado com mais arrogância do que costumava fazer; ele pode ter sido tão lento em concedê-lo, que teria me prestado um serviço maior se o tivesse recusado prontamente. Como um juiz poderia estimar o valor dessas coisas, quando palavras, hesitação ou olhares podem destruir toda a sua pretensão de gratidão?

IX. O que ele poderia fazer, visto que algumas coisas são chamadas de benefícios porque são indevidamente cobiçadas, en-

SOBRE OS BENEFÍCIOS

quanto outras não são benefícios de forma alguma, de acordo com essa avaliação comum, mas são de valor ainda maior, embora não sejam tão vistosas? Você chama de benefício fazer com que um homem seja adotado como membro de uma cidade poderosa, inscrevê-lo entre os cavaleiros ou defender alguém que está sendo julgado por sua vida: o que você diz daquele que dá conselhos úteis? Daquele que o detém quando você se precipita no crime? Daquele que tira a espada das mãos do suicida? Daquele que, com seu poder de consolação, traz de volta aos deveres da vida alguém que estava mergulhado na dor e ansioso para seguir aqueles que havia perdido? Daquele que se senta ao lado do leito do homem doente e que, quando a saúde e a recuperação dependem de se aproveitar o momento certo, administra comida na hora certa, estimula as veias fracas com vinho ou chama o médico para o moribundo? Quem pode estimar o valor de serviços como esses? Quem pode nos propor a pesar benefícios diferentes uns dos outros? "Eu lhe dei uma casa", diz alguém. Sim, mas eu o avisei que sua própria casa cairia sobre sua cabeça. "Eu lhe dei uma propriedade", diz ele. É verdade, mas eu lhe dei uma tábua quando o navio naufragou. "Lutei por você e fui ferido", diz outro. Mas eu salvei sua vida mantendo silêncio. Como um benefício é dado e devolvido de forma diferente por pessoas diferentes, é difícil equilibrá-los.

X. Além disso, não há dia marcado para o reembolso de um benefício, como há para o dinheiro emprestado; consequentemente, aquele que ainda não reembolsou um benefício pode fazê-lo no futuro: pois, diga-me, por favor, em que prazo um homem deve ser declarado ingrato? Os maiores benefícios não podem ser provados por evidências; eles geralmente se escondem na consciência silenciosa de apenas dois homens; devemos introduzir a regra de não conceder benefícios sem testemunhas? Em seguida, que punição devemos designar para os ingratos? Deve haver uma única para todos, embora os benefícios que tenham recebido sejam diferentes? Ou a punição deve ser variável, maior ou menor, de acordo com o benefício que cada um tenha recebido? Nossas avaliações devem se restringir a multas pecuniárias? O que devemos fazer, visto que em alguns casos o benefício conferido é a vida, e coisas mais caras do que a vida? Que punição deve ser atribuída à ingratidão por isso? Um valor menor do que o benefício? Isso seria injusto. Uma igual a ele; a morte? O que poderia ser mais desumano do que fazer com que os benefícios resultem em crueldade?

XI. Pode-se argumentar: "Os pais têm certos privilégios: eles são considerados isentos da ação das regras comuns, e assim também deve ser o caso com outras pessoas benéficas". Não; a humanidade atribuiu uma santidade peculiar à posição dos pais, porque era vantajoso que as crianças fossem criadas, e as pessoas tinham que ser tentadas a se submeter ao trabalho árduo de fazê-lo, porque o resultado de seu experimento era duvidoso. Não se pode dizer a eles, como se faz a outros que concedem benefícios, "Escolha o homem a quem você dá: você só deve se culpar se for enganado; ajude os merecedores". Na criação de filhos, nada depende do julgamento daqueles que os criam; é uma questão de esperança: para que, portanto, as pessoas possam estar mais dispostas a embarcar nessa loteria, era correto que lhes fosse dada certa autoridade; e como é útil que os jovens sejam governados, colocamos seus pais na posição de magistrados domésticos, sob cuja tutela suas vidas podem ser governadas. Além disso, a posição dos pais difere da de outros benfeitores, pois o fato de eles terem dado anteriormente a seus filhos não impede que eles deem agora e no futuro; e também não há medo de que eles afirmem falsamente que deram: com outros, é preciso perguntar não apenas se eles receberam, mas se deram; mas as boas ações dos pais não deixam dúvidas. Em segundo lugar, um benefício concedido pelos pais é o mesmo para todos, e pode ser contado uma vez para todos; enquanto os outros que eles concedem são de vários tipos, diferentes uns dos outros, diferindo entre si pelos intervalos mais amplos possíveis; portanto, eles não podem estar sob nenhuma regra regular, uma vez que seria mais justo deixá-los todos sem recompensa do que dar a mesma recompensa a todos.

XII. Alguns benefícios custam muito para quem os oferece, outros são de grande valor para quem os recebe, mas não custam nada para quem os oferece. Alguns são concedidos a amigos, outros a estranhos: agora, embora o que é dado seja o mesmo, ele se torna ainda maior quando é dado a alguém com quem você está começando a se familiarizar por meio dos benefícios que você lhe concedeu anteriormente. Um homem pode nos dar ajuda, outro, distinções, um terceiro consolo. Você pode encontrar alguém que não ache nada mais agradável ou mais importante do que ter alguém que o salve de uma aflição; você pode encontrar novamente alguém que prefira ser ajudado a alcançar um lugar importante do que a ter segurança; enquanto alguns se consideram mais endividados com aqueles que salvam suas vidas do que com aqueles que salvam sua honra. Cada um desses serviços será considerado mais ou menos importante, de acordo com a disposição de nosso juiz para um ou outro. Além disso, eu escolho meus credores por mim mesmo, ao passo que muitas vezes recebo benefícios de quem eu não gostaria de receber, e às vezes sou obrigado a cumprir uma obrigação sem meu conhecimento. O que você fará em um caso como esse? Quando um homem recebe um benefício desconhecido para si mesmo e que, se soubesse, teria se recusado a receber, você o chamará de ingrato se ele não o devolver, mesmo que o tenha recebido? Suponhamos que alguém tenha me concedido um benefício e que o mesmo homem tenha me feito algum mal posteriormente; serei obrigado, por sua generosidade, a suportar com paciência qualquer mal que ele possa me fazer, ou será como se eu o tivesse retribuído, porque ele mesmo cancelou seu próprio benefício com o mal subsequente? Como, nesse caso, você decidiria o que é maior: o presente que o homem recebeu ou o dano que lhe foi causado? Eu não teria tempo se tentasse discutir todas as dificuldades que surgiriam.

XIII. Pode-se argumentar que "tornamos os homens menos dispostos a conceder benefícios ao não apoiarmos a reivindicação daqueles que foram concedidos para receber gratidão e ao não punirmos aqueles que os repudiam". Mas, por outro lado, você descobriria que os homens estariam muito menos dispostos a receber benefícios se, ao fazê-lo, eles provavelmente incorreriam no perigo de ter que defender sua causa no tribunal e teriam mais dificuldade em provar sua integridade. Essa legislação também nos tornaria menos dispostos a dar, pois ninguém está disposto a dar àqueles que não estão dispostos a receber, mas aquele que é impelido a atos de bondade por sua própria boa natureza e pela beleza da caridade, dará mais livremente àqueles que não precisam retribuir, a menos que queiram. O mérito de prestar um serviço é prejudicado se, ao fazê-lo, estivermos cuidadosamente protegidos contra perdas.

XIV. "Os benefícios, então, serão menores, mas mais genuínos: bem, que mal há em restringir as pessoas de doarem de forma imprudente?" Até mesmo aqueles que não querem uma legislação sobre o assunto seguem essa regra, de que devemos ser um pouco cuidadosos ao doar e ao escolher aqueles a quem concedemos favores. Reflita repetidamente a quem você está dando: você não terá nenhum recurso na lei, nenhum meio de exigir o reembolso. Você está enganado se supõe que o juiz o ajudará: nenhuma lei fará a restituição total a você, você deve olhar apenas para a honra do recebedor. Somente assim os benefícios podem reter sua influência e somente assim são admiráveis: você os desonra se fizer deles a base de um litígio. "Pague o que deve" é um provérbio muito justo e que traz consigo a sanção de todas as nações; mas, ao lidar com benefícios, é muito vergonhoso. "Pague!" Como pode pagar um homem que deve sua vida, sua posição, sua segurança ou sua razão a outro? Nenhum dos maiores benefícios pode ser reembolsado. "No entanto", diz-se, "você deve dar em troca deles algo de igual valor". Isso é exatamente o que tenho dito, que a grandeza do ato é arruinada se fizermos de nossos benefícios transações comerciais. Não devemos nos encorajar à avareza, ao descontentamento ou a brigas; a mente humana é bastante propensa a isso por natureza. Na medida em que pudermos, vamos controlá-la e cortar as oportunidades que ela busca.

XV. Se pudéssemos, de fato, persuadir os homens a receber de volta o dinheiro que emprestaram somente daqueles devedores que estão dispostos a pagar! Se nenhum acordo jamais vinculasse o comprador ao vendedor e se seus interesses não fossem protegidos por convênios e acordos selados, mas sim pela honra e pelo senso de justiça! No entanto, os homens preferem o que é necessário ao que é realmente melhor, e preferem forçar seus credores a mantê-los fiéis a confiar que eles o farão. São chamadas testemunhas de ambos os lados; um, ao chamar corretores, faz com que vários nomes apareçam em suas contas como seus devedores, em vez de um; o outro não se contenta com as formas legais de perguntas e respostas, a menos que segure a outra parte pela mão. Que admissão vergonhosa da desonestidade e da maldade da humanidade! Os homens confiam mais em nossos anéis de sinete do que em nossas intenções. Para que esses homens respeitáveis são convocados? Para que eles imprimem seus selos? É para que o tomador do empréstimo não possa negar que recebeu o que recebeu. O senhor considera esses homens, suponho, acima de subornos, como defensores da verdade: bem, esses mesmos homens não receberão dinheiro a não ser nos mesmos termos. Não seria, então, mais honroso ser enganado por alguns do que suspeitar da desonestidade de todos os homens? Para preencher a medida da avareza, falta apenas uma coisa: que não concedamos nenhum benefício sem uma garantia. Ajudar, prestar serviço, é parte de uma mente generosa e nobre; aquele que dá, age como um deus, aquele que exige reembolso age como um agiota. Por que, então, ao tentar proteger os direitos da primeira classe, deveríamos reduzi-los ao nível da mais baixa humanidade?

XVI. "Mais homens", argumenta nosso oponente, "serão ingratos, se não houver nenhum remédio legal contra a ingratidão". Em segundo lugar, não é aconselhável que se saiba publicamente quantos homens ingratos existem, pois o número de pecadores eliminará a vergonha do pecado, e uma reprovação que se aplica a todos os homens deixará de ser desonrosa. Alguma mulher se envergonha de ser divorciada, agora que algumas damas nobres contam os anos de suas vidas, não pelo número de cônsules, mas pelo de seus maridos, agora que elas deixam seus lares para se casarem com outros, e se casam apenas para se divorciarem? O divórcio só era temido enquanto era incomum; agora que nenhuma gazeta aparece sem ele, as mulheres aprendem a fazer o que tanto ouvem falar. Será que alguém pode se envergonhar do adultério, agora que as coisas chegaram a tal ponto que nenhuma mulher mantém um marido, a não ser que seja para agradar seu amante? A castidade apenas implica feiura. Onde você encontrará uma mulher tão indecente, tão repulsiva, a ponto de se satisfazer com um único par de amantes, sem ter um diferente para cada hora do dia; nem o dia é longo o suficiente para todos eles, a menos que ela tenha se arejado no terreno de um e passado a noite com outro. Uma mulher é antiquada se não souber que "o adultério com um amante é chamado de casamento". Assim como toda a vergonha desses vícios desapareceu desde que o próprio vício se tornou tão amplamente difundido, se você fizer com que os ingratos comecem a contar seu próprio número, você os tornará mais numerosos e permitirá que sejam ingratos com maior impunidade.

SOBRE OS BENEFÍCIOS

XVII. "E então, o homem ingrato ficará impune?" E então, eu respondo, devemos punir o ingrato, o malicioso, o avarento, o obstinado e o cruel? Você imagina que as coisas que são odiadas não são punidas, ou supõe que qualquer punição seja maior do que o ódio de todos os homens? É um castigo não ousar receber um benefício de ninguém, não ousar conceder um, ser ou imaginar que você é um alvo para os olhos de todos os homens e perder toda a apreciação de um assunto tão excelente e agradável. Você chama de infeliz um homem que perdeu a visão ou cuja audição foi prejudicada por uma doença, e não o chama de miserável aquele que perdeu o poder de sentir benefícios? Ele teme os deuses, as testemunhas de toda ingratidão; ele é torturado pelo pensamento do benefício que aplicou erroneamente e, em suma, ele é suficientemente punido por essa grande penalidade, de modo que, como eu disse antes, ele não pode desfrutar dos frutos desse ato tão delicioso. Por outro lado, aquele que tem prazer em receber um benefício desfruta de uma felicidade invariável e contínua, que deriva da consideração, não da coisa dada, mas da intenção do doador. Um benefício proporciona alegria perpétua a um homem grato, mas agrada a um ingrato apenas por um momento. A vida de tais homens pode ser comparada, visto que um deles é triste e sombrio — como é natural que um sonegador de suas dívidas e um fraudador seja, um homem que não dá a seus pais, suas enfermeiras ou seus professores a honra que lhes é devida — enquanto o outro é alegre, jovial, atento a uma oportunidade de provar sua gratidão e obtendo muito prazer com esse estado de espírito? Esse homem não deseja ir à falência, mas apenas retribuir os benefícios da forma mais completa e abundante possível, e isso não apenas aos pais e amigos, mas também a pessoas mais humildes; pois mesmo que receba um benefício de seu próprio escravo, ele não considera de quem o recebe, mas o que recebe.

XVIII. No entanto, Hecaton e alguns outros escritores duvidam que um escravo possa conceder um benefício a seu senhor. Alguns distinguem entre benefícios, deveres e serviços, chamando essas coisas de benefícios que são concedidos por um estranho — isto é, por alguém que poderia interrompê-los sem culpa — enquanto os deveres são realizados por nossos filhos, nossas esposas e aqueles que o relacionamento nos incita e ordena a nos ajudar; e, em terceiro lugar, os serviços são realizados por escravos, cuja posição é tal que nada do que eles fazem para seu mestre pode lhes dar qualquer direito sobre ele...

Além disso, aquele que afirma que um escravo às vezes não confere um benefício a seu mestre é ignorante dos direitos do homem; pois a questão não é qual pode ser a posição na vida do doador, mas quais são suas intenções. O caminho da virtude não está fechado para ninguém, está aberto a todos; ele admite e convida a todos, sejam homens nascidos livres, escravos ou libertos, reis ou exilados; ele não exige qualificações de família ou de propriedade, ele se satisfaz com um simples homem. Em que, de fato, deveríamos confiar para nos defendermos de infortúnios repentinos, o que uma mente nobre poderia prometer a si mesma manter inabalável, se a virtude pudesse ser perdida junto com a prosperidade? Se um escravo não pode conferir um benefício a seu mestre, então nenhum súdito pode conferir um benefício a seu rei, e nenhum soldado a seu general; pois enquanto o homem estiver sujeito à autoridade suprema, a forma de autoridade não fará diferença. Se a força principal ou o medo da morte e da tortura podem impedir que um escravo obtenha qualquer título de gratidão de seu senhor, eles também impedirão que os súditos de um rei ou os soldados de um general o façam, pois as mesmas coisas podem acontecer a qualquer uma dessas classes de homens, embora com nomes diferentes.

No entanto, os homens concedem benefícios a seus reis e generais; portanto, os escravos podem conceder benefícios a seus senhores. Um escravo pode ser justo, corajoso, magnânimo; ele pode, portanto, conceder um benefício, pois essa também é a parte de um homem virtuoso. É tão verdadeiro que os escravos podem conceder benefícios a seus senhores, que os senhores muitas vezes devem suas vidas a eles.

XIX. Não há dúvida de que um escravo pode conceder um benefício a qualquer pessoa; por que, então, não ao seu senhor? "Porque", argumenta-se, "ele não pode se tornar credor de seu senhor se lhe der dinheiro. Se não for assim, ele diariamente coloca seu senhor sob uma obrigação para com ele; ele o acompanha em uma viagem, cuida dele quando está doente, trabalha muito arduamente no cultivo de sua propriedade; no entanto, tudo isso, que seria chamado de benefícios se feito para nós por qualquer outra pessoa, é meramente chamado de serviço quando feito por um escravo. Um benefício é aquele concedido por alguém que tem a opção de recusá-lo: agora um escravo não tem o poder de recusar, de modo que ele não nos oferece sua ajuda, mas obedece às nossas ordens e não pode se gabar de ter feito o que não poderia deixar de fazer". Mesmo nessas condições, vencerei o dia e colocarei um escravo em posições tais que, para muitos propósitos, ele será livre; enquanto isso, diga-me, se eu lhe der um exemplo de um escravo lutando pela segurança de seu mestre sem se importar consigo mesmo, perfurado com ferimentos, mas gastando as últimas gotas de seu sangue e ganhando tempo para que seu mestre escape com o sacrifício de sua vida, você dirá que esse homem não concedeu um benefício a seu mestre porque era um escravo? Se eu der um exemplo de alguém que não pôde ser subornado para trair os segredos de seu mestre por nenhuma das ofertas de um tirano, que não foi aterrorizado por nenhuma ameaça, nem dominado por nenhuma tortura, mas que, tanto quanto pôde, colocou seus questionadores em uma pista errada e pagou por sua lealdade com sua vida, você dirá que esse homem não conferiu um benefício a seu mestre porque era um escravo? Considere, em vez disso, se um exemplo de virtude em um escravo não é ainda maior porque é mais raro do que em homens livres, e se não é ainda mais gratificante o fato de que, embora ser comandado seja odioso e toda submissão à autoridade seja desagradável, ainda assim, em alguns casos particulares, o amor por um mestre tem sido mais poderoso do que a aversão geral dos homens à servidão. Um benefício, portanto, não deixa de ser um benefício pelo fato de ser concedido por um escravo, mas é ainda maior por esse motivo, porque nem mesmo a escravidão poderia impedi-lo de concedê-lo.

XX. É um erro imaginar que a escravidão permeia todo o ser de um homem; a melhor parte dele está isenta dela: o corpo, de fato, está sujeito e sob o poder de um mestre, mas a mente é independente e, de fato, é tão livre e selvagem que não pode ser restringida nem mesmo por essa prisão do corpo, onde está confinada, de seguir seus próprios impulsos, lidar com projetos gigantescos e elevar-se ao infinito, acompanhada por todas as hostes do céu. É, portanto, apenas o corpo que o infortúnio entrega a um mestre, e que ele compra e vende; essa parte interna não pode ser transferida como um bem de consumo. O que quer que venha daí é livre; de fato, não nos é permitido ordenar que todas as coisas sejam feitas, nem os escravos são obrigados a nos obedecer em todas as coisas; eles não cumprirão ordens traiçoeiras nem darão suas mãos a um ato de crime.

XXI. Há algumas coisas que a lei não ordena nem proíbe; nelas, o escravo encontra os meios de conceder benefícios. Enquanto recebermos apenas o que geralmente é exigido de um escravo, isso é mero serviço; quando se dá mais do que o escravo precisa nos dar, isso é um benefício; assim que o que ele faz começa a ter a afeição de um amigo, não pode mais ser chamado de serviço. Há certas coisas com as quais um mestre é obrigado a prover seu escravo, como comida e roupas; ninguém chama isso de benefício; mas supondo que ele satisfaça seu escravo, eduque-o acima de sua posição, ensine-lhe artes que homens livres aprendem, isso é um benefício. O inverso é verdadeiro no caso do escravo; qualquer coisa que vá além das regras do dever de um escravo, que seja feita por sua própria vontade, e não em obediência a ordens, é um benefício, desde que seja de importância suficiente para ser chamado por tal nome se concedido por qualquer outra pessoa.

XXII. Foi do agrado de Crisipo definir um escravo como "um mercenário para toda a vida". Assim como um mercenário concede um benefício quando faz mais do que se comprometeu a fazer, quando o amor de um escravo por seu senhor o eleva acima de sua condição e o impele a fazer algo nobre — algo que seria um crédito até mesmo para homens mais afortunados por nascimento — ele supera as esperanças de seu senhor e é um benefício encontrado na casa. Você acha que é justo que fiquemos zangados com nossos escravos quando eles fazem menos do que seu dever, e que não sejamos gratos a eles quando fazem mais? Você gostaria de saber quando o serviço deles não é um benefício? Quando a pergunta pode ser feita: "E se ele tivesse se recusado a fazer isso?" Quando ele faz o que poderia ter se recusado a fazer, devemos elogiar sua boa vontade. Benefícios e injustiças são opostos; um escravo pode conceder um benefício a seu senhor, se puder receber uma injustiça de seu senhor. Agora, um oficial foi nomeado para ouvir reclamações de injustiças cometidas pelos senhores contra seus escravos, cujo dever é restringir a crueldade e a luxúria, ou a avareza ao fornecer-lhes as necessidades da vida. O que acontece, então? É o senhor que recebe um benefício de seu escravo? Não, antes, é um homem que o recebe de outro. Por fim, ele fez tudo o que estava em seu poder; ele concedeu um benefício ao seu senhor; está em seu poder receber ou não receber de um escravo. No entanto, quem é tão elevado que a sorte não o faça precisar da ajuda até mesmo do mais humilde?

XXIII. Citarei agora uma série de exemplos de benefícios, nem todos iguais, alguns até contraditórios. Alguns escravos deram a vida e outros a morte a seu senhor; salvaram-no quando estava perecendo ou, como se isso não bastasse, salvaram-no com sua própria morte; outros ajudaram seu senhor a morrer, outros salvaram sua vida com um estratagema. Claudius Quadrigarius nos conta, no décimo oitavo livro de seus "Anais", que quando Grumentum estava sendo sitiada e tinha sido reduzida às maiores dificuldades, dois escravos desertaram para o inimigo e prestaram um serviço valioso. Posteriormente, quando a cidade foi tomada e os vitoriosos corriam desenfreadamente em todas as direções, eles correram antes de todos pelas ruas, que conheciam bem, até a casa em que haviam sido escravos, e conduziram sua senhora à frente deles; quando lhes perguntaram quem era ela, responderam que era sua senhora, e uma das mais cruéis, e que a estavam levando para ser castigada. Eles a levaram para fora das muralhas e a esconderam com o maior cuidado até que a luta terminasse; então, como os soldados, satisfeitos com o saque da cidade, rapidamente retomaram as maneiras dos romanos, eles também voltaram para seus próprios compatriotas e devolveram sua senhora a eles. Ela os amansou no local e não se envergonhou de receber sua vida de homens sobre os quais tinha o poder da vida e da morte. De fato, ela poderia se congratular especialmente por isso, pois se tivesse sido salva de outra forma, teria recebido apenas uma gentileza comum e banal, ao passo que, ao ser salva como foi, tornou-se uma lenda gloriosa e um exemplo para duas cidades. Na confusão da cidade capturada, quando todos pensavam apenas em sua própria segurança, todos a abandonaram, exceto esses desertores; mas eles, para que pudessem provar quais tinham sido suas intenções ao realizar essa deserção, desertaram novamente dos vencedores para o cativo, usando as máscaras de assassinos antinaturais.

Eles pensaram — e essa foi a maior parte do serviço que prestaram — que estavam satisfeitos em parecer que haviam assassinado sua amante, se assim sua amante pudesse ser salva do assassinato. Acredite em mim, não é a marca de nenhuma alma servil comprar um ato nobre com a aparência de crime.

Quando Vettius, o pretor dos Marsi, estava sendo conduzido à presença do general romano, seu escravo arrancou uma espada do soldado que o arrastava e primeiro matou seu mestre. Então ele disse: "Agora é hora de olhar para mim mesmo; eu já libertei meu mestre", e com essas palavras se transfixou com um golpe. Você pode me dizer de alguém que tenha salvado seu mestre de forma mais gloriosa?

XXIV. Quando César estava sitiando Corfinium, Domício, que estava preso na cidade, ordenou a um escravo seu, que também era médico, que lhe desse veneno. Observando a hesitação do homem, ele disse: "Por que você demora, como se todo o negócio estivesse em seu poder? Peço a morte com as armas em minhas mãos". Então o escravo consentiu e lhe deu uma droga inofensiva para beber. Quando Domício adormeceu depois de beber a droga, o escravo foi até seu filho e disse: "Dê ordens para que eu seja mantido sob custódia até que você saiba, pelo resultado, se eu dei veneno a seu pai ou não". Domício sobreviveu e César salvou sua vida, mas seu escravo já a havia salvado antes.

XXV. Durante a guerra civil, um escravo escondeu seu senhor, que havia sido banido, colocou seus anéis e roupas, encontrou os soldados que o procuravam e, depois de declarar que não se rebaixaria a pedir-lhes que não cumprissem suas ordens, ofereceu seu pescoço às espadas deles. Que espírito nobre demonstra em um escravo estar disposto a morrer por seu mestre, em uma época em que poucos eram fiéis o suficiente para desejar que seu mestre vivesse! Ser bondoso quando o estado era cruel, fiel quando era traiçoeiro! Estar ansioso pela recompensa da fidelidade, embora fosse a morte, em uma época em que recompensas tão ricas eram oferecidas pela traição!

XXVI. Não vou deixar de mencionar os exemplos que nossa própria época nos oferece. No reinado de Tibério César, havia um frenesi comum e quase universal por informar, o que foi mais danoso para os cidadãos de Roma do que toda a guerra civil; a conversa dos bêbados, a franqueza dos bobos, eram igualmente relatadas ao governo; nada era seguro; toda oportunidade de punição feroz era aproveitada, e os homens não esperavam mais para ouvir o destino das pessoas acusadas, já que era sempre o mesmo. Um certo Paulus, da guarda pretoriana, estava em uma festa, usando um retrato de Tibério César gravado em relevo em uma pedra preciosa. Seria absurdo eu fazer rodeios para encontrar uma maneira delicada de explicar que ele pegou um penico, uma ação que foi imediatamente notada por Maro, um dos mais notórios informantes da época, e o escravo do homem que estava prestes a cair na armadilha, que tirou o anel do dedo de seu mestre bêbado. Quando Maro chamou os convidados para testemunhar que Paulus havia desonrado o retrato do imperador e já estava preparando um ato de acusação, o escravo mostrou o anel em seu próprio dedo. Esse homem não merece ser chamado de escravo, assim como Maro não merecia ser chamado de convidado.

XXVII. No reinado de Augusto, as próprias palavras dos homens ainda não eram capazes de arruiná-los, mas às vezes os colocavam em apuros. Um senador chamado Rufus, durante o jantar, expressou a esperança de que César não retornaria são e salvo de uma viagem para a qual estava se preparando, e acrescentou que todos os touros e bezerros desejavam a mesma coisa. Alguns dos presentes anotaram cuidadosamente essas palavras. Ao amanhecer, o escravo que estivera a seus pés durante o jantar, contou-lhe o que havia dito em suas taças e instou-o a ser o primeiro a ir até César e denunciar a si mesmo. Rufus seguiu esse conselho, encontrou-se com César quando ele estava descendo para o fórum e, jurando que estava fora de si no dia anterior, orou para que o que havia dito caísse sobre sua própria cabeça e a de seus filhos; em seguida, implorou a César que o perdoasse e o aceitasse de volta. Quando César disse que faria isso, ele acrescentou: "Ninguém acreditará que você me aceitou de volta, a menos que me dê um presente de alguma coisa"; e ele pediu e obteve uma soma de dinheiro tão grande que teria sido um presente que não poderia ser desprezado, mesmo que fosse dado por um príncipe não ofendido. César acrescentou: "No futuro, tomarei o cuidado de nunca brigar com você para o meu próprio bem". César agiu de forma honrosa ao perdoá-lo e ao ser liberal, além de perdoar; ninguém pode ouvir essa anedota sem elogiar César, mas ele deve elogiar o escravo primeiro. Não é preciso esperar que eu diga que o escravo que prestou esse serviço a seu senhor foi libertado; no entanto, seu senhor não fez isso por nada, pois César já havia pago o preço da liberdade do escravo.

XXVIII. Depois de tantos exemplos, podemos duvidar que um senhor possa, às vezes, receber um benefício de um escravo? Por que a pessoa do doador precisa diminuir o que ele dá? Por que o presente não deveria aumentar a glória do doador? Todos os homens descendem da mesma linhagem original; ninguém é mais bem-nascido do que outro, exceto na medida em que sua disposição é mais nobre e mais adequada para a realização de boas ações. Aqueles que exibem retratos de seus ancestrais em seus saloes e colocam na entrada de suas casas a genealogia de sua família, desenhada longamente, com muitos ramos colaterais complicados, não são notórios em vez de nobres? O universo é o único pai de todos, quer tracem sua descendência a partir dessa fonte primária por meio de uma linhagem gloriosa ou mesquinha de ancestrais. Não se engane quando os homens que estão contando sua genealogia, onde quer que um nome ilustre esteja faltando, impõem o de um deus em seu lugar. Você não precisa desprezar ninguém, mesmo que ele tenha um nome comum e deva pouco à sorte. Quer seus ancestrais imediatos tenham sido libertos, escravos ou estrangeiros, levante seu ânimo com coragem e salte por cima de qualquer desgraça intermediária de sua linhagem; em sua fonte, uma origem nobre o aguarda. Por que nosso orgulho nos inflaria a tal ponto que acharíamos inferior receber benefícios de escravos e pensaríamos apenas em sua posição, esquecendo-nos de suas boas ações? Você, escravo da luxúria, da glutonaria, de uma prostituta, ou melhor, que é propriedade de prostitutas como um bem comum, pode chamar alguém de escravo? Chamar um homem de escravo? Por que, eu lhe pergunto, para onde você está sendo levado por esses carregadores que levam sua liteira? Para onde esses homens com seus elegantes mantos de aparência militar estão levando você? Não é para a porta de algum porteiro, ou para os jardins de alguém que não tem nem mesmo um cargo subordinado? E então você, que considera a saudação do escravo de outro homem como um benefício, declara que não pode receber um benefício de seu próprio escravo. Que incoerência é essa? Ao mesmo tempo em que desprezam e bajulam os escravos, vocês são altivos e violentos em casa, enquanto fora de casa são mansos e tão desprezados quanto desprezam seus escravos; pois ninguém se rebaixa mais do que aqueles que inconscientemente se dão ares, nem estão mais preparados para pisotear os outros do que aqueles que aprenderam a oferecer insultos por tê-los suportado.

XXIX. Senti que era meu dever dizer isso, a fim de esmagar a arrogância dos homens que estão à mercê da sorte e reivindicar o direito de conceder um benefício aos escravos, para que eu possa reivindicá-lo também aos filhos. Surge a questão de saber se os filhos podem conceder a seus pais benefícios maiores do que aqueles que receberam deles.

SOBRE OS BENEFÍCIOS

É certo que muitos filhos se tornam maiores e mais poderosos do que seus pais, e também que são homens melhores. Se isso for verdade, eles podem dar melhores presentes a seus pais do que receberam deles, visto que sua fortuna e sua boa natureza são igualmente maiores do que as de seu pai. "O que quer que um pai receba de seu filho", nosso oponente insistirá, "deve, em qualquer caso, ser menor do que o que o filho recebeu dele, porque o filho deve a seu pai o próprio poder de dar. Portanto, o pai nunca pode ser superado na concessão de benefícios, porque o benefício que supera o dele é realmente dele". Eu respondo que algumas coisas derivam sua primeira origem de outras, mas são maiores do que essas outras; e uma coisa pode ser maior do que aquela da qual se originou, embora sem essa coisa para começar ela nunca poderia ter se tornado tão grande. Todas as coisas crescem muito mais do que suas origens. As sementes são as causas de todas as coisas e, no entanto, são a menor parte das coisas que produzem. Observe o Reno, o Eufrates ou qualquer outro rio famoso; como eles são pequenos, se você os observar apenas no local de onde nascem. Eles ganham tudo o que os torna terríveis e famosos à medida que avançam. Observe as árvores que são mais altas se considerarmos sua altura, e as mais largas se considerarmos sua espessura e a extensão de seus galhos; comparadas a tudo isso, quão pequena é a parte delas contida nas fibras finas da raiz? Mas se lhes tirarmos as raízes, não se levantarão mais bosques, nem as grandes montanhas se revestirão de árvores. Os templos e as cidades são sustentados por seus alicerces, mas o que foi construído como alicerce de todo o edifício está fora de vista. O mesmo acontece em outros assuntos; a grandeza subsequente de uma coisa sempre eclipsa sua origem. Eu nunca poderia ter obtido nada sem ter recebido anteriormente a dádiva da existência de meus pais; no entanto, isso não significa que o que quer que eu obtenha seja menor do que aquilo sem o qual eu não poderia obtê-lo. Se minha enfermeira não tivesse me alimentado quando eu era criança, eu não teria sido capaz de conduzir nenhum dos empreendimentos que agora realizo, tanto com a cabeça quanto com as mãos, nem jamais teria obtido a fama que é devida aos meus trabalhos, tanto na paz quanto na guerra; por essa razão, você argumentaria que os serviços de uma enfermeira são mais valiosos do que os empreendimentos mais importantes? No entanto, a enfermeira não é tão importante quanto o pai, já que sem os benefícios que recebi de cada um deles, eu teria sido igualmente incapaz de realizar qualquer coisa? Se eu devo tudo o que posso fazer agora ao meu início original, não posso considerar meu pai ou meu avô como sendo esse início original; sempre haverá uma fonte mais atrás, da qual deriva a fonte logo abaixo. No entanto, ninguém argumentará que devo mais a ancestrais desconhecidos e esquecidos do que a meu pai; embora, na verdade, eu deva mais a eles, se devo a meus ancestrais o fato de meu pai ter me gerado.

XXX. "O que quer que eu tenha concedido a meu pai", diz meu oponente, "por maior que seja, ainda assim é menos valioso do que o que meu pai concedeu a mim, porque se ele não tivesse me gerado, isso nunca poderia ter existido". Por esse modo de raciocínio, se um homem curou meu pai quando ele estava doente e à beira da morte, não poderei lhe dar nada equivalente ao que recebi dele, pois se meu pai não tivesse sido curado, não poderia ter me gerado. No entanto, pense se não está mais próximo da verdade considerar tudo o que posso fazer, e tudo o que fiz, como meu, devido a meus próprios poderes e minha própria vontade? Considere o que é o fato do meu nascimento em si mesmo; você verá que é uma questão pequena, cujo resultado é duvidoso e que pode levar tanto ao bem quanto ao mal; sem dúvida, é o primeiro passo para tudo, mas por ser o primeiro, não é, por essa razão, mais importante do que todos os outros. Suponha que eu tenha salvado a vida de meu pai, elevado-o às mais altas honras e feito dele o principal homem de sua cidade, que eu não apenas o tenha tornado ilustre por meus próprios atos, mas que tenha proporcionado a ele mesmo a oportunidade de realizar grandes façanhas, o que é ao mesmo tempo importante, fácil e seguro, além de glorioso; que eu o tenha carregado de cargos, riquezas e tudo o que atrai a mente dos homens; ainda assim, mesmo quando supero todos os outros, sou inferior a ele. Agora, se você disser: "Você deve ao seu pai o poder de fazer tudo isso", eu responderei: "É verdade, se para fazer tudo isso é necessário apenas nascer; mas se a vida é apenas um fator sem importância na arte de viver bem, e se você me concedeu apenas o que tenho em comum com as feras selvagens e as menores e algumas das mais imundas criaturas, não reivindique para si mesmo o que não surgiu em consequência dos benefícios que você concedeu, mesmo que não pudesse ter surgido sem eles".

XXXI. Suponha, pai, que eu tenha salvado sua vida, em troca da vida que recebi de você: nesse caso, também superei seu benefício, porque dei vida a alguém que entende o que fiz, e porque eu entendi o que estava fazendo, já que lhe dei sua vida não por causa de, ou por meio de meu próprio prazer; pois, assim como é menos terrível morrer antes que se tenha tempo de temer a morte, também é um benefício muito maior preservar a vida do que recebê-la. Eu dei a vida a alguém que a desfrutará imediatamente, você a deu a alguém que não sabia se viveria; eu dei a vida a alguém que temia a morte, sua dádiva de vida apenas me permite morrer; eu lhe dei uma vida completa, perfeita; você me gerou sem inteligência, um fardo para os outros. Você quer saber quão longe de ser um benefício foi dar a vida em tais condições? Você deveria ter me exposto como uma criança, pois me fez um mal ao me gerar. O que posso deduzir disso? Que a coabitação de um pai e uma mãe é o menor dos benefícios para seu filho, a menos que esse início de bondade seja seguido por outros e confirmado por outros serviços. Não é uma coisa boa viver, mas viver bem. "Mas", você diz, "eu vivo bem". É verdade, mas eu poderia ter vivido mal, de modo que sua parte em mim é meramente esta: que eu viva. Se você reivindica para si o mérito de ter me dado a mera vida, nua e desamparada, e se vangloria disso como uma grande bênção, reflita que essa bênção que você reivindica por ter me dado é uma bênção que possuo em comum com moscas e vermes. Em segundo lugar, se eu não disser mais do que me dediquei a atividades honrosas e guiei o curso de minha vida pelo caminho da retidão, então você recebeu mais de seu benefício do que deu; pois você me deu a mim mesmo ignorante e iletrado, e eu lhe devolvi um filho como você gostaria de ter gerado.

XXXII. Meu pai me apoiou. Se eu retribuir essa bondade, dou a ele mais do que recebi, porque ele tem o prazer, não apenas de ser sustentado, mas de ser sustentado por um filho, e recebe mais prazer de minha devoção filial do que do próprio alimento, enquanto o alimento que ele costumava me dar apenas afetava meu corpo. Se um homem se eleva a ponto de se tornar famoso entre as nações por sua eloquência, sua justiça ou sua habilidade militar, se grande parte do esplendor de sua fama também se derrama sobre seu pai e, com sua luz clara, dissipa a obscuridade de seu nascimento, esse homem não confere um benefício inestimável a seus pais? Alguém teria ouvido falar de Aristo e Gryllus a não ser por meio de Xenofonte e Platão, seus filhos? Sócrates mantém viva a memória de Sophroniscus. Seria muito demorado contar os outros homens cujos nomes sobreviveram apenas porque as qualidades admiráveis de seus filhos os transmitiram à posteridade. Será que o pai de Marco Agripa, de quem nada se sabia, mesmo depois de Agripa ter se tornado famoso, conferiu o maior benefício a seu filho, ou será que o maior benefício foi o que Agripa conferiu a seu pai quando conquistou a glória, única nos anais da guerra, de uma coroa naval e quando ergueu tantos edifícios imensos em Roma, que não apenas superaram toda a grandeza anterior, mas que não foram superados por nenhum outro desde então? Será que Octavius conferiu um benefício maior a seu filho, ou o imperador Augustus a seu pai, obscurecido como estava pela intervenção de um pai adotivo? Que alegria ele teria experimentado se, após o fim da guerra civil, tivesse visto seu filho governando o estado em paz e segurança? Ele não teria reconhecido o bem que ele mesmo havia concedido e dificilmente teria acreditado, quando olhasse para trás, que um homem tão grande poderia ter nascido em sua casa. Por que eu deveria continuar a falar de outros que agora seriam esquecidos, se a glória de seus filhos não os tivesse tirado da obscuridade e os mantido na luz até hoje? Em segundo lugar, como não estamos considerando que filho pode ter devolvido ao pai benefícios maiores do que recebeu dele, mas se um filho pode devolver benefícios maiores, mesmo que os exemplos que citei não sejam suficientes e que tais benefícios não superem os benefícios concedidos pelos pais, se nenhuma época tiver produzido um exemplo real, ainda assim isso não é impossível na natureza das coisas. Embora nenhum ato isolado possa compensar os desertos de um pai, muitos desses atos combinados por um filho podem fazê-lo.

XXXIII. Cipião, com menos de dezessete anos de idade, cavalgou entre os inimigos em batalha e salvou a vida de seu pai. Não foi suficiente que, para chegar até seu pai, ele tenha desprezado tantos perigos quando eles estavam pressionando mais os maiores generais, que ele, um novato em sua primeira batalha, tenha atravessado tantos obstáculos, sobre os corpos de tantos soldados veteranos, e demonstrado força e coragem além de sua idade? Acrescente-se a isso o fato de que ele também defendeu seu pai na corte e o salvou de uma conspiração de seus poderosos inimigos, que ele lhe concedeu um segundo e um terceiro consulado e outros cargos que eram cobiçados até mesmo por consulares, que quando seu pai era pobre, ele lhe concedeu a pilhagem que tomou por licença militar e que o enriqueceu com os despojos do inimigo, que é a maior honra de um soldado. Se nem mesmo isso pagou sua dívida, acrescente a isso o fato de que ele o fez ser constantemente empregado no governo de províncias e em comandos especiais, acrescente que, depois de ter destruído as maiores cidades e se tornado sem rival, tanto no leste quanto no oeste, o reconhecido protetor e segundo fundador do Império Romano, ele concedeu a alguém que já era de nascimento nobre o título mais elevado de "o pai de Cipião"; Podemos duvidar que o benefício comum de seu nascimento tenha sido superado por sua conduta exemplar e pela valentia que foi ao mesmo tempo a glória e a proteção de seu país? Em seguida, se isso não for suficiente, suponha que um filho resgatasse seu pai da tortura ou a sofresse em seu lugar. Você pode supor que os benefícios retornados pelo filho sejam tão grandes quanto quiser, ao passo que o presente que ele recebeu de seu pai foi de um único tipo, foi facilmente realizado e foi um prazer para o doador; que ele deve necessariamente ter dado a mesma coisa a muitos outros, até mesmo a alguns a quem ele não sabe que a deu, que ele tinha um parceiro ao fazê-lo, e que ele tinha em vista a lei, o patriotismo, as recompensas concedidas aos pais de família pelo Estado, a manutenção de sua casa e família: tudo em vez daquele a quem ele estava dando vida. Supondo que alguém aprendesse filosofia e a ensinasse a seu pai, seria possível contestar que o filho havia lhe dado algo maior do que havia recebido dele, tendo devolvido ao pai uma vida feliz, enquanto ele havia recebido dele apenas a vida?

XXXIV. "Mas", diz nosso oponente, "tudo o que você faz, tudo o que você é capaz de dar ao seu pai, é parte do benefício que ele lhe concedeu". Portanto, o fato de eu ter me tornado proficiente em estudos liberais é um benefício do meu professor; no entanto, passamos adiante a partir daqueles que nos ensinaram, pelo menos a partir daqueles que nos ensinaram o alfabeto; e embora ninguém possa aprender nada sem eles, ainda assim não significa que qualquer sucesso que a pessoa obtenha posteriormente ainda seja inferior a esses professores. Há uma grande diferença entre o início de uma coisa e seu desenvolvimento final; o início não é igual ao máximo da coisa, simplesmente pelo fato de que, sem o início, ela nunca poderia ter se tornado tão grande.

XXXV. Agora é hora de eu trazer algo, por assim dizer, de minha própria casa da moeda. Enquanto houver algo melhor do que o benefício que um homem concede, ele pode ser superado. Um pai dá vida a seu filho; há algo melhor do que a vida; portanto, um pai pode ser superado, porque há algo melhor do que o benefício que ele concedeu. Além disso, aquele que deu a vida a alguém, se for salvo mais de uma vez do perigo de morte por ele, recebeu um benefício maior do que aquele que concedeu. Agora, um pai deu a vida a seu filho: se, portanto, ele for salvo mais de uma vez do perigo por seu filho, ele pode receber um benefício maior do que aquele que deu. Um benefício se torna maior para quem o recebe na proporção de sua necessidade. Agora, aquele que está vivo precisa mais da vida do que aquele que ainda não nasceu, visto que esse não pode ter necessidade alguma; consequentemente, um pai, se sua vida for salva por seu filho, recebe um benefício maior do que aquele que seu filho recebeu dele por ter nascido. Diz-se: "Os benefícios conferidos pelos pais não podem ser superados por aqueles devolvidos por seus filhos". Por quê? "Porque o filho recebeu a vida de seu pai e, se não a tivesse recebido, não poderia ter devolvido nenhum benefício." Um pai tem isso em comum com todos aqueles que deram a vida a qualquer homem; é impossível que esses homens pudessem pagar a dívida se não tivessem recebido a vida. Então, suponho que não se pode pagar demais a dívida com um médico, pois um médico dá a vida assim como um pai; ou com um marinheiro que nos salvou quando naufragamos? No entanto, os benefícios concedidos por esses e por todos os outros que nos dão a vida de qualquer forma podem ser superados: consequentemente, os de nossos pais podem ser superados. Se alguém me concede um benefício que requer a ajuda de benefícios de muitas outras pessoas, ao passo que eu lhe dou o que não requer a ajuda de ninguém, eu dei mais do que recebi; ora, um pai deu a seu filho uma vida que, sem muitos acessórios para preservá-la, pereceria; ao passo que um filho, se der vida a seu pai, dá a ele uma vida que não requer nenhuma ajuda para torná-la duradoura; portanto, o pai que recebe a vida de seu filho recebe um benefício maior do que aquele que ele mesmo concedeu a seu filho.

XXXVI. Essas considerações não destroem o respeito devido aos pais, nem fazem com que seus filhos se comportem pior com eles, ou melhor, pois a virtude é naturalmente ambiciosa e deseja superar aqueles que estão à sua frente. A piedade filial ficará ainda mais ansiosa se, ao retribuir os benefícios de um pai, puder esperar superá-lo; nem isso será contra a vontade ou o prazer do pai, pois em muitas competições é vantajoso para nós sermos superados. Como essa competição se torna tão desejável? Como é possível que os pais sejam tão felizes a ponto de se sentirem superados pelos benefícios concedidos por seus filhos? A menos que decidamos a questão dessa forma, damos uma desculpa aos filhos e os deixamos menos ansiosos para pagar sua dívida, ao passo que deveríamos estimulá-los, dizendo: "Nobres jovens, prestem atenção nisso! Vocês estão sendo convidados a entrar em uma disputa honrosa entre pais e filhos, para saber qual das partes recebeu mais do que deu. Vossos pais não necessariamente ganharam o dia por serem os primeiros no campo: apenas tomem coragem, como convém a vocês, e não desistam da disputa; vocês vencerão se assim desejarem. Nessa guerra honrosa, não lhe faltarão líderes que o incentivarão a realizar ações como as deles e o convidarão a seguir os passos deles em um caminho pelo qual a vitória já foi conquistada muitas vezes sobre os pais."

XXXVII. Enéas conquistou seu pai com boas ações, pois ele próprio havia sido apenas um fardo leve e seguro para ele quando era criança, mas carregou seu pai, pesado pela idade, em meio às linhas inimigas e ao estrondo da cidade que estava caindo ao seu redor, embora o devoto ancião, que carregava as imagens sagradas e os deuses domésticos em suas mãos, o pressionasse com mais do que seu próprio peso; no entanto (o que a piedade filial não pode realizar!), Enéas o carregou em segurança pela cidade em chamas e o colocou a salvo, para ser adorado como um dos fundadores do Império Romano. Esses jovens sicilianos superaram seus pais, a quem levaram em segurança, quando Aetna, despertada por uma fúria incomum, derramou fogo sobre cidades e campos em grande parte da ilha. Acredita-se que os fogos se separaram e que as chamas se retiraram de ambos os lados, de modo a deixar uma passagem para esses jovens, que certamente mereciam realizar sua ousada tarefa em segurança. Antígono superou seu pai quando, depois de ter vencido o inimigo em uma grande batalha, transferiu os frutos dela para ele e entregou-lhe o império de Chipre. Essa é a verdadeira realeza, escolher não ser rei quando se pode. Manlius conquistou seu pai, apesar de imperioso[21], quando, apesar de ter sido banido por um tempo por seu pai por causa de sua estupidez e ignorância quando menino, ele chegou a uma entrevista que havia exigido com o tribuno do povo, que havia entrado com uma ação contra seu pai. O tribuno concedeu-lhe a entrevista, esperando que ele traísse seu odiado pai e acreditava que havia conquistado a gratidão do jovem por ter, entre outras coisas, reprovado o velho Manlius por tê-lo enviado ao exílio, tratando isso como uma acusação muito séria; mas o jovem, depois de pegá-lo sozinho, sacou uma espada que havia escondido em seu manto e disse: "A menos que você jure desistir de sua ação contra meu pai, eu o matarei com esta espada. Está em seu poder decidir como meu pai será libertado de seu promotor". O tribuno jurou e manteve seu juramento; ele relatou o motivo de sua desistência da ação a uma assembleia na Rostra. Nenhum outro homem jamais teve permissão para derrubar um tribuno impunemente.

---

21 NOTA DE AUBREY STEWART — Há uma alusão ao sobrenome do pai e do filho, "Imperiosus", dado a eles por causa de sua severidade.

XXXVIII. Há inúmeros exemplos de homens que salvaram seus pais do perigo, elevaram-nos da posição mais baixa para a mais alta e, tirando-os da massa sem nome das classes mais baixas, deram-lhes um nome glorioso em todas as épocas. Com nenhuma força de palavras, com nenhum poder de gênio, pode-se expressar corretamente o quão desejável, o quão admirável, o quão nunca apagado da memória humana é poder dizer: "Obedeci a meus pais, cedi a eles, fui submisso à sua autoridade, fosse ela justa ou injusta e severa; o único ponto em que resisti a eles foi não ser conquistado por eles em benefícios". Peço-lhes que continuem essa luta e, mesmo que estejam cansados, ainda assim formem novamente suas fileiras. Felizes são os que vencem, felizes os que são vencidos. O que pode ser mais glorioso do que o jovem que pode dizer a si mesmo — não seria correto dizer isso a outro — "Conquistei meu pai com benefícios"? O que é mais afortunado do que aquele homem idoso que declara a todos que foi conquistado em benefícios por seu filho? E o que é mais feliz do que ser vencido em uma competição como essa?

LIVRO IV

I. De todas as questões que discutimos, Aebutius Liberalis, não há nenhuma mais essencial, ou que, como diz Sallust, deva ser enunciada com mais cuidado do que a que temos agora diante de nós: se a concessão de benefícios e o retorno da gratidão por eles são objetos desejáveis em si mesmos. Há homens que agem com honra por motivos comerciais e que não se importam com a virtude não recompensada, embora ela não possa conferir glória se trouxer algum lucro. O que pode ser mais vil do que um homem considerar o que lhe custa ser um homem bom, quando a virtude não atrai pelo ganho nem dissuade pela perda e está tão longe de subornar alguém com esperanças e promessas, que, por outro lado, ela os convida a gastar dinheiro consigo mesmo e muitas vezes consiste em presentes voluntários? Devemos caminhar até ela, pisoteando o que é meramente útil sob nossos pés: onde quer que ela nos chame ou nos envie, devemos ir, sem qualquer consideração por nossas fortunas particulares, às vezes sem poupar até mesmo nosso próprio sangue, nem devemos jamais recusar obedecer a qualquer de suas ordens. "O que é que eu vou ganhar", diz o meu oponente, "se eu fizer isto corajosamente e com gratidão?" Ganhará ao fazê-lo — o ato em si é o seu ganho. Nada além disso é prometido. Se alguma vantagem lhe for concedida, deve considerá-la como algo extra. A recompensa de um comportamento honrado está nele mesmo. Se a honra deve ser buscada por si mesma, uma vez que um benefício é digno, decorre que, como ambos são da mesma natureza, suas condições também devem ser as mesmas. Ora, tem sido frequente e satisfatoriamente provado que a honra deve ser procurada apenas por ela mesma.

II. Nesta parte do assunto, nos opomos aos Epicureus, uma seita efeminada e sonhadora que filosofa no seu próprio paraíso, entre os quais a virtude é a serva dos prazeres, obedece-lhes, está sujeita a eles e os considera como superiores a si mesma. Dizem que "não há prazer sem virtude". Mas por que é que ele é superior à virtude? Acreditam que a questão em disputa entre elas é meramente um assunto de precedência? Não, é a própria virtude e seus poderes que estão em questão. A virtude não pode ter valor se ela pode seguir; o lugar da virtude é o primeiro, ela deve liderar, comandar, estar no mais alto posto; vocês a convidam a procurar uma oportunidade para seguir. "O que é que isso te interessa, pergunta o nosso adversário? Eu também declaro que a felicidade é impossível sem a virtude. Sem virtude, desaprovo e condeno os próprios prazeres que persigo e aos quais me entreguei. A única questão em disputa é esta, se a virtude é a causa do bem mais elevado ou se é ela o é propriamente." Embora este seja o único ponto, acredita que se trata de uma mera questão de precedência? É uma confusão e uma cegueira óbvia preferir o último ao primeiro. Não estou zangado com o fato de a virtude ser colocada abaixo do prazer, mas com o fato de ela se misturar com a satisfação que ela despreza, de quem é inimiga e da qual se separa tanto quanto possível, estando mais à vontade com o trabalho e a tristeza, que são problemas masculinos, do que com as boas coisas da feminilidade.

III. Era necessário inserir este argumento, meu Liberalis, porque faz parte da virtude conceder os benefícios dos quais falamos agora e é muito vergonhoso conceder benefícios com qualquer outro propósito que não seja o de serem dádivas gratuitas. Se déssemos com a esperança de receber um retorno, deveríamos dar aos homens mais ricos e não aos mais merecedores: enquanto preferimos um pobre virtuoso a um rico sem conduta. Isso não é um benefício que leva em consideração a fortuna de quem o recebe. Além disso, se o nosso único motivo para beneficiar os outros fosse a nossa própria vantagem, aqueles que poderiam mais facilmente distribuir benefícios, tais como homens ricos e poderosos ou reis e pessoas que não têm necessidade da ajuda de outros, nunca deveriam fazê-lo; os deuses não nos concederiam as incontáveis bênçãos que nos derramam incessantemente de noite e de dia, porque a sua própria natureza é o bastante em todos os aspectos e as torna completas, seguras e fora do alcance do mal; eles, portanto, nunca concederão um benefício a ninguém se o ego e o interesse próprio forem a única causa para a concessão de benefícios. Pensar, não onde o seu benefício será melhor concedido, mas onde ele pode ser mais lucrativamente colocado a juros, de onde você o recuperará mais facilmente, não é concessão de benefícios, mas ambição. Ora, os deuses não têm nada a ver com a ganância; se segue, portanto, que eles não podem ser liberais; pois se a única razão para dar é a vantagem do doador, uma vez que Deus não pode esperar receber quaisquer vantagens de nós, não há razão para que Deus deva dar qualquer coisa.

IV. Eu sei que resposta pode ser dada a isto. "É verdade; portanto, Deus não concede benefícios, mas, livre de cuidados e alheio a nós, afasta-se do nosso mundo, faz outra coisa ou não faz nada, o que Epicuro considerava a maior felicidade possível, e não é afetada nem por benefícios, nem por injúrias." O homem que diz isto não pode certamente ouvir as vozes dos adoradores e daqueles que, à sua volta, erguem as mãos para o céu e rezam pelo sucesso tanto dos seus assuntos privados como dos do Estado; o que certamente não seria o caso, todos os homens não concordariam com esta loucura de apelar a deuses surdos e indefesos, a menos que soubéssemos que os seus benefícios nos são por vezes concedidos sem sermos solicitados, por vezes em resposta às nossas orações, e que nos dão tanto grandes dons como presentes oportunos, que nos protegem dos mais terríveis perigos. Quem é tão pobre, tão pouco cuidado, nascido para a tristeza por um destino tão cruel, que nunca tenha sentido a vasta generosidade dos deuses? Olhe até mesmo para aqueles que se queixam e estão descontentes com a sua sorte; verá que eles não estão totalmente sem uma parte da generosidade do céu, que não há ninguém sobre quem algo não tenha sido derramado daquela fonte mais graciosa. Não é suficiente a dádiva que é concedida a todos da mesma forma, no seu nascimento? Por mais desigualmente que nos sejam distribuídas as bênçãos da vida futura, será que a Natureza nos deu muito pouco quando se deu a nós?

V. Diz-se que "Deus não concede benefícios". De onde vem, então, tudo o que possui, que dá ou recusa entregar, que acumula ou rouba? De onde vêm esses inumeráveis prazeres dos nossos olhos, dos nossos ouvidos e das nossas mentes? De onde vem a abundância que nos proporciona até mesmo o luxo — pois não são apenas as nossas necessidades básicas que são supridas; somos tão amados a ponto de sermos mimados — de onde vêm tantas árvores com vários frutos, tantas ervas saudáveis, tantos tipos diferentes de alimentos distribuídos ao longo do ano, de modo que até mesmo os preguiçosos podem encontrar sustento nos produtos aleatórios da terra? E de onde vêm os seres vivos de todas as espécies, uns que habitam a terra seca, outros as águas, outros que descem do céu, para que todas as partes da natureza nos paguem algum tributo; os rios que contornam os nossos prados com curvas belíssimas, os outros que dão passagem às frotas mercantes, largos e navegáveis, alguns dos quais, no verão, estão sujeitos a transbordamentos extraordinários, para que as terras ressecadas sob um sol radioso possam ser subitamente regadas pela corrente de uma torrente em pleno verão?

E as fontes de águas medicinais? O que dizer do romper de águas quentes na própria costa do mar? Eu devo.

> *"Fale sobre os mares que correm ao redor da Itália,*
>   *O que banha sua costa acima, e o que banha abaixo;*
>   *Ou de seus lagos, incomparável Larius, você,*
>   *Ou tu, Benacus, rugindo como um mar?"*

VI. Se alguém te desse alguns hectares, diria que recebeu um benefício; pode negar que a extensão ilimitada da Terra seja um benefício? Se alguém te desse dinheiro e te enchesse o cofre, já que o considera tão importante, chamaria isso de benefício. Deus enterrou inúmeras minas na terra, derramou da terra inúmeros rios, areias rolantes de ouro; escondeu em todos os lugares enormes massas de prata, cobre e ferro, e vos concedeu os meios de descobri-las, colocando na superfície da terra sinais dos tesouros escondidos embaixo; e ainda assim diz que não recebeu nenhum benefício? Se vos fosse dada uma casa brilhante de mármore, com o telhado pintado de cores e dourados, diria que não é um benefício pequeno. Deus construiu para vocês uma enorme mansão que não teme o fogo nem a ruína, na qual não enxerga frágeis folheados mais finos do que a própria serra com que são cortados, mas vastos blocos de pedras preciosíssimas, todas compostas daquelas várias e diferentes substâncias cujos fragmentos mais insignificantes tanto admira; ele construiu um telhado que brilha de uma forma durante o dia e de outra durante a noite; e ainda assim diz que não recebeu nenhum benefício? Quando preza o que possui, faz o papel de um ingrato e pensa que não há ninguém a quem deva por isso? De onde vem o fôlego que exala, a luz com que organiza e executa todas as ações da sua vida, o sangue com que circula o seu calor vital, as carnes que te excitam o paladar pelo seu sabor delicado, depois de saciada a sua fome, os motivos que te despertam quando está cansado de prazer, o repouso em que se corrompe e se transforma? Não dirá, se for grato, que

> *"É a um deus que devo este repouso,*
> *Por ele eu adoro, como um deus inferior.*
> *Muitas vezes no seu altar sangrarão os meus primogênitos,*
> *Veja, por sua generosidade, aqui com palheta rústica*
> *Eu toco as músicas que amo durante todo o dia,*
> *enquanto os meus bois me cercam."*

O verdadeiro Deus é aquele que colocou, não alguns bois, mas todos os rebanhos em suas pastagens em todo o mundo; que fornece alimento aos rebanhos por onde passam; que ordenou a alternância entre pastagens de verão e inverno, e nos ensinou não apenas a tocar sobre uma cana, e a reduzir a alguma ordem uma canção rústica e sem arte, mas que inventou tantas artes e variedades de voz, tantas notas para fazer música, algumas com a nossa própria respiração, outras com instrumentos. Não pode chamar as nossas invenções de nossas, tal como não pode chamar o nosso crescimento de nosso ou as várias funções corporais que correspondem a cada etapa da nossa vida; em um momento vem a perda dos dentes da infância, em outro, quando nossa idade está avançando e crescendo para uma masculinidade mais robusta, a puberdade e o último dente de sabedoria marca o fim de nossa juventude. "Implantamos em nós as sementes de todas as épocas, de todas as artes, e Deus, nosso mestre, traz nossos intelectos da obscuridade."

VII. "A natureza", diz o meu adversário, "dá-me tudo isto." Você não percebe quando diz isso que você simplesmente fala de Deus sob outro nome? Pois o que é a natureza senão Deus e a razão divina, que permeia o Universo e todas as suas partes? Você pode se dirigir ao autor do nosso mundo por quantos títulos diferentes quiser; pode chamar-lhe, com razão, Júpiter, Melhor e Maior, e o Trovão, ou o Ficante, assim chamado, não porque, como nos dizem os historiadores, ele tenha fugido do exército romano em resposta à oração de Rômulo, mas porque todas as coisas continuam na sua permanência através da sua bondade. Se você chamasse esse mesmo personagem de Destino, você não mentiria; porque, como o destino nada mais é do que uma cadeia conectada de causas, ele é a causa primeira de todas, das quais dependem todas as outras. Você também estará certo em aplicar a ele quaisquer nomes que você queira que expressem força e poder sobrenaturais: ele pode ter tantos títulos quanto atributos.

VIII. A nossa escola considera-o como Pai Liber, Hércules e Mercúrio: ele é o Pai Liber porque é o pai de todos, que primeiro descobriu o poder da semente e nós somos levados pelo prazer a plantá-la; ele é Hércules, porque o seu poder não foi conquistado, e quando estiver cansado depois de completar os seus trabalhos, ele se retirará para o fogo; ele é Mercúrio, porque nele está o raciocínio, e os números, e o sistema, e o conhecimento. Se você se virar, verá ele se encontrando com você: nada é vazio dele, ele mesmo preenche sua própria obra. Portanto, o mais ingrato dos mortais, é em vão que você se declara devedor, não a Deus, mas à natureza, porque não pode haver Deus sem natureza, nem natureza sem Deus; ambos são a mesma coisa, diferindo apenas em suas funções. Se você dissesse que deve a Anaeu ou a Lúcio o que recebeu de Sêneca, você não mudaria seu credor, mas apenas seu nome, porque ele continua sendo o mesmo homem, quer você use seu primeiro, segundo ou terceiro nome. Então, quer você fale de natureza, destino ou fortuna, todos esses são nomes do mesmo Deus, usando Seu poder de maneiras diferentes. Assim também a justiça, a honestidade, a discrição, a coragem, a simplicidade, são todas as boas qualidades de uma mesma mente; Se você está satisfeito com qualquer um destes, você está satisfeito com essa mente.

IX. No entanto, para não cair numa controvérsia distinta, Deus nos concede muitos e grandes benefícios sem esperança de receber qualquer retorno; uma vez que Ele não exige nenhuma oferta de nós e nós não somos capazes de lhe dar nada: portanto, um benefício é desejável em si mesmo. Nele a vantagem do receptor é tudo o que é levado em consideração: estudamos isso sem considerar nossos próprios interesses. "No entanto", argumenta o nosso opositor, "o senhor diz que devemos escolher com cuidado as pessoas a quem concedemos benefícios, porque nem os lavradores semeiam sementes na areia: agora, se isso for verdade, seguimos o nosso próprio interesse em conceder benefícios, tanto quanto em arar e semear: porque semear não é desejável em si mesmo. Além disso, você indaga onde e como deve conceder um benefício, o que não precisaria ser feito se a concessão de um benefício fosse desejável em si mesmo: porque em qualquer lugar e de qualquer maneira que ele pudesse ser concedido, ainda seria um benefício." Procuramos fazer atos honrosos, unicamente porque são dignos; no entanto, mesmo que não precisemos pensar em mais nada, consideramos a quem os faremos, quando e como; pois nestes pontos o ato tem o seu ser. Da mesma forma, quando escolho a quem concederei um benefício, e quando pretendo torná-lo um benefício; porque se fosse concedido a uma pessoa de base, não poderia ser um benefício nem uma ação honrosa.

X. Restaurar o que lhe foi confiado é desejável em si mesmo; no entanto, nem sempre a restaurarei, nem o farei em qualquer lugar ou em qualquer momento que vos aprouver. Às vezes, não faz diferença se nego que o recebi ou o devolvo abertamente. Considerarei os interesses da pessoa a quem devo devolvê-lo e negarei que tenha recebido um depósito, que o prejudicaria se fosse devolvido. Agirei da mesma maneira na concessão de um benefício: considerarei quando concedê-lo, a quem, de que maneira e com que fundamento. Nada deve ser feito sem uma razão: um benefício não é verdadeiramente assim, se for concedido sem uma razão, uma vez que a razão acompanha toda ação honrosa. Quantas vezes ouvimos homens recriminando-se por algum dom impensado e dizendo: "Prefiro tê-lo jogado fora do que tê-lo dado a ele!" O que é dado irrefletidamente perde-se da forma mais desacreditada, e é muito pior ter concedido mal um benefício do que não ter recebido nenhum retorno por ele; o fato de não recebermos retorno é culpa de outros; que não escolhemos a quem devemos doá-la é nossa. Ao escolher uma pessoa apta, não prestarei, como esperam, a menor atenção à probabilidade de obter algum retorno dele, pois escolho alguém que será grato, não aquele que devolverá a minha bondade, e muitas vezes acontece que o homem que não faz retorno é grato, enquanto aquele que devolve um benefício é ingrato por isso. Valorizo os homens apenas pelo seu coração e, por isso, passarei por cima de um homem rico, se ele for indigno, e darei a um homem bom; por mais pobre que seja, uma vez que, independentemente do que ele possa perder, o seu coração ainda lhe será deixado.

XI. Não pesco por ganho, por prazer, ou por crédito, concedendo benefícios: satisfeito em fazê-lo em agradar a um só homem, darei para cumprir o meu dever. O dever, no entanto, deixa alguma escolha; você me pergunta, como devo escolher? Escolherei um homem honesto, simples, de boa memória e grato pela bondade; aquele que mantém as mãos afastadas dos bens dos outros homens, mas não se agarra gananciosamente aos seus, e que é bondoso para com os outros; quando eu tiver escolhido tal homem, terei agido em minha mente, embora a fortuna possa não ter dado a ele nenhum meio de retribuir minha bondade. Se a minha própria vantagem e o meu cálculo mesquinho me tornaram liberal, se eu não fiz nenhum serviço a ninguém a não ser para que ele por sua vez fizesse um serviço a mim, eu nunca deveria conceder um benefício a alguém que estava partindo para países distantes e estrangeiros, para nunca mais voltar; Eu não deveria conceder um benefício a alguém que estava tão doente a ponto de ter passado a esperança de recuperação, nem deveria fazê-lo quando eu mesmo estava falhando, porque eu não deveria viver o suficiente para receber qualquer retorno. No entanto, para que saibas que fazer o bem é desejável em si mesmo, nós ajudamos estranhos que entram no nosso porto apenas para o deixarem em linha reta; damos um navio e o preparamos para um estranho náufrago navegar de volta para o seu próprio país. Deixa-nos mal saber quem foi quem o salvou e, como nunca mais voltará à nossa presença, entrega a sua dívida de gratidão aos deuses, suplicando-lhes que a cumpram por ele: entretanto, nos regozijamos com o conhecimento estéril de que fizemos uma boa ação. Quando estamos à beira extrema da vida e fazemos as nossas vontades, não atribuímos aos outros benefícios dos quais nós mesmos não receberemos nenhuma vantagem? Quanto tempo perdemos, quanto tempo consideramos, em segredo, quanta propriedade devemos deixar e para quem! E então? Faz alguma diferença para nós a quem deixamos a nossa propriedade, visto que não podemos esperar qualquer retorno de ninguém? No entanto, nunca damos nada com mais cuidado, nunca nos esforçamos tanto para decidir sobre o nosso veredicto, como quando, sem qualquer visão de vantagem pessoal, pensamos apenas no que é honroso, pois somos maus juízes do nosso dever, desde que a nossa visão dele seja distorcida pela esperança e pelo medo, e o mais indolente dos vícios, Prazer: mas quando a morte fechou tudo isso, e nos trouxe, como juízes incorruptos, a proferir sentença, procuramos os homens mais dignos para deixar nossa propriedade, e nunca tomamos mais cuidado escrupuloso do que decidir o que deve ser feito com o que não nos diz respeito. No entanto, por Hércules, rouba-nos uma grande satisfação quando pensamos: "Tornarei este homem mais rico e, concedendo-lhe riqueza, acrescentarei brilho à sua alta posição". De fato, se nunca damos sem esperar algum retorno, todos temos de morrer sem fazer as nossas vontades.

XII. Pode-se dizer: "Você define um benefício como um empréstimo que não pode ser pago: agora um empréstimo não é uma coisa desejável em si mesmo." Quando falamos de um empréstimo, fazemos uso de uma figura, ou comparação, tal como falamos de direito; o padrão do certo e do errado, embora um padrão não seja uma coisa a ser desejada por si só. Adotei esta frase para ilustrar o meu assunto: quando falo de um empréstimo, devo ser entendido como algo que se assemelha a um empréstimo. Quer saber como difere de um? Acrescento as palavras "que não podem ser reembolsadas", ao passo que todos os empréstimos podem e devem ser reembolsados. Está tão longe de ser correto conceder um benefício em proveito próprio que, muitas vezes, como expliquei, é dever concedê-lo quando envolve a própria perda e risco:

por exemplo, se eu ajudo um homem quando assediado por ladrões, para que ele se afaste deles em segurança, ou ajudo alguma vítima do poder, e trazer sobre mim o partido apesar de um corpo de homens influentes, muito, provavelmente incorrendo na mesma desgraça da qual eu o salvei, embora eu pudesse ter tomado o outro lado, e olhado com segurança para lutas com as quais eu não tenho nada a fazer: se eu fosse dar fiança para aquele que foi condenado, e quando os bens do meu amigo eram anunciados para venda, eu devia dar uma caução no sentido de restituir aos credores, se, para salvar uma pessoa proscrita, eu próprio corresse o risco de ser proscrito. Ninguém, quando está prestes a comprar uma vivenda em Tusculum ou Tibur, para um retiro de verão, por causa da saúde da localidade, considera quantos anos de compra dá por ela; Isto deve ser olhado pelo homem que lucra com isso. O mesmo acontece com os benefícios; quando você pergunta que retorno eu recebo para eles, eu respondo, a consciência de uma boa ação. Ore para me dizer que retorno se obtém para a justiça, a inocência, a magnanimidade, a castidade, a temperança? Se você deseja algo além dessas virtudes, você não deseja as virtudes em si. Pois o que a ordem do universo traz em torno das estações? Pois o que o sol torna o dia agora mais longo e agora mais curto? Todas estas coisas são benefícios, pois acontecem para o nosso bem. Assim como é dever do universo manter a volta das estações, como é dever do sol variar os pontos do seu nascer e pôr do sol, e fazer todas estas coisas pelas quais lucraremos, sem qualquer recompensa, assim é dever do homem, entre outras coisas, conceder benefícios. Por que então ele dá? Ele dá por medo de não dar, para não perder uma oportunidade de fazer uma boa ação.

XIII. Vós, epicuristas, tendes prazer em fazer um estudo da torpeza enfadonha, em procurar um repouso que pouco difere do sono são, em espreitar sob a sombra mais espessa, em divertir-vos com as mais débeis linhas de pensamento possíveis aquela condição lenta das vossas mentes lânguidas a que chamam contemplação tranquila, e em rechear-vos de comida e bebida, nos recessos dos vossos jardins, os vossos corpos pálidos de falta de exercício; nós, estoicos, por outro lado, temos prazer em conceder benefícios, mesmo que nos custem trabalho, desde que aliviem o trabalho dos outros; embora nos levem ao perigo, desde que salvem os outros, embora limitem os nossos meios, se aliviarem a pobreza e as angústias dos outros. Que diferença faz para mim se recebo ou não prestações? Mesmo que eu os receba, ainda é meu dever doá-los. Um benefício tem em vista a vantagem daquele a quem o concedemos, não a nossa; caso contrário, limitamo-nos a concedê-lo a nós mesmos. Muitas coisas, portanto, que são da maior utilidade possível para os outros, perdem todo o direito à gratidão por serem pagas. Mercadores são úteis para as cidades, médicos para inválidos, traficantes para escravos; no entanto, todos estes não têm direito à gratidão daqueles a quem beneficiam, porque procuram a sua própria vantagem através da dos outros. Aquilo que é concedido com vista ao lucro não é um benefício. "Eu vou dar isso para que eu possa obter um retorno por isso" é a linguagem de um corretor.

XIV. Não devo chamar uma mulher de modesta, se ela rejeitou seu amante para aumentar sua paixão, ou porque ela temia a lei ou seu marido; como diz Ovídio:

> "Aquela que nega, porque não ousa
> Ceder, em espírito, concede a oração de seu amante."

De fato, a mulher que deve a sua castidade, não à sua própria virtude, mas ao medo, pode justamente ser classificada como pecadora. Da mesma forma, não se pode dizer que aquele que apenas deu para receber, deu. Orem, concedemos benefícios aos animais quando os alimentamos para nosso uso ou para a nossa mesa? Concedemos benefícios às árvores quando cuidamos delas para que não sofram com a seca ou com a dureza do solo? Ninguém é movido pela justiça e bondade de coração para cultivar um patrimônio, ou para fazer qualquer ato em que a recompensa seja algo além do ato em si; mas ele é levado a conceder benefícios, não por motivos baixos e compreensivos, mas por uma mente bondosa e generosa, que mesmo depois de ter dado está disposta a dar de novo, a renovar suas antigas benesses por novas recompensas, que só pensa em quanto bem pode fazer ao homem a quem dá; ao passo que prestar um serviço a qualquer um porque é nosso interesse fazê-lo é uma ação maldosa, que não merece elogios, nem crédito. Que grandeza há em amar-se, poupar-se, obter lucro para si mesmo? O verdadeiro amor da dádiva afasta-nos de tudo isto, leva-nos forçosamente a suportar a perda, e renuncia ao seu próprio interesse, derivando o seu maior prazer do mero ato de fazer o bem.

XV. Podemos duvidar que o inverso de um benefício é um dano? Tal como o aumento excessivo de danos é uma coisa a evitar, também o é a concessão de benefícios a desejar em seu próprio benefício. No primeiro, a desgraça do crime supera todas as vantagens que nos incitam a cometê-lo; ao passo que somos impelidos a este último curso pela aparência da honra, em si mesma um poderoso incentivo à ação, que o acompanha. Não mentiria se afirmasse que cada um tem prazer nos benefícios que concedeu, que cada um gosta mais de ver o homem que mais beneficiou. Quem não acha que ter concedido um benefício é motivo para conceder um segundo? E seria assim, se o ato de dar não nos desse prazer? Quantas vezes podeis ouvir um homem dizer: "Não suporto abandonar alguém cuja vida conservei, que salvei do perigo. É verdade que ele me pede para defender a sua causa contra homens de grande influência. Não quero fazê-lo, mas o que devo fazer? Já o ajudei uma vez, ou duas vezes." Você não percebe o quão poderoso esse instinto deve ser, se ele nos leva a conceder benefícios primeiro porque é certo fazê-lo, e depois porque já concedemos alguma coisa? Embora no início um homem possa não ter tido nenhuma pretensão sobre nós, nós continuamos a dar-lhe porque já lhe demos. Tão falso é que somos instados a conceder benefícios por nosso próprio interesse, que mesmo quando nossos benefícios provam fracassos, continuamos a amamentá-los e encorajá-los por puro amor de beneficiar, o que tem uma fraqueza natural mesmo para o que foi mal concedido, como o que sentimos por nossos filhos viciosos.

XVI. Estes mesmos nossos adversários admitem que estão gratos, mas não porque seja honroso, mas porque é proveitoso sê-lo. Isto pode revelar-se falso tanto mais facilmente, porque pode ser estabelecido pelos mesmos argumentos com que estabelecemos que conceder um benefício é desejável por si só. Todos os nossos argumentos partem deste ponto assente, de que a honra não é perseguida por nenhuma razão a não ser porque é honra. Agora, quem se atreverá a levantar a questão de saber se é honroso ser grato? Quem não detesta o homem ingrato, inútil como ele é até para si mesmo? Como você se sente quando alguém é dito como sendo ingrato por grandes benefícios conferidos a ele por um amigo? É como se ele tivesse feito algo básico, ou tivesse simplesmente negligenciado fazer algo útil e suscetível de ser lucrativo para si mesmo? Imagino que você o pense como um homem mau, e que merece punição, não um que precisa de um guardião; e não seria esse o caso, a menos que a gratidão fosse desejável em si mesma e honrosa. Outras qualidades, pode ser, manifestam sua importância de forma menos clara e exigem uma explicação para provar se são honrosas ou não; Está abertamente provado que assim é aos olhos de todos, e é demasiado belo para que qualquer coisa obscureça ou diminua a sua glória. O que é mais louvável, sobre o que todos os homens concordam mais universalmente, do que retribuir a gratidão pelos bons ofícios?

XVII. Rezai e dizei-me, o que é que nos impele a fazê-lo? É lucro? Por que, a menos que um homem despreze o lucro, ele não é grato. É ambição? Por quê? O que há para se gabar de ter pago o que deve? É medo? O ingrato não sente nada, pois contra este único crime não previmos nenhuma lei, como se a natureza tivesse tomado precauções suficientes contra ele. Assim como não há lei que obrigue os pais a amar e a satisfazer os filhos, visto que é supérfluo forçar-nos a seguir o caminho que naturalmente tomamos, assim como ninguém precisa de ser impelido a amar-se a si mesmo, uma vez que o amor-próprio começa a agir sobre ele logo que nasce, também não há lei que nos obrigue a procurar aquilo que é honroso em si mesmo; porque tais coisas nos agradam por sua própria natureza, e tão atraente é a virtude que a disposição, até mesmo dos homens maus, os leva a aprovar o bem e não o mal. Quem é que não deseja parecer benfazejo, que nem mesmo quando mergulhado no crime e no delito se esforça pela aparência de bondade, não dá alguma demonstração de justiça até mesmo aos seus atos mais destemperados, e se esforça para parecer ter conferido um benefício mesmo àqueles a quem feriu? Por conseguinte, os homens deixam-se agradecer por aqueles que arruinaram, e fingem ser bons e generosos, porque não podem provar-se assim; e isso eles nunca fariam se não fosse que o amor à honra por si só os obrigasse a procurar uma reputação bastante contrária ao seu verdadeiro caráter, e a esconder a sua baixeza, uma qualidade cujos frutos cobiçamos, embora a consideremos com antipatia e vergonha. Ninguém jamais se rebelou contra as leis da natureza e afastou o sentimento humano a ponto de agir com base por mera diversão. Pergunte a qualquer um dos que vivem de roubo se ele não obter, por meios honestos, o que rouba e saqueia; o homem cujo ofício é o roubo de estrada e o assassinato de viajantes prefere encontrar seu espólio do que tomá-lo à força; não encontrareis ninguém que não prefira desfrutar dos frutos da maldade sem agir maldosamente. A natureza nos concede toda esta imensa vantagem, que a luz da virtude brilha nas mentes de todos iguais; Mesmo aqueles que não a seguem, contemplam-na.

XVIII. Uma prova de que a gratidão é desejável para si mesma reside no fato de que a ingratidão deve ser evitada por si mesma, porque nenhum vício mais poderosamente abala e destrói a união da raça humana. Em que confiamos para a segurança, senão em bons ofícios mútuos? É apenas através do intercâmbio de benefícios que obtemos alguma medida de proteção para as nossas vidas e de segurança contra catástrofes súbitas. Isoladamente, o que devemos ser? Uma presa e pedreira para animais selvagens, um banquete exuberante e fácil; pois, enquanto todos os outros animais têm força suficiente para se protegerem, e aqueles que nascem para uma vida solitária errante estão armados, o homem está coberto por uma pele macia, não tem dentes ou garras poderosas com as quais aterrorizar outras criaturas, mas fraco e nu por si mesmo é fortalecido pela união.

Deus concedeu-lhe dois dons, a razão e a união, que o elevam da fraqueza ao poder mais elevado; e assim ele, que se tomado sozinho seria inferior a qualquer outra criatura, possui domínio supremo. A União lhe deu soberania sobre todos os animais; a união permitiu que um ser nascido sobre a terra assumisse o poder sobre um elemento estrangeiro, e pede-lhe que seja também senhor do mar; foi a união que controlou as incursões da doença, nos deu apoio à velhice e nos aliviou da dor; É a união que nos torna fortes e à qual procuramos proteção contra os caprichos da fortuna. Tirai a união, e rasgareis a associação pela qual a raça humana preserva a sua existência; contudo, a tirareis se conseguirdes provar que a ingratidão não deve ser evitada por si mesma, mas porque algo deve ser temido por ela; pois quantos são os que podem, com segurança, ser ingratos? Em suma, chamo de ingrato todo homem que é meramente agradecido pelo medo.

XIX. Nenhum homem são teme os deuses; porque é loucura temer o que é benéfico e nenhum homem ama aqueles a quem teme. Tu, Epicuro, acabaste por desarmar Deus; despojaste-o de todas as armas, de todo o poder, e, para que ninguém o temesse, baniste-o do mundo. Não há razão para temer este ser, isolado como ele é, e separado da vista e do toque dos mortais por um vasto e intransponível muro; não tem poder nem de nos recompensar, nem de nos ferir; Ele habita sozinho a meio caminho entre o nosso céu e o de outro mundo, sem a sociedade nem dos animais, nem dos homens, nem da matéria, evitando o colapso dos mundos que caem em ruínas acima e à sua volta, mas sem ouvir as nossas orações nem se interessar por nós. No entanto, você deseja parecer adorar este ser apenas como um pai, com uma mente, suponho, cheia de gratidão; ou, se você não deseja parecer grato, por que você deveria adorá-lo, já que você não recebeu nenhum benefício dele, mas foi reunido inteiramente ao acaso e por acaso por aqueles seus átomos e ácaros? "Eu o adoro", você responde, "por causa de sua gloriosa majestade e sua natureza única." Concedendo que você faça isso, você claramente o faz sem a atração de qualquer recompensa, ou qualquer esperança; há, portanto, algo que é desejável para si mesmo, cujo próprio valor vos atrai, isto é, a honra. Ora, o que é mais honroso do que a gratidão? Os meios para praticar esta virtude são tão extensos como a própria vida.

XX. "No entanto", argumenta ele, "há também uma certa quantidade de lucro inerente a esta virtude." Em que virtude não há? Mas aquilo de que falamos como desejável para si mesmo é tal que, embora possa possuir algumas vantagens correspondentes, ainda assim seria desejável mesmo se despojado de todas elas. É proveitoso ser grato; no entanto, serei grato mesmo que isso me prejudique. Qual é o objetivo do homem grato? Será que a sua gratidão pode ganhar-lhe mais amigos e mais benefícios? E então? Se é provável que um homem se depare com afrontas mostrando sua gratidão, se ele sabe que, longe de ganhar alguma coisa com isso, ele deve perder muito até mesmo do que já adquiriu, ele não agirá alegremente em seu próprio desfavor? Aquele homem é ingrato que, ao retribuir uma bondade, espera ansiosamente por um segundo presente — que espera enquanto ele retribui. Chamo-lhe ingrato quem se senta ao lado da cama de um doente porque está prestes a fazer um testamento, quando está à vontade para pensar em heranças e legados. Embora ele possa fazer tudo o que um bom e obediente amigo deveria fazer, no entanto, se alguma esperança de ganho estiver flutuando em sua mente, ele é um mero caçador de legados e está buscando uma herança. Como as aves que se alimentam de carcaças, que se aproximam de animais enfraquecidos por doenças, e observam até que caiam, também estes homens são atraídos pela morte e pairam em torno de um cadáver.

XXI. Uma mente grata é atraída apenas por um senso da beleza de seu propósito. Deseja saber que assim é, e que não é subornado por ideias de lucro? Há duas classes de homens gratos: um homem é chamado de grato que fez algum retorno pelo que recebeu; Este homem pode muito possivelmente mostrar-se neste personagem, ele tem algo para se gabar, para se referir. Também chamamos um homem grato que recebe um benefício com boa vontade, e o devolve ao seu benfeitor com boa vontade; No entanto, a gratidão deste homem está escondida em sua própria mente. Que proveito lhe pode advir deste sentimento latente? Contudo, este homem, embora não seja capaz de fazer mais do que isso, é grato; ama o seu benfeitor, sente a sua dívida para com ele, anseia por retribuir a sua bondade; o que mais você achar querendo, não há nada querendo no homem. Ele é como um operário que não tem as ferramentas necessárias para a prática de seu ofício, ou como um cantor treinado cuja voz não pode ser ouvida através do barulho daqueles que o interrompem. Quero retribuir uma gentileza: depois disso ainda me resta alguma coisa para fazer, não para me tornar grato, mas para poder quitar minha dívida; pois, em muitos casos, aquele que devolve uma bondade é ingrato por ela, e aquele que não a devolve é grato. Como todas as outras virtudes, todo o valor da gratidão está no espírito em que ela é feita; assim, se o propósito deste homem for leal, quaisquer falhas de sua parte não se devem a si mesmo, mas à fortuna.

Um homem que se cala pode, no entanto, ser eloquente; suas mãos podem estar dobradas ou mesmo amarradas, e ele ainda pode ser forte; assim como um comandante é um comandante mesmo quando está em terra firme, porque o seu conhecimento é completo, e não há nada que lhe falte, embora possa haver obstáculos que o impeçam de fazer uso dele. Da mesma forma, é grato um homem que só deseja sê-lo, e que não tem ninguém além de si mesmo que possa testemunhar o seu estado de espírito. Vou ainda mais longe: um homem por vezes fica grato quando parece ser ingrato, quando um relatório mal julgado o declara assim. Tal homem não pode olhar para nada além de sua própria consciência, que pode agradá-lo mesmo quando dominado pela calúnia, que contradiz a multidão e o boato comum, confia apenas em si mesmo, e embora contemple uma vasta multidão do outro modo de pensar oposto a ele, não conta cabeças, mas ganha apenas pelo seu próprio voto. Se vir a sua própria boa-fé encontrar o castigo devido à traição, não descerá do seu pedestal e permanecerá superior ao seu castigo. "Tenho", diz, "o que desejei, o que lutei. Não me arrependo, nem o farei; nem a fortuna, por mais injusta que seja, jamais me ouvirá dizer: 'O que eu queria? Qual é a utilidade de ter boas intenções?'" A boa consciência tem valor na prateleira, ou no fogo; Embora o fogo seja aplicado a cada um de nossos membros, gradualmente envolva nossos corpos vivos e exploda nosso coração, mas se nosso coração estiver cheio de boa consciência, ele se alegrará com o fogo que fará brilhar sua boa-fé diante do mundo.

XXII. Agora, que também esta questão, que já foi enunciada, seja novamente levantada; por que devemos desejar ser gratos quando estamos morrendo, que devemos pesar cuidadosamente os vários serviços prestados por diferentes indivíduos e rever cuidadosamente toda a nossa vida, para que não pareçamos ter esquecido nenhuma bondade? Nada nos resta, então, esperar; no entanto, quando estamos no próprio limiar, queremos afastar-nos da vida humana tão cheios de gratidão quanto possível. Na verdade, há uma imensa recompensa por esta coisa simplesmente em fazê-lo, e o que é honroso tem grande poder para atrair as mentes dos homens, que são esmagados por sua beleza e levados ao seu equilíbrio, encantados por seu brilho e esplendor. "No entanto", argumenta o nosso adversário, "dela muitas vantagens se erguem, e os homens de bem obtêm uma vida e um amor mais seguros, e a boa opinião da classe melhor, enquanto os seus dias são passados em maior segurança quando acompanhados de inocência e gratidão."

De fato, a natureza teria sido muito injusta se ela tivesse tornado essa grande bênção miserável, incerta e infrutífera. Mas considere este ponto, se você faria o seu caminho para essa virtude, para a qual é geralmente seguro e fácil de alcançar, mesmo que o caminho estivesse sobre rochas e precipícios, e fossem cercados por feras selvagens e serpentes venenosas. Uma virtude é, no entanto, desejável por si mesma, porque tem algum lucro adventício ligado a ela: de fato, na maioria dos casos, as virtudes mais nobres são acompanhadas de muitas vantagens estranhas, mas são as virtudes que abrem o caminho, e estas apenas seguem em seu caminho.

XXIII. Podemos duvidar que o clima desta morada da raça humana é regulado pelo movimento do sol e da lua em suas órbitas? Que nossos corpos são sustentados, a terra dura se solta, a umidade excessiva reduzida e as ligações surdas do inverno quebradas pelo calor de um, e que as colheitas são levadas ao amadurecimento pelo calor efetivo onipresente do outro? Que a fertilidade da raça humana corresponde aos cursos da lua? que o sol, pela sua revolução, marca o ano, e que a lua, movendo-se numa órbita menor, marca os meses? No entanto, deixando de lado tudo isso, não seria o sol uma visão digna de ser contemplada e adorada, se ele não fizesse mais do que nascer e se pôr? Não valeria a pena olhar para a lua, mesmo que passasse inutilmente pelos céus? De quem não é a atenção presa pelo próprio universo, quando de noite derrama os seus fogos e reluz com inúmeras estrelas? Quem, ao mesmo tempo que os admira, pensa que lhe são úteis? Olhe para aquela grande empresa deslizando sobre nossas cabeças, como elas escondem seu movimento rápido sob a aparência de uma obra fixa e imóvel. Quanto se passa naquela noite de que se aproveita apenas para marcar e contar os seus dias! Que massa de acontecimentos está a ser preparada nesse silêncio! Que cadeia de destino está a formar o seu caminho infalível! Aqueles que você imagina serem meramente espalhados para ornamento são realmente um e todos em ação. Também não há qualquer fundamento para a vossa crença de que apenas sete estrelas giram e que o resto permanece parado: compreendemos as órbitas de algumas, mas incontáveis divindades, mais afastadas da nossa vista, vêm e vão; enquanto a maior parte daqueles a quem a nossa visão alcança movem-se de maneira misteriosa e por um caminho desconhecido.

XXIV. E então? Não ficariam cativados pela visão de uma obra tão estupenda, mesmo que ela não os cobrisse, protegesse, estimasse, trouxesse à existência e os penetrasse com o seu espírito? Embora estes corpos celestes sejam da primeira importância para nós, e sejam, de fato, essenciais para nossa vida, ainda assim não podemos pensar em nada além de sua gloriosa majestade, e da mesma forma toda virtude, especialmente a da gratidão, embora nos confira grandes vantagens, não deseja ser amada por essa razão; ela tem algo mais do que isso, e aquele que apenas a considera entre as coisas úteis não a compreende perfeitamente. Um homem, você diz, é grato porque é vantajoso para ele sê-lo. Se for esse o caso, então a sua vantagem será a medida da sua gratidão. A virtude não admitirá um amante cobiçoso; os homens devem abordá-la com a bolsa aberta. O ingrato pensa: "Eu queria ser grato, mas temo as despesas, o perigo e os insultos a que me devo expor: prefiro consultar os meus próprios interesses". Os homens não podem ser agradecidos e ingratos pela mesma linha de raciocínio: suas ações são tão distintas quanto seus propósitos. Um é ingrato, embora esteja errado, porque é do seu interesse; o outro agradece, embora não seja do seu interesse, porque tem razão.

XXV. É nosso objetivo viver em harmonia com o esquema do universo e seguir o exemplo dos deuses. No entanto, em todos os seus atos, os deuses não têm outro objeto em vista senão o ato em si, a menos que você suponha que eles obtenham uma recompensa por seu trabalho na fumaça dos sacrifícios queimados e no cheiro do incenso. Veja que grandes coisas fazem todos os dias, o quanto se dividem entre nós, com as grandes colheitas que enchem a terra, como movem os mares com ventos convenientes para nos levar a todas as margens, como, pela queda de chuvas repentinas, suavizam o solo, renovam as nascentes secas das fontes e as chamam para uma nova vida por fontes invisíveis de água. Tudo isso eles fazem sem recompensa, sem qualquer vantagem acumulada para si mesmos. Que a nossa linha de conduta, se não se afastar do seu modelo, preserve essa direção, e não ajamos honrosamente porque somos contratados para isso. Devemos sentir vergonha de que qualquer benefício tenha um preço: não pagamos nada pelos deuses.

XXVI. "Se", pode dizer nosso adversário, "você deseja imitar os deuses, então conceda benefícios aos ingratos e aos gratos; porque o sol nasce sobre os maus e os bons, os mares estão abertos até aos piratas." Com esta pergunta, ele realmente questiona se um homem bom concederia um benefício a uma pessoa ingrata, sabendo que ela é ingrata. Permitam-me que introduza aqui uma breve explicação, para que não sejamos enganados por uma pergunta enganadora. Entenda que, de acordo com o sistema dos estoicos, existem duas classes de pessoas ingratas. Um homem é ingrato porque é um tolo; um tolo é um homem mau; um homem mau possui todos os vícios: por isso é ingrato. Da mesma forma, falamos de todos os homens maus como dissolutos, avarentos, luxuosos e rancorosos, não porque cada homem tenha todos esses vícios em qualquer grau grande ou notável, mas porque ele pode tê-los; Estão n'Ele, mesmo que não sejam vistos. A segunda forma de pessoa ingrata é aquela que comumente se entende pelo termo, aquela que é inclinada por natureza a esse vício. No caso daquele que tem o vício da ingratidão como tem todos os outros, um homem sábio concederá um benefício, porque se ele deixar de lado todos esses homens, não restará ninguém para ele concedê--lo. Quanto ao homem ingrato que habitualmente aplica mal os benefícios e age assim por opção, ele não lhe concederá mais um benefício do que emprestar dinheiro a um gastador, ou depositar um depósito nas mãos de alguém que já muitas vezes recusou a muitas pessoas desistir da propriedade que lhe confiaram.

XXVII. Chamamos alguns homens de tímidos porque são tolos: nisto são como os maus homens que estão mergulhados em todos os vícios sem distinção. A rigor, chamamos de tímidas aquelas pessoas que se alarmam mesmo com ruídos sem sentido. Um tolo possui todos os vícios, mas não é igualmente inclinado por natureza a todos; um é propenso à avareza, outro ao luxo e outro à insolência. Essas pessoas, portanto, estão enganadas, que perguntam aos estoicos: "O que você diz, então? Aquiles é tímido? Aristides, que recebeu um nome por justiça, é injusto? Fábio, que "por atrasos recuperou o dia", é precipitado? Décio teme a morte? Múcio é um traidor? Camilo um traidor?" Não queremos dizer que todos os vícios são inerentes a todos os homens da mesma forma que alguns especiais são perceptíveis em certos homens, mas declaramos que o homem mau e o tolo possuem todos os vícios; nem sequer os absolvemos do medo quando são precipitados, ou da avareza quando são extravagantes. Assim como um homem tem todos os seus sentidos, mas todos os homens não têm, por essa razão, uma visão tão aguçada como Lynceus, assim também um homem que é tolo não tem todos os vícios de uma forma tão ativa e vigorosa como algumas pessoas têm espinha deles, mas ele os tem todos. Todos os vícios existem em todos eles, mas nem todos são proeminentes em cada indivíduo. Um homem é naturalmente propenso à avareza, outro é escravo do vinho, um terço da luxúria; ou, se ainda não escravizado por essas paixões, ele é tão moldado pela natureza que esta é a direção na qual seu caráter provavelmente o conduziria. Portanto, voltando à minha proposição original, todo homem mau é ingrato, porque tem as sementes de toda vilania nele; mas só ele é justamente chamado e está naturalmente inclinado para este vício. Por conseguinte, a uma pessoa como esta, não concederei qualquer benefício. Aquele que prometia a sua filha a um homem mal-humorado de quem muitas mulheres tinham pedido o divórcio, seria considerado como tendo negligenciado os seus interesses; Um homem seria considerado um mau pai se confiasse o cuidado do seu patrimônio a alguém que tivesse perdido o seu próprio patrimônio familiar, e seria o ato de um louco fazer um testamento nomeando como guardião do seu filho um homem que já tinha defraudado outras alas. Assim será dito que o homem concede benefícios o pior possível, que escolhe pessoas ingratas, em cujas mãos perecerão.

XXVIII. "Os deuses", pode-se dizer, "concedem muito, mesmo aos ingratos". Mas o que eles dão eles prepararam para o bem, e o mal também tem a sua parte, porque eles não podem ser separados. É melhor beneficiar também os maus, para beneficiar os bons, do que matar os bons por medo de beneficiar os maus. Portanto, os deuses criaram tudo o que você fala, o dia, o sol, as alternâncias do inverno e do verão, as transições através da primavera e do outono de um extremo ao outro, chuveiros, bebedouros e ventos soprando regularmente para o uso de todos iguais; não podiam impedir que os indivíduos desfrutassem de tais coisas. Um rei concede honras àqueles que as merecem, mas também dá grandeza aos que não merecem. O ladrão, portador de falso testemunho, e o adúltero, recebem igualmente a subvenção pública do milho, e todos são inscritos no registro sem qualquer exame de caráter; homens bons e maus participam igualmente de todos os outros privilégios que um homem recebe, porque ele é um cidadão, não porque ele é um homem bom. Do mesmo modo, Deus concedeu certos dons a todo o gênero humano, dos quais ninguém está excluído. De fato, não se podia arranjar que o vento que era justo para os homens bons fosse sujo para os maus, enquanto é para o bem de todos os homens que os mares se abram ao tráfego e o reino da humanidade seja alargado; tampouco nenhuma lei poderia ser designada para os chuveiros, para que não caíssem sobre os campos de homens cruéis e perversos. Algumas coisas são dadas a todos da mesma forma: as cidades são fundadas tanto para homens bons como para homens maus; obras de gênio atingem, pela publicação, até homens indignos; a medicina aponta os meios de saúde até mesmo para os maus; Ninguém verificou a constituição de remédios saudáveis por medo de que os indignos fossem curados. Devem procurar o exame e a preferência dos indivíduos nas coisas que são concedidas separadamente àqueles que se julgam merecedores; não nestes, que admitem que a multidão os partilhe sem distinção. Há uma grande diferença entre não excluir um homem e escolhê-lo. Até um ladrão recebe justiça; até os assassinos desfrutam das bênçãos da paz; mesmo aqueles que saquearam outros podem recuperar os seus próprios bens; Assassinos e bravos privados são defendidos contra o inimigo comum pela muralha da cidade; As leis protegem até mesmo aqueles que pecaram mais profundamente contra elas. Há algumas coisas que nenhum homem poderia obter se não fossem dadas a todos; Não precisais, portanto, ceder aos assuntos sobre os quais toda a humanidade é convidada a partilhar. Quanto às coisas que os homens recebem ou não a meu critério, não as darei a alguém que sei ser ingrato.

XXIX. "Devemos, então", argumenta ele, "não dar nosso conselho a um homem ingrato quando ele está perdido, ou recusar-lhe um copo d'água quando está com sede, ou não lhe mostrar o caminho quando estiver perdido? Ou você lhe faria esses serviços e ainda assim não lhe daria nada?" A este respeito, farei uma distinção ou, pelo menos, eu me esforçarei por fazê-lo. Um benefício é um serviço útil, mas todo serviço útil não é um benefício; pois alguns são tão insignificantes que não reivindicam o título das prestações. Para produzir um benefício, duas condições devem concorrer. Primeiro, a importância da coisa dada; pois algumas coisas ficam aquém da dignidade de um benefício. Quem é que alguma vez chamou um palpite de pão de benefício, ou uma farsa atirada a um mendigo, ou o meio de acender uma fogueira? No entanto, por vezes, estes são mais valiosos do que os benefícios mais onerosos; ainda assim, o seu barateamento diminui o seu valor, mesmo quando, pela exigência do tempo, se tornam essenciais. A próxima condição, que é a mais importante de todas, deve necessariamente estar presente, ou seja, que eu conceda o benefício pelo bem daquele a quem desejo que o receba, que eu o julgue merecedor, conceda-o por minha própria vontade e receba prazer de minha própria dádiva, condições estas que não estão presentes nos casos sobre os quais acabamos de falar; pois não concedemos tais coisas àqueles que são dignos delas, mas as damos descuidadamente, como coisas sem importância, e não damos estes benefícios a um indivíduo tanto quanto os damos à humanidade.

XXX. Não negarei que, por vezes, daria mesmo aos indignos, por respeito aos outros; como, por exemplo, na competição por cargos públicos, alguns dos homens mais elementares são preferidos, por causa de seu nascimento nobre, a homens industriosos sem família, e isso por boas razões; porque a memória das grandes virtudes é sagrada, e mais homens terão prazer em ser bons, se o respeito sentido pelos homens bons não cessar com as suas vidas. O que fez do filho de Cícero um cônsul, a não ser o pai? O que recentemente trouxe Cinna[22] saiu do acampamento do inimigo e o elevou ao consulado? O

---

22 NOTA DE AUBREY STEWART — Ver Sêneca sobre "Clemência", livro I., cap. IX.

que fez de Pompeu Sexto e dos outros cônsules de Pompeia, a não ser que fosse a grandeza de um homem, que uma vez foi elevado tão alto que, pela sua própria queda, exaltou suficientemente todos os seus parentes. O que fez de Fábio Pérsico membro de mais de um colégio de sacerdotes, embora até os perdulários evitassem o seu beijo? Não foi Verrucoso, e Alobrogicus, e os trezentos que para servir o seu país bloquearam o caminho do invasor com a força de uma única família? É nosso dever respeitar os virtuosos, não só quando estão presentes conosco, mas também quando estão afastados da nossa vista: como eles fizeram do seu estudo não conceder os seus benefícios apenas a uma idade, mas deixá-los existir depois de eles próprios terem falecido, não devemos aprisionar a nossa gratidão a uma única época. Se um homem gerou grandes homens, ele merece receber benefícios, sejam eles quais forem: ele nos deu homens dignos. Se um homem descende de antepassados gloriosos, seja ele qual for, que encontre refúgio sob a sombra da sua ascendência. Como os lugares médios são iluminados pelos raios-do-sol, assim deixem os degenerados brilhar à luz de seus antepassados.

XXXI. Neste lugar, meu Liberalis, quero falar em defesa dos deuses. Às vezes dizemos: "O que a Providência poderia significar ao colocar um Arridaeus no trono?" Você acha que a coroa foi dada a Arridaeus? Ou melhor, foi dado ao pai e ao irmão. Por que o Céu concedeu o império do mundo a Caio César, o mais sanguinário da humanidade, que estava habituado a ordenar que o sangue fosse derramado em sua presença tão livremente como se quisesse beber dele? Por que você supõe que foi dado a ele? Foi dada a seu pai, Germânico, a seu avô, seu bisavô e a outros antes deles, homens não menos ilustres, embora vivessem como cidadãos particulares em pé de igualdade com os outros. Por que, quando você mesmo estava fazendo Marmeco Escauro cônsul, você ignorava seus vícios? Será que ele próprio os escondeu? Ele queria parecer decente? Admitiu um homem que era tão abertamente imundo para as faces e para o tribunal? Sim, foi porque você estava pensando no grande velho Escauro, o chefe do Senado, e não queria que seu descendente fosse desprezado.

XXXII. É provável que os deuses ajam da mesma maneira, que demonstrem maior indulgência para uns por causa de seus pais e sua ascendência, e para outros por causa de seus filhos e netos, e uma longa linhagem de descendentes além deles; porque conhecem todo o curso das suas obras e têm acesso constante ao conhecimento de tudo o que daqui em diante passará pelas suas mãos. Estas coisas vêm sobre nós do futuro desconhecido, e os deuses previram e estão familiarizados com os eventos pelos quais estamos assustados. "Que estes homens", diz a Providência, "sejam reis, porque os seus antepassados eram bons reis, porque consideravam a justiça e a temperança como a mais alta regra de vida, porque não dedicavam o Estado a si mesmos, mas dedicavam-se ao Estado. Que reinem estes outros, porque algum dos seus antepassados antes deles era um bom homem, que tinha uma alma superior à fortuna, que preferia ser conquistado a conquistar em luta civil, porque era mais vantajoso para o Estado[23]. Não foi possível dar-lhe um retorno suficiente para isso durante tanto tempo; que este outro, portanto, por respeito a ele, seja chefe do povo, não porque saiba como, ou seja capaz, mas porque o outro o mereceu para ele. Este homem é horroroso, repugnante de olhar para cima e vai desonrar as insígnias do seu cargo. Os homens agora me culparão, chamando-me de cego e imprudente, sem saber a quem estou conferindo o que deve ser dado ao maior e mais nobre dos homens; mas sei que, ao dar esta dignidade a um homem, estou pagando uma dívida antiga a outro. Como devem os homens de hoje conhecer aquele herói antigo, que tão plenamente evitou a glória que o impunha, que entrou em perigo com o mesmo olhar

---

23 NOTA DE AUBREY STEWART — Gertz, "Stud. Crit", p. 159, nota.

que outros homens usam quando escaparam do perigo, que nunca considerou o seu próprio interesse como alheio ao da comunidade?" "Onde", você pergunta, "ou quem é ele? De onde vem?" "Você não o conhece; cabe-me a mim equilibrar a conta de débito e crédito em casos como estes; sei o quanto devo a cada homem; Retribuo alguns depois de um longo intervalo, outros antecipadamente, de acordo com o que as minhas oportunidades e as exigências do meu sistema social permitirem." Por isso, às vezes, concederei algo a um homem ingrato, embora não por si mesmo.

XXXIII. "O que", argumenta ele, "se você não sabe se seu homem é ingrato ou grato — você vai esperar até saber, ou você não vai perder a oportunidade de conceder um benefício? Esperar é um longo negócio — pois, como diz Platão, é difícil formar uma opinião sobre a mente humana — não esperar é precipitado." A este opositor responderemos, que nunca devemos esperar pelo conhecimento absoluto de todo o caso, uma vez que a descoberta da verdade é uma tarefa árdua, mas devemos prosseguir na direção em que a verdade parece nos dirigir. Todas as nossas ações vão nessa direção: é assim que plantamos a semente, navegamos no mar, que servimos no exército, nos casamos e criamos filhos. O resultado de todas estas ações é incerto, pelo que seguimos esse rumo do qual acreditamos que se podem esperar bons resultados. Quem pode garantir uma colheita ao semeador, um porto ao marinheiro, a vitória ao soldado, uma esposa modesta ao marido, filhos obedientes ao pai? Procedemos da maneira pela qual a razão, e não a verdade absoluta, nos dirige. Espere, não faça nada que não dê certo, não forme nenhuma opinião até que você tenha pesquisado a verdade, e sua vida passará em absoluta ação. Uma vez que é apenas a aparência da verdade, e não a verdade em si, que me leva até aqui, conferirei benefícios ao homem que aparentemente será grato.

XXXIV. "Muitas circunstâncias", argumenta ele, "podem surgir que permitam que um homem mau roube o lugar de um bom ou podem fazer com que um homem bom seja detestado como se fosse um homem mau; porque as aparências, nas quais confiamos, enganam." Quem nega? No entanto, não encontro mais nada que guie a minha opinião. Devo seguir estes caminhos na minha busca da verdade, pois não tenho ninguém mais confiável do que estes; Me esforçarei para refletir sobre seu valor com todo o cuidado possível e não lhes darei a minha aprovação precipitadamente. Por exemplo, em uma batalha pode acontecer que a minha mão possa ser enganada por algum erro ao virar a minha arma contra o meu camarada e poupar o meu inimigo como se ele estivesse do meu lado; mas isso não ocorrerá várias vezes e não ocorrerá por minha culpa, pois meu objetivo é atacar o inimigo e defender meu compatriota. Se eu sei que um homem é ingrato, não lhe darei nenhum benefício. Mas o homem se fez passar por um homem bom por alguma artimanha que me impôs. Bem, isso não é de todo culpa do doador que deu a impressão de que seu amigo estava grato. "Suponha", pergunta ele, "que você prometesse conceder um benefício, e depois descobrisse que seu homem era ingrato, você o concederia ou não? Se o fizer, erra conscientemente, porque dá a quem não deve; se recusa, faz mal da mesma forma, porque não dá àquele a quem promete. Este caso perturba a sua coerência e sua orgulhosa garantia de que o sábio nunca se arrepende das suas ações, nem altera o que fez, nem altera os seus planos." O sábio nunca muda os seus planos, enquanto as condições em que os formou permanecerem as mesmas; por isso, nunca se arrepende, porque a essa altura, nada melhor do que aquilo que fez poderia ter sido feito, nem se poderia ter chegado a melhor decisão do que aquela que foi tomada; no entanto, ele começa tudo com a cláusula salvadora: "Se nada ocorrer em contrário". É por isso que dizemos que tudo corre bem com ele e que nada acontece contrariamente à sua expectativa, porque ele tem em mente a possibilidade de algo acontecer para impedir a realização dos seus projetos. É uma confiança imprudente acreditar que a sorte estará do nosso lado. O sábio considera os dois lados: sabe quão grande é o poder dos erros, quão incertos são os assuntos humanos, quantos obstáculos existem para o sucesso dos planos. Sem se comprometer, aguarda a questão duvidosa e caprichosa dos acontecimentos, e pondera a certeza do propósito contra a incerteza do resultado. Mas também aqui ele está protegido por essa cláusula de salvação, sem a qual nada decide e nada começa.

XXXV. Quando prometo conceder um benefício, prometo-o, a menos que ocorra algo que torne meu dever não fazê-lo. E se, por exemplo, o meu país me ordenar que lhe dê o que prometi à minha amiga? Ou se for aprovada uma lei proibindo alguém de fazer o que eu tinha prometido fazer por ele? Suponhamos que eu lhe prometi minha filha em casamento, que então você se torna um estrangeiro, e que eu não tenho direito de casar com estrangeiros; neste caso, a lei, pela qual sou proibido de cumprir a minha promessa, constitui a minha defesa. Serei traiçoeiro, e só me ouvirei culpado por incoerência, se não cumprir a minha promessa quando todas as condições permanecerem as mesmas de quando a fiz; caso contrário, qualquer mudança torna-me livre para reconsiderar todo o caso e absolve-me da minha promessa. Posso ter prometido pleitear uma causa; depois, parece que esta causa foi concebida para formar um precedente para um ataque ao meu pai. Posso ter prometido deixar o meu país e viajar para o estrangeiro; depois vem a notícia de que a estrada está assolada de assaltantes. Eu estava indo para uma consulta em algum lugar específico; mas a doença do meu filho, ou o confinamento da minha mulher, impediu-me. Todas as condições devem ser as mesmas de quando fiz a promessa, se quiserem manter-me obrigado em honra a cumpri-la. Agora, que maior mudança pode ocorrer do que eu descobrir que você é um homem mau e ingrato? Recusarei a um homem indigno aquilo que pretendia dar-lhe, supondo-o digno, e terei também razões para me zangar com ele pelo truque que me deu.

XXXVI. No entanto, vou analisar a questão e considerar qual pode ser o valor da coisa prometida. Se for insignificante, eu o darei, não porque você seja digno dele, mas porque eu o prometi, e não o darei de presente, mas apenas para fazer valer minhas palavras e me dar uma contração de ouvido. Vou punir minha própria precipitação em prometer pela perda do que dei. "Veja como você está entristecido; Lembre-se de ter mais cuidado com o que diz no futuro." Como diz o ditado, vou tirar dinheiro de vocês. Se o assunto for importante, não irei, como disse Mecenas, deixar que dez milhões de sestércios me censurem. Vou pesar os dois lados da questão um contra o outro: há algo em cumprir o que prometeu; Por outro lado, há muito em não conceder um benefício a quem é indigno dele. Agora, qual é o tamanho desse benefício? Se é uma bagunça, vamos piscar e deixar passar; mas se me causará muita perda ou muita vergonha dá-lo, eu preferia me desculpar uma vez por recusá-lo do que ter que fazê-lo sempre depois por dá-lo. Todo o ponto, repito, depende de quanto vale a coisa dada: que os termos da minha promessa sejam avaliados. Não só me recusarei a dar o que posso ter prometido precipitadamente, mas também exigirei de volta o que posso ter concedido erroneamente: deve ser louco um homem que cumpre uma promessa feita sob um erro.

XXXVII. Filipe, rei dos macedônios, tinha um soldado resistente cujos serviços ele havia achado úteis em muitas campanhas. De tempos em tempos, ele fazia presente de parte do saque como recompensa de seu valor e costumava excitar seu espírito ganancioso com seus dons frequentes. Este homem foi lançado por naufrágio sobre a propriedade de um certo macedônio, que assim que soube da notícia, apressou-se a dar-lhe, restaurou-lhe o fôlego, retirou-o para sua própria casa de fazenda, entregou-lhe sua própria cama, cuidou-o de sua condição debilitada e meio morta, cuidou dele às suas próprias custas por trinta dias, devolveu-lhe a saúde e deu-lhe uma quantia em dinheiro para sua viagem, como o homem continuava dizendo constantemente: "Se eu puder ver meu chefe, retribuirei sua bondade". Ele contou a Filipe sobre seu naufrágio, não disse nada sobre a ajuda que recebera e, imediatamente, exigiu que a propriedade de um certo homem lhe fosse dada. O homem era seu amigo: era esse mesmo homem por quem tinha sido resgatado e recuperado a saúde. Às vezes, especialmente em tempo de guerra, os reis concedem muitos presentes de olhos fechados. Um homem justo não pode lidar com tamanha massa de egoísmo armado. Não é possível que alguém seja ao mesmo tempo um bom homem e um bom general. Como saciar tantos milhares de homens insaciáveis? O que teriam, se cada um tivesse o seu? Assim, Filipe raciocinou consigo mesmo enquanto ordenava que o homem fosse colocado na posse dos bens que ele pedia. No entanto, o outro, quando expulso de sua propriedade, não suportou, como um camponês, seus erros em silêncio, agradecido por ele mesmo não ter sido dado também, mas enviou uma carta afiada e franca a Filipe, que, ao lê-la, ficou tão enfurecido que ordenou diretamente a Pausânias que restituísse a propriedade ao seu antigo proprietário, e marcar o mais perverso dos soldados, o mais ingrato dos convidados, o mais ganancioso dos náufragos, com cartas testemunhando sua ingratidão. Ele, de fato, merecia ter as cartas não apenas marcadas, mas esculpidas em sua carne, por ter reduzido sua hóstia à condição em que ele mesmo se encontrava quando se deitou nu e naufragou na praia; ainda assim, vejamos quais limites se deve manter para puni-lo. É claro que o que ele tão vilmente havia apreendido deveria ser tirado dele. Mas quem seria afetado pelo espetáculo de seu castigo? O crime que ele cometeu impediria que ele fosse piedoso até mesmo por qualquer pessoa humana.

XXXVIII. Filipe então lhe dará uma coisa porque prometeu dá-la, mesmo que não deva fazê-lo, mesmo que cometa um erro ao fazê-lo, ou melhor, um crime, mesmo que por este ato torne impossível que os náufragos cheguem à costa? Não há incoerência em desistir de uma intenção que descobrimos ser errada e condenamos como errada; devemos admitir com franqueza: "Pensei que era algo diferente; fui enganado." É mero orgulho e loucura persistir, "o que eu disse um dia, seja o que for, permanecerá inalterado e resolvido". Não há vergonha em alterar os planos de acordo com as circunstâncias. Ora, se Filipe tivesse deixado este homem na posse daquela praia que obteve pelo seu naufrágio, não teria ele praticamente pronunciado sentença de banimento contra todos os infelizes para o futuro? "Antes", diz Filipe, "carregas na tua testa de latão aquelas cartas, para que fiquem gravadas aos olhos de todo o meu reino. Vai, deixa os homens verem como é sagrada a mesa da hospitalidade; mostrai-lhes o vosso rosto, para que sobre ele leiam o decreto que impede que seja crime capital dar refúgio aos infelizes debaixo do teto. A ordem será certamente respeitada por este meio do que se eu a tivesse inscrito em tábuas de latão."

XXXIX. "Por que então", argumenta nosso adversário, "seu filósofo estoico Zenão, quando havia prometido um empréstimo de quinhentos denários a alguma pessoa que ele depois descobriu ser de caráter duvidoso, persistiu em emprestá-lo, por causa de sua promessa, embora seus amigos o dissuadissem de fazê-lo?" Em primeiro lugar, um empréstimo está em um patamar diferente de um benefício. Mesmo quando emprestamos dinheiro a uma pessoa indesejável, podemos recordá-lo; Posso exigir o pagamento em um determinado dia, e se ele falir, posso obter minha parte de seus bens; mas um benefício é perdido total e instantaneamente. Além disso, um é o ato de um homem mau, o outro o de um mau pai de família. Em seguida, se a quantia tivesse sido maior, nem mesmo Zenão teria persistido em emprestá-la. Eram quinhentos denários; o tipo de soma da qual se diz: "Que ele gaste na doença", e valeu a pena pagar tanto para não quebrar sua promessa. Sairei para jantar, mesmo que o tempo esteja frio, porque prometi ir; mas não o farei se a neve estiver caindo. Deixarei minha cama para ir a uma festa de noivado, embora possa estar sofrendo de indigestão; mas não o farei se estiver febril. Eu me tornarei fiança para você, porque eu prometi; mas não se você quiser que eu me torne fiança em alguma transação de questão incerta, se você me expor a perder meu dinheiro para o Estado. Em todos esses casos, defendo, há uma exceção implícita; se eu sou capaz, desde que seja correto para mim fazê-lo, se essas coisas são assim e assim. Fazei a mesma posição quando me pedirdes para cumprir a minha promessa, como foi quando a dei, e será mera inconstância decepcioná-lo; mas se algo novo ocorreu nesse meio-tempo, por que você deveria estranhar que minhas intenções fossem alteradas quando as condições sob as quais eu dei a promessa são alteradas? Coloque tudo de volta como estava, e serei o mesmo que era. Entramos em reconhecimentos para aparecer, mas se não o fizermos uma ação não caberá em todos os casos contra nós, pois somos desculpados por dar calote se forçados a fazê-lo por um poder ao qual não podemos resistir.

XL. Você pode ter a mesma resposta para a pergunta sobre se devemos, em todos os casos, mostrar gratidão pela bondade, e se um benefício deve, em todos os casos, ser reembolsado. É meu dever mostrar uma mente grata, mas em alguns casos a minha própria pobreza, em outros a prosperidade do amigo a quem devo algum retorno, não me permitirá dá-la. O que, por exemplo, sou eu, um homem pobre, para dar a um rei ou a um homem rico em troca de sua bondade, especialmente porque alguns homens consideram um erro ter seus benefícios reembolsados e estão dispostos a acumular um benefício sobre o outro? Ao lidar com essas pessoas, o que mais posso fazer do que desejar reembolsá-las? No entanto, não devo me recusar a receber um novo benefício, porque não devolvi o anterior. Eu o tomarei tão livremente quanto lhe foi dado, e me oferecerei ao meu amigo como um campo amplo para o exercício de sua boa índole: aquele que não está disposto a receber novos benefícios deve estar insatisfeito com o que já recebeu. Você diz: "Não poderei devolvê-los?" Para que serve isso? Estou disposto o suficiente para fazê-lo se me forem dadas oportunidades ou meios. Ele me deu, claro, oportunidade e meios:

ele é um homem bom ou um homem ruim? Se ele é um homem bom, eu tenho um bom caso contra ele, e não vou pleitear se ele é um homem ruim. Também não me parece correto insistir em fazer o reembolso, mesmo que seja contra a vontade daqueles a quem retribuímos, e pressioná-los, por mais relutantes que sejam; não é recompensa forçar um homem indisposto a retomar o que você estava disposto a tomar. Algumas pessoas, se algum presente insignificante lhes for enviado, depois enviam de volta outra coisa sem motivo específico, e depois declaram que não estão sob nenhuma obrigação; enviar algo de volta de uma vez e equilibrar um presente por outro é a próxima coisa a se recusar a recebê-lo. Em algumas ocasiões, não devolverei um benefício, embora possa fazê-lo. Quando? Quando, ao fazê-lo, eu mesmo perderei mais do que ele ganhará, ou se ele não notar nenhuma vantagem para si mesmo em receber aquilo que seria uma grande perda para mim. O homem que está sempre ansioso para pagar em todas as circunstâncias, não tem o sentimento de um homem grato, mas de um devedor; e, para resumir, aquele que está ansioso demais para pagar, não está disposto a ficar em dívida com o amigo; aquele que não quer e ainda assim está em dívida com o amigo, é ingrato.

LIVRO V

I. Nos livros anteriores, parece que cumpri o objetivo que propus a mim mesmo, pois neles discuti como um benefício deve ser concedido e como deve ser recebido. Esses são os limites dessa ação; quando me debruço mais sobre ela, não estou obedecendo às ordens, mas aos caprichos do meu assunto que devem ser seguidos onde quer que ele conduza, não para onde nos seduz a vagar; pois de vez em quando surgirá algo que, embora seja praticamente desconectado do assunto, em vez de ser uma parte necessária dele, ainda emociona a mente com um certo encanto. No entanto, já que assim desejam, continuemos, depois de concluída a nossa discussão sobre os principais tópicos do assunto, a investigar as questões que, se quiserem a verdade, devo chamar de paralelas a elas, não realmente conectadas; examinar com cuidado o que não vale a pena e, no entanto, não é trabalho em vão. Nenhum elogio, porém, que eu possa dar aos benefícios faz justiça a você, Ebutius Liberalis, um homem de excelente disposição e naturalmente inclinado a concedê-los. Nunca vi ninguém estimar, mesmo os serviços mais insignificantes, com tanta bondade; de fato, sua boa índole chega ao ponto de considerar qualquer benefício concedido a alguém como concedido a si mesmo; Você está disposto a pagar até mesmo o que é devido pelos ingratos, para que ninguém se arrependa de ter concedido benefícios. Você mesmo está tão longe de qualquer arrogância, você está tão ansioso para libertar aqueles a quem você serve de qualquer sentimento de obrigação para com você, que você gosta, ao dar qualquer coisa a qualquer um, parecer não tanto estar dando um presente quanto devolvendo; e, portanto, o que dais desta maneira vos será tanto mais plenamente retribuído: pois, em regra, os benefícios vêm para aquele que não exige o seu reembolso; e assim como a glória segue aqueles que a evitam, assim também os homens recebem uma colheita mais abundante em troca de benefícios concedidos àqueles que tinham em seu poder para serem ingratos. Quando se trata de você, não há motivo para que aqueles que receberam benefícios seus não peçam novos; nem se recusaria a conceder aos outros, a ignorar e ocultar o que deu, e a acrescentar-lhe mais e maiores dons, já que é objetivo de todos os melhores homens e das mais nobres disposições suportar um homem ingrato até que o torne grato. Não vos deixeis enganar na continuidade deste plano; o vício, se você não começar a odiá-lo tão cedo, eventualmente ele cederá à virtude.

II. É por isso que você fica especialmente satisfeito com a frase que considera grandiosa: "É vergonhoso ser derrotado em uma disputa de benefícios". Se isso é verdade ou não, deve ser analisado, e significa algo completamente diferente do que você imagina; pois nunca é vergonhoso ser derrotado em qualquer disputa honrosa, desde que você não abaixe suas armas e que, mesmo quando derrotado, possua o desejo de vencer. Todos os homens não se esforçam por um bom objeto com a mesma força, recursos e boa sorte, dos quais dependem, em todo caso, as questões dos projetos mais admiráveis, embora devamos louvar a própria vontade que faz um esforço na direção certa. Mesmo que outro passe com ritmo mais acelerado, ainda assim a palma da vitória não declara, como nas corridas exibidas publicamente, qual é o melhor homem; embora mesmo nos jogos o acaso frequentemente traga um homem inferior para a frente. Quanto à lealdade do sentimento, o qual cada homem deseja possuir em toda a medida por si mesmo, se um dos dois for o mais poderoso, se tiver à sua disposição todos os recursos que deseja usar, e se for favorecido pela fortuna em seus esforços mais ambiciosos, enquanto o outro, embora igualmente disposto, só pode devolver menos do que recebe, ou talvez não possa fazer nenhum retorno, mas ainda assim deseja fazê-lo e é inteiramente dedicado a este objetivo; então este último não é mais derrotado do que aquele que morre com armas em punho, a quem o inimigo achou mais fácil matar do que voltar atrás. Ser derrotado, o que você considera vergonhoso, não pode acontecer a um homem bom; pois ele nunca se renderá, nunca desistirá do concurso, até o último dia de sua vida ele estará preparado e nessa postura ele morrerá, testemunhando que embora tenha recebido muito, ainda assim ele tinha a vontade de retribuir tanto quanto recebeu.

III. Os lacedemônios proíbem seus jovens de disputar no pancrácio ou com golpes em que o derrotado tem que se reconhecer vencido. O vencedor de uma corrida é aquele que primeiro atinge o objetivo; ele supera os outros em rapidez, mas não em coragem. O lutador que foi derrubado três vezes perde a palma da vitória, mas não a cede. Como os lacedemônios achavam de grande importância que seus conterrâneos fossem invencíveis, eles os mantiveram longe daqueles concursos em que a vitória é atribuída, não pelo juiz, ou pela questão do concurso em si, mas pela voz do vencido implorando ao vencedor que o poupe quando ele cair. Este atributo de nunca serem derrotados, que eles tão zelosamente guardam entre seus cidadãos, pode ser alcançado por todos os homens através da virtude e da boa vontade, porque mesmo quando tudo o mais é vencido, a mente permanece invencível. Por isso ninguém fala dos trezentos Fábios[24] como derrotados, mas massacrados. Régulo foi levado cativo pelos cartagineses, não vencido por eles; e assim foram todos os outros homens que não cederam em espírito quando dominados pela força e pelo peso da fortuna furiosa.

Assim é com os benefícios. Um homem pode ter recebido mais do que deu, bens mais valiosos, mais frequentemente concedidos;

---

24 Os Fábios, do latim *gens Fabia*, eram membros de uma das mais antigas gentes patrícias da Roma Antiga. (N. do R.)

no entanto, ele não foi derrotado. Pode ser que, se compararmos os benefícios entre si, aqueles que ele recebeu superem aqueles que ele concedeu; mas se você comparar o doador e o receptor, cujas intenções também devem ser consideradas separadamente, nenhum deles provará ser o vencedor. Muitas vezes acontece que, mesmo quando um combatente é perfurado com muitos ferimentos, enquanto o outro é apenas ligeiramente ferido, ainda assim eles dizem ter travado uma batalha arrastada, embora o primeiro possa parecer estar em pior condição.

IV. Ninguém, portanto, pode ser vencido em um concurso de benefícios, se souber pagar uma dívida, se quiser retribuir o que recebeu, e se elevar ao mesmo nível de seu amigo em espírito, embora não possa fazê-lo em dons materiais. Enquanto ele permanecer nesse temperamento mental, enquanto tiver o desejo de declarar por provas que tem uma mente grata, que diferença faz de que lado podemos contar o maior número de presentes? Você é capaz de dar muito; não posso fazer nada além de receber. A fortuna permanece contigo, a boa vontade só comigo; no entanto, estou tão em igualdade contigo quanto homens nus ou levemente armados estão com um grande corpo armado até os dentes. Ninguém, portanto, é prejudicado por benefícios, porque a gratidão de cada homem deve ser medida por sua vontade. Se é vergonhoso ser atormentado em uma disputa de benefícios, você não deve receber um benefício de homens muito poderosos cuja bondade você não pode devolver, quero dizer, como príncipes e reis, que a fortuna colocou em tal posição que eles podem dar muito, e só podem receber muito pouco e muito pouco retorno pelo que dão. Falei de reis e príncipes, que são os únicos que podem fazer com que obras sejam realizadas, e cujo poder superlativo depende da obediência e dos serviços dos inferiores; mas há alguns, livres de todas as concupiscências terrenas, que dificilmente são afetados por quaisquer objetos humanos de desejo, aos quais a própria fortuna nada poderia conceder. Devo estar atormentado em uma disputa de benefícios com Sócrates, ou com

Diógenes, que andou nu pelos tesouros da Macedônia, pisando a riqueza do rei sob seus pés. Na verdade, ele deve ter parecido, então, corretamente superior, tanto para si mesmo quanto para todos os outros cujos olhos eram perspicazes o suficiente para perceber a verdade real, até mesmo superior àquele diante de quem todo o mundo se curvava. Ele era muito mais poderoso, muito mais rico até do que Alexandre, que então possuía tudo; pois havia mais para Diógenes se recusar a receber do que para Alexandre ser capaz de dar.

V. Não é vergonhoso ser atormentado por esses homens, pois eu não sou o menos corajoso porque você me coloca contra um inimigo invulnerável, nem o fogo não queima porque você joga nele algo sobre o qual as chamas não têm poder, nem o ferro perde seu poder de corte, embora você possa querer cortar uma pedra que é dura, impermeável a golpes, e de tal natureza que ferramentas duras são embotadas sobre ele. Dou-lhe a mesma resposta sobre gratidão. Um homem não é vergonhosamente atormentado em uma disputa de benefícios se ele se coloca sob uma obrigação para com pessoas como estas, cuja enorme riqueza ou virtude admirável exclui qualquer possibilidade de seus benefícios serem devolvidos. Via de regra, somos atormentados por nossos pais; pois, embora os tenhamos conosco, os consideramos severos e não compreendemos o que eles fazem por nós. Quando nossa idade começa a nos trazer um pouco de sentido, e gradualmente percebemos que eles merecem nosso amor por essas mesmas coisas que costumavam impedir que nós os amássemos, seus conselhos, seus castigos e a vigilância cuidadosa que eles costumavam manter sobre nossa imprudência juvenil, eles são tirados de nós. Poucos vivem para colher frutos reais das crianças; A maioria dos homens sente seus filhos apenas como um fardo. No entanto, não há desgraça em ser açoitado pelos pais na concessão de benefícios; como deve haver, visto que não há desgraça em ser açoitado por ninguém. Somos iguais a alguns homens e, no entanto, não iguais;

iguais na intenção, que é tudo o que eles cuidam, que é tudo o que prometemos ser, mas desiguais na fortuna. E se a fortuna impede alguém de retribuir uma bondade, não precisa, portanto, corar, como se tivesse sido vencido; Não há desgraça em não alcançar seu objetivo, desde que você tente alcançá-lo. Muitas vezes é necessário que, antes de fazer qualquer devolução pelos benefícios que recebemos, peçamos novos; porém, se assim for, não nos absteremos de pedi-las, nem o faremos como que desgraçados por isso, porque, mesmo que não paguemos a dívida, a devemos; porque, mesmo que algo de fora nos aconteça para impedir que o retribuamos, a culpa não será nossa se não formos gratos. Não podemos ser conquistados na intenção, nem podemos ser desgraçados cedendo ao que está além de nossas forças para enfrentar.

VI. Alexandre, o rei dos macedônios, costumava gabar-se de nunca ter sido açoitado por ninguém em uma disputa de benefícios. Se assim fosse, não era razão para que, na plenitude de seu orgulho, desprezasse os macedônios, gregos, carianos, persas e outras tribos das quais seu exército era composto, nem precisasse imaginar que foi isso que lhe deu um império que se estendeu de um canto da Trácia até a costa do mar desconhecido. Sócrates podia fazer o mesmo alarde, assim como Diógenes, por quem Alexandre certamente foi superado; pois não foi superado no dia em que, inflando-se além dos limites do mero orgulho humano, contemplou alguém a quem nada podia dar, de quem nada podia tirar? O rei Arquelau convidou Sócrates a ir ter com ele. Sócrates teria respondido que deveria se arrepender de ir a alguém que lhe concedesse benefícios, já que não deveria ser capaz de dar um retorno adequado para eles. Em primeiro lugar, Sócrates tinha a liberdade de não recebê-los; em seguida, o próprio Sócrates teria sido o primeiro a conceder um benefício, pois teria vindo quando convidado, e teria dado a Arquelau aquilo pelo qual Arquelau não poderia ter feito retorno a Sócrates. Mesmo que Arquelau desse ouro e prata a Sócrates, se aprendesse em troca

SOBRE OS BENEFÍCIOS

a desprezar o ouro e a prata, Sócrates não seria capaz de retribuir a Arquelau? Poderia Sócrates receber dele tanto valor quanto deu, ao mostrar-lhe um homem hábil no conhecimento da vida e da morte, compreendendo o verdadeiro propósito de cada um? Suponhamos que ele tivesse encontrado esse rei, por assim dizer, tateando seu caminho sob a luz clara do sol, e lhe tivesse ensinado os segredos da natureza, sobre os quais ele era tão ignorante, que quando houve um eclipse do sol, ele subiu seu palácio e raspou a cabeça de seu filho[25], o que os homens costumam fazer em tempos de luto e aflição. Que benefício teria sido se ele tivesse arrastado o rei aterrorizado para fora de seu esconderijo, e lhe ordenado bom ânimo, dizendo: "Isto não é um desaparecimento do sol, mas uma conjunção de dois corpos celestes; pois a lua, que segue por um caminho mais baixo, colocou seu disco sob o sol, e o escondeu pela interposição de sua própria massa. Às vezes, ela só esconde uma pequena porção do disco do sol, porque ela só o oculta enquanto está de passagem; às vezes ela se esconde mais, colocando mais de si diante dela; e às vezes ela a fecha completamente de nossa vista, se ela passa em um curso exatamente igual entre o sol e a terra. Logo, no entanto, seu próprio movimento rápido afastará esses dois corpos; Em breve a Terra receberá de volta a luz do dia. E esse sistema continuará ao longo dos séculos, tendo certos dias, conhecidos de antemão, sobre os quais o sol não pode exibir todos os raios, por causa da intervenção da lua. Aguarde apenas um curto período de tempo; logo surgirá, logo deixará aquela nuvem aparente e lançará livremente sua luz sem nenhum obstáculo." Não poderia Sócrates ter feito um retorno adequado a Arquelau, se o tivesse ensinado a reinar? Como se Sócrates não o beneficiasse suficientemente, apenas permitindo-lhe conceder um benefício a Sócrates. Por que, então, Sócrates disse isso? Sendo um

---

25 NOTA DE AUBREY STEWART — Gertz muito razoavelmente conjectura que ele raspou sua própria cabeça, o que exigiria uma alteração muito insignificante do texto.

coringa e um orador de parábolas — um homem que transformou tudo, especialmente os grandes, em algo ridículo — preferiu lhe dar uma recusa satírica a uma obstinada ou altiva, e por isso disse que não queria receber benefícios de alguém a quem não pudesse devolver tanto quanto recebeu. Temia, talvez, que pudesse ser forçado a receber algo que não desejava, temia que pudesse ser algo impróprio para Sócrates receber. Alguns podem dizer: "Ele deveria ter dito que não queria ir". Mas, ao fazê-lo, ele teria despertado contra si mesmo a ira de um rei arrogante, que desejava que tudo relacionado a si mesmo fosse altamente valorizado. Não faz diferença para um rei se você não está disposto a dar nada a ele ou a aceitar qualquer coisa dele; ele está igualmente indignado com qualquer rejeição, e ser tratado com desdém é mais amargo para um espírito orgulhoso do que não ser temido. Quer saber o que realmente quis dizer Sócrates? Ele, cuja liberdade de expressão não podia ser suportada nem mesmo por um Estado livre, não estava disposto a se tornar um escravo nem mesmo por escolha própria.

VII. Penso que já discutimos suficientemente esta parte do assunto, se é vergonhoso sermos prejudicados num concurso de benefícios. Quem faz essa pergunta deve saber que os homens não estão habituados a conceder benefícios a si mesmos, pois evidentemente não poderia ser vergonhoso ser atormentado por si mesmo. No entanto, alguns dos estoicos debatem essa questão, se alguém pode conferir um benefício a si mesmo, e se deve devolver sua própria bondade a si mesmo. Essa discussão foi levantada em consequência do nosso hábito de dizer: "Sou grato a mim mesmo", "Não posso reclamar de ninguém além de mim mesmo", "Estou com raiva de mim mesmo", "Vou me punir", "Eu me odeio" e muitas outras frases do mesmo tipo, em que se fala de si mesmo como se fala de outra pessoa. "Se", argumentam, "posso me machucar, por que não poderia também conceder um benefício a mim mesmo? Além disso, por que essas coisas não são chamadas de benefícios quando eu as concedo a mim mesmo, as quais seriam chamadas de benefícios se eu as concedesse a outro? Se receber uma determinada coisa de outro me colocaria sob uma obrigação para com ele, como é que se eu a dou a mim mesmo, eu não contraí uma obrigação para comigo mesmo? Por que eu deveria ser ingrato comigo mesmo, o que não é menos vergonhoso do que ser mesquinho comigo mesmo, ou duro e cruel comigo mesmo, ou negligente comigo mesmo?" O procurador é igualmente odioso quer prostitua os outros ou a si próprio. Culpamos um bajulador e aquele que imita o modo de falar de outro homem, ou está disposto a elogiar se é merecido ou não; Devemos igualmente culpar aquele que admira e envaidece a si mesmo, e, por assim dizer é o seu próprio bajulador. Os vícios não são apenas odiosos quando praticados exteriormente, mas também quando são reprimidos dentro da mente. Quem você admiraria mais do que aquele que se governa e tem a si mesmo sob comando? É mais fácil governar nações selvagens, impacientes com o controle estrangeiro, do que conter a própria mente e mantê-la sob seu próprio controle. Platão, argumenta-se, era grato a Sócrates por ter sido ensinado por ele; por que Sócrates não deveria ser grato a si mesmo por ter ensinado a si mesmo? Marco Catão disse: "Peça emprestado de si mesmo o que lhe faltar", por que, então, se eu posso me emprestar alguma coisa, devo ser incapaz de me dar alguma coisa? Os casos em que o uso nos divide em duas pessoas são inúmeros; estamos habituados a dizer: "Deixe-me conversar comigo mesmo" e, "Vou me dar uma contração de ouvido"[26]; e se é verdade que alguém pode fazê-lo, então um homem deve ser grato a si mesmo, assim como ele está zangado consigo mesmo; como ele se culpa, então ele deve louvar a si mesmo; Uma vez que ele pode empobrecer-se, ele também pode enriquecer-se. Lesões e benefícios são o inverso

---

26 NOTA DE AUBREY STEWART — Ver livro IV. cap. XXXVI.

um do outro: se dizemos de um homem, "ele se machucou", também podemos dizer "ele concedeu a si mesmo um benefício?"

VIII. É natural que um homem primeiro incorra em uma obrigação e, em seguida, que retribua a gratidão por ela; um devedor não pode existir sem um credor, assim como um marido sem mulher, ou um filho sem pai; alguém deve dar para que alguém possa receber. Assim como ninguém se carrega, embora mova seu corpo e o transporte de um lugar para outro; como ninguém, embora possa ter feito um discurso em sua própria defesa, é dito ter ficado sozinho, ou ergue uma estátua para si mesmo como seu próprio patrono; como nenhum doente, quando por seus próprios cuidados recuperou a saúde, pede a si mesmo uma taxa; Assim, em nenhuma transação, mesmo quando um homem faz o que é útil para si mesmo, precisa que ele volte graças a si mesmo, porque não há ninguém a quem ele possa devolvê-los. Embora eu conceda que um homem possa conceder um benefício a si mesmo, mas ao mesmo tempo que o dá, ele também o recebe; embora eu conceda que um homem possa receber um benefício de si mesmo, mas ele o recebe ao mesmo tempo em que o dá. A troca acontece dentro de portas, como se diz, e a transferência é feita de uma só vez, como se a dívida fosse fictícia; pois quem dá não é uma pessoa diferente daquela que recebe, mas uma e a mesma. A palavra "deve" não tem significado senão entre duas pessoas; Como, então, pode aplicar-se a um homem que incorre em uma obrigação e, pelo mesmo ato, liberta-se dela? Em um disco ou uma bola não há topo ou fundo, nem começo, nem fim, porque a relação das partes é alterada quando ela se move, o que estava atrás vem antes, e o que desceu de um lado vindo para cima do outro, de modo que todas as partes, em qualquer direção que possam se mover, voltem à mesma posição. Imagine que a mesma coisa acontece em um homem; Em todos os pedaços que você possa dividi-lo, ele continua sendo um. Se ele se ataca, não tem a quem chamar para responder pelo insulto; se ele se amarra e se tranca, não pode exigir indenização; Se ele concede um benefício a si mesmo, ele o devolve diretamente ao doador. Diz-se que não há desperdício na natureza, porque tudo o que é retirado da natureza retorna a ela novamente, e nada pode perecer, porque não pode cair da natureza, mas volta novamente ao ponto de onde começou. Você pergunta: "Que conexão tem esse exemplo com o assunto?" Vou te contar. Imagine-se ingrato, o benefício que lhe é concedido não se perde, quem o deu tem; Suponha que você não esteja disposto a recebê-lo, ele ainda pertence a você antes de ser devolvido. Você não pode perder nada, porque o que você tira de si mesmo, você ainda assim ganha a si mesmo. A matéria gira em círculo en torno de você mesmo; Recebendo você dá, dando você recebe.

IX. "É nosso dever", argumenta nosso adversário, "conceder benefícios a nós mesmos, portanto, também devemos ser gratos a nós mesmos". A premissa original, da qual depende a inferência, é falsa, pois ninguém concede benefícios a si mesmo, mas obedece aos princípios de sua natureza, que o dispõe ao afeto por si mesmo, e que o faz se esforçar mais para evitar coisas dolorosas, e para seguir as coisas que lhe são úteis. Por conseguinte, o homem que se doa a si mesmo não é generoso, nem aquele que perdoa a si mesmo perdoa, nem aquele que é tocado por seus próprios infortúnios de coração terno; é natural fazer as coisas a si mesmo que, quando feitas aos outros, se tornam generosidade, clemência e ternura de coração. Um benefício é um ato voluntário, mas fazer o bem a si mesmo é instintivo. Quanto mais benefícios um homem concede, mais benéfico ele é, mas quem já foi elogiado por ter servido a si mesmo? Ou por ter se resgatado de bandidos? Ninguém concede um benefício a si mesmo mais do que concede hospitalidade a si mesmo; Ninguém se dá nada, assim como não se presta nada. Se cada homem concede benefícios a si mesmo, está sempre concedendo-os e os concede sem qualquer cessação, então é impossível para ele fazer qualquer cálculo do número de seus benefícios; quando, então, ele pode mostrar sua gratidão, visto que pelo próprio ato de fazê-lo concederia um benefício? Pois que distinção você pode fazer entre dar a si mesmo um benefício ou receber um benefício para si mesmo, quando toda a transação ocorre na mente do mesmo homem? Suponhamos que eu tenha me libertado do perigo, então eu tenha concedido um benefício a mim mesmo; Suponhamos que eu me liberte uma segunda vez, ao fazê-lo concedo ou pago um benefício? Em seguida, mesmo que eu conceda o axioma primário, de que podemos conceder benefícios a nós mesmos, não admito o que se segue; pois, mesmo que o possamos fazer, não devemos fazê-lo. Por quê? Porque a gente recebe um retorno para eles de uma vez. É justo que eu receba um benefício, depois fique sob uma obrigação e depois o devolva; Agora aqui não há tempo para ficar sob uma obrigação, porque recebemos a devolução sem qualquer atraso. Ninguém realmente dá senão a outro, ninguém deve senão a outro, ninguém paga senão a outro. Um ato que sempre requer duas pessoas não pode ocorrer na mente de uma.

X. Um benefício significa a oferta de algo útil, e a palavra PROPORCIONANDO implica outras pessoas. Um homem não seria considerado louco se dissesse que vendeu algo para si mesmo, porque vender significa alienação, e a transferência de uma coisa e de seus direitos sobre essa coisa para outra pessoa. No entanto, doar, como vender qualquer coisa, consiste em fazê-la passar longe de você, entregando o que você mesmo já possuía na guarda de alguém.

Se assim é, ninguém jamais se deu um benefício, porque ninguém se dá a si mesmo; senão, dois opostos se aglutinam, de modo que se torna a mesma coisa dar e receber. No entanto, há uma grande diferença entre dar e receber; Como não haver, visto que essas palavras são o inverso umas das outras? Ainda assim, se alguém pode se dar um benefício, não pode haver diferença entre dar e receber. Eu disse um pouco antes que algumas palavras se aplicam apenas a outras pessoas, e são tão constituídas que todo o seu significado está separado de nós mesmos; por exemplo, eu sou irmão, mas irmão de algum outro homem, pois ninguém é seu próprio irmão; Sou igual, mas igual a outra pessoa, pois quem é igual a si mesmo? Uma coisa que é comparada a outra coisa é ininteligível sem essa outra coisa; uma coisa que está unida a outra coisa não existe fora dela; de modo que o que é dado não existe sem a outra pessoa, nem um benefício pode ter qualquer existência sem outra pessoa. Isso fica claro na própria frase que o descreve, "fazer o bem", mas ninguém faz o bem a si mesmo, assim como não se favorece ou está do seu próprio lado. Poderia alongar-me ainda mais sobre este assunto e dar muitos exemplos. Por que os benefícios não devem ser incluídos entre os atos que exigem duas pessoas para realizá-los? Muitos atos honrosos, admiráveis e altamente virtuosos não podem ocorrer sem uma segunda pessoa. A fidelidade é louvada e tida como uma das principais bênçãos conhecidas entre os homens, mas alguém já disse ter guardado a fé consigo mesmo?

XI. Passo agora à última parte deste assunto. O homem que devolve uma bondade deve gastar alguma coisa, assim como aquele que devolve gasta dinheiro; mas o homem que devolve uma bondade a si mesmo não gasta nada, assim como aquele que recebe um benefício de si mesmo não ganha nada. Um benefício e a gratidão por ele devem passar de um lado para o outro entre duas pessoas; seu intercâmbio não pode ocorrer dentro de uma única pessoa. Aquele que devolve uma bondade faz o bem, por sua vez, àquele de quem recebeu alguma coisa; mas o homem que devolve a sua própria bondade, a quem faz o bem? Para si mesmo? Há alguém que não considere a devolução de uma bondade, e a concessão de um benefício, como atos distintos? "Aquele que devolve uma bondade a si mesmo faz o bem a si mesmo." Algum homem nunca quis fazer isso, mesmo sendo ingrato? Quem nunca foi ingrato por qualquer outro motivo que não esse? "Se", argumenta-se, "estamos certos em agradecer a nós mesmos, devemos retribuir nossa própria bondade", mas dizemos: "Sou grato a mim mesmo por ter me recusado a casar com aquela mulher", ou "por ter me recusado fazer uma parceria com aquele homem". Quando falamos assim, estamos realmente nos elogiando, e fazendo uso da linguagem daqueles que retornam graças para aprovar nossos próprios atos. Um benefício é algo que, quando concedido, pode ou não ser devolvido. Ora, aquele que dá um benefício a si mesmo precisa receber o que dá; portanto, isso não é um benefício. Um benefício é recebido em um momento e devolvido em outro; (mas quando um homem concede um benefício a si mesmo, ele o recebe e o devolve ao mesmo tempo). Em um benefício, também, o que elogiamos e admiramos é que um homem tenha por enquanto esquecido seus próprios interesses, a fim de que possa fazer o bem a outrem; que se privou de alguma coisa para concedê-la a outrem. Ora, aquele que concede um benefício a si mesmo não faz isso. A concessão de um benefício é um ato de companheirismo — ganha a amizade de algum homem e coloca algum homem sob uma obrigação; mas concedê-lo a si mesmo não é um ato de companheirismo — não ganha a amizade de ninguém, não coloca nenhum homem sob uma obrigação, não levanta as esperanças de ninguém ou o leva a dizer: "Este homem deve ser cortejado; ele concedeu um benefício a essa pessoa, talvez ele me conceda um também." Um benefício é uma coisa que se dá não por si mesmo, mas por causa daquele a quem é dado; mas aquele que concede um benefício a si mesmo, o faz por si mesmo; portanto, não é um benefício.

XII. Agora parece-lhe que não cumpriu o que disse no início deste livro. Você diz que estou longe de fazer algo que valha a pena; que, na verdade, joguei fora todo o meu esforço. Espere, e em breve você poderá dizer isso mais verdadeiramente, pois eu os conduzirei a lugares ocultos à espreita, dos quais, quando tiverem escapado, não terão ganho nada, exceto que terão se libertado de dificuldades com as quais nunca precisarão se impedir. De que adianta desatar laboriosamente os nós que você mesmo amarrou, para poder desatá-los? Assim como alguns nós são amarrados por diversão e para entretenimento, de modo que um novato possa ter dificuldade em desatá-los, quem os amarrou pode desfazê-los sem nenhum esforço, pois conhece as uniões e as dificuldades deles; e esses nós, ainda assim, nos proporcionam algum prazer, porque testam o quão aguçada a nossa inteligência é, e capturam nossa atenção; da mesma forma, essas questões, que parecem sutis e complicadas, evitam que nossos intelectos se tornem descuidados e preguiçosos, pois, às vezes, é necessário dar-lhes um campo para nivelar, para que possam vagar por ele, e em outros momentos é necessário apresentar-lhes um caminho escuro e áspero para que possam avançar com cautela e encontrar o caminho. Diz o nosso adversário que ninguém é ingrato; e isso é sustentado pelos seguintes argumentos: "Um benefício é aquele que faz o bem; mas, como dizem vocês, estoicos, ninguém pode fazer o bem a um homem mau; Portanto, um homem ruim não recebe um benefício. (Se ele não o recebe, não precisa devolvê-lo; portanto, nenhum homem mau é ingrato.) Além disso, um benefício é uma coisa honrosa e louvável. Nenhuma coisa honrosa ou louvável pode encontrar lugar com um homem mau; portanto, também não pode um benefício. Se ele não pode receber um, ele não precisa reembolsá-lo; portanto, ele não se torna ingrato. Além disso, como você diz, um homem bom faz tudo corretamente; Se ele faz tudo certo, não pode ser ingrato. Um homem bom devolve um benefício, um homem mau nao recebe um. Se assim for, nenhum homem, bom ou mau, pode ser ingrato. Portanto, não existe na natureza um homem ingrato: a palavra não tem sentido." Nós, estoicos, só temos um tipo de bem, o que é honroso. Isso não pode chegar a um homem mau, pois ele deixaria de ser mau se a virtude entrasse nele; mas enquanto ele for mau, ninguém pode conceder-lhe um benefício, porque o bem e o mal são contrários e não podem existir juntos. Portanto, ninguém pode fazer o bem a tal homem, porque tudo o que ele recebe é corrompido por sua maneira viciosa de usá-lo. Assim como o estômago, quando desordenado por doenças e bile secretora, muda todo o alimento que recebe, e transforma todo tipo de sustento em fonte de dor, assim tudo o que você confia a uma mente mal regulada torna-se para ela um fardo, um aborrecimento e uma fonte de miséria. Assim, os homens mais prósperos e mais ricos têm mais problemas; e quanto mais propriedade eles têm para perplexá-los, menor a probabilidade de descobrirem o que realmente são. Nada, portanto, pode alcançar os homens maus que lhes faça bem; ou melhor, nada que não lhes fizesse mal. Eles transformam tudo o que cai à sua sorte em sua própria natureza maligna; e as coisas que em outros lugares, se dadas a homens melhores, seriam belas e lucrativas, são ruinosas para eles. Não podem, portanto, conceder benefícios, porque ninguém pode dar o que não possui e, portanto, lhes falta o prazer de fazer o bem aos outros.

XIII. No entanto, embora isso seja verdade, até mesmo um homem ruim pode receber algumas coisas que se assemelham a benefícios, e ele será ingrato se não as retribuir. Existem coisas boas relacionadas à mente, ao corpo e à fortuna. Um tolo ou um homem ruim é excluído das primeiras — aquelas da mente; mas ele é admitido a uma participação nas duas últimas, e se ele não as retribuir, é ingrato. Nem isso decorre apenas do nosso sistema (estoico) os peripatéticos, também, que estendem amplamente os limites da felicidade humana, declaram que benefícios insignificantes atingem os homens maus, e que aquele que não os devolve é ingrato. Portanto, não concordamos que as coisas que não tendem a melhorar a mente devam ser chamadas de benefícios, mas não negamos que essas coisas são convenientes e desejáveis. Coisas como essas um homem mau pode conceder a um homem bom, ou pode receber dele — como, por exemplo, dinheiro, roupas, cargo público ou vida; e, se não der retorno por estes, passará a ser denominado ingrato. "Mas como você pode chamar um homem de ingrato por não devolver aquilo que você diz que não é um benefício?" Algumas coisas, devido à sua semelhança, estão incluídas sob a mesma designação, embora não a mereçam realmente. Assim, falamos de uma caixa de prata ou de ouro[27]; assim chamamos um homem de analfabeto, embora ele possa não ser totalmente ignorante, mas apenas não familiarizado com os ramos superiores da literatura; assim, vendo um homem maltrapilho malvestido, dizemos que vimos um homem nu. Essas coisas de que falamos não são benefícios, mas possuem a aparência de benefícios. "Então, assim como eles são quase benefícios, seu homem é quase ingrato, não realmente ingrato." Isso não é verdade, porque tanto aquele que dá quanto aquele que os recebe fala deles como benefícios; assim, aquele que não consegue devolver a aparência de um benefício real é tanto um homem ingrato quanto aquele que mistura um chope adormecido, acreditando ser veneno, é um envenenador.

XIV. Cleantes fala mais impetuosamente do que isso. "É verdade", diz ele, "que o que ele recebeu não foi um benefício, mas ele é ingrato, porque ele não teria devolvido um benefício se tivesse recebido". Assim, aquele que carrega armas mortais e tem intenções de roubar e matar é um bandido antes mesmo de ter mergulhado as mãos em sangue; Sua maldade consiste e é mostrada em ação, mas não começa assim. Os homens são punidos por sacrilégio, embora as mãos de ninguém possam alcançar os deuses. "Como", pergunta nosso oponente, "alguém pode ser ingrato a um homem mau, já que um homem mau não pode conceder um benefício?" Da mesma forma, respondo, porque aquilo que ele recebia não era um benefício, mas era chamado de um; Se alguém recebe de um

---

27 NOTA DE AUBREY STEWART — A palavra original é "pyx", que significa uma caixa feita de madeira própria para caixotes.

homem mau qualquer daquelas coisas que são valorizadas pelos ignorantes, e das quais os homens maus muitas vezes possuem grande reserva, torna-se seu dever fazer um retorno da mesma espécie, e devolver como se fossem verdadeiramente boas as coisas que ele recebeu como se fossem verdadeiramente boas. Um homem é dito estar em dívida, quer ele deva peças de ouro ou couro marcado com um selo estatal, como usavam os espartanos, que passava por moeda cunhada. Pague suas dívidas da mesma maneira em que as contraiu. Você não tem nada a ver com a definição de benefícios, ou com a questão de que se um nome tão grande e nobre deve ser degradado ao aplicá-lo a assuntos tão vulgares e mesquinhos como estes, nem buscamos a verdade para usá-la em prejuízo dos outros; ajuste suas mentes à semelhança da verdade e, enquanto aprende o que é verdadeiramente honroso, respeite tudo ao qual o nome de honra é aplicado.

XV. "Da mesma forma", argumenta nosso adversário, "que sua escola prova que ninguém é ingrato, você depois prova que todos os homens são ingratos. Pois, como dizeis, todos os tolos são homens maus; quem tem um vício tem todos os vícios; todos os homens são tolos e maus; portanto, todos os homens são ingratos". E então? Não são? Não é esta a reprovação universal da raça humana? Não há uma queixa geral de que os benefícios são jogados fora, e que há muito poucos homens que não retribuem seus benfeitores com a mais vil ingratidão? Nem é preciso supor que o que dizemos é apenas resmungos de homens que acham todo ato tão perverso e depravado que fica aquém de um padrão ideal de justiça. Escute! Não sei quem é que fala, mas a voz com que condena a humanidade procede, não das escolas de filósofos, mas do meio da multidão:

> *"O anfitrião não está a salvo do hóspede;*
> *Sogro do filho; mas raramente existe amor entre irmãos;*
> *as esposas anseiam por destruir*

Seus maridos; os maridos anseiam por matar as suas mulheres."

Isso vai além: segundo essa voz, os crimes tomam o lugar dos benefícios, e os homens não se furtam de derramar o sangue daqueles por quem deveriam derramar o seu; nós requeremos benefícios por aço e veneno. Chamamos a imposição de mãos violentas sobre nosso próprio país, e a sua resistência pelas faces de seus próprios lícitos, ganhando poder e grande lugar; todo homem se julga em posição mesquinha e degradada se não se elevou acima da Constituição; os exércitos que são recebidos do Estado estão voltados contra ela, e um general agora diz a seus homens: "Lutem contra suas mulheres, lutem contra seus filhos, marchem em armas contra seus altares, suas lareiras e casas!" Sim[28], vocês, que mesmo quando estamos prestes a triunfar não devem entrar na cidade a mando do Senado, e que muitas vezes, ao trazerem para casa um exército vitorioso, recebem uma audiência fora dos muros, vocês, agora, depois de massacrar os seus conterrâneos, manchados com o sangue dos vossos parentes, marcham para a cidade com bandeiras erguidas. "Que a liberdade", diga-vos, "se calem em meio às insígnias da guerra, e agora que as guerras são afastadas e não resta terreno para o terror, que o povo que conquistou e civilizou todas as nações seja cercado dentro de seus próprios muros e estremeça ao ver suas próprias águias".

XVI. Coriolano foi ingrato, e tornou-se obediente tarde, e depois de se arrepender de seu crime; ele realmente depôs as armas, mas apenas no meio de sua guerra não natural. Catilina foi ingrato; ele não estava satisfeito em tomar seu país cativo sem derrubá-lo, sem despachar as hostes dos Alóbroges contra ele, sem trazer um inimigo de além dos Alpes para aglutinar seu antigo ódio inato e

---

28 NOTA DE AUBREY STEWART — Acredito, apesar de Gertz, que isso faz parte do discurso do general romano, e que a conjectura de Muretus, "sem o comando do senado", dá melhor sentido.

oferecer aos generais romanos sacrifícios que há muito se deviam aos túmulos dos mortos gauleses. Caio Mário foi ingrato quando, depois de ser elevado das fileiras ao consulado, sentiu que não teria se vingado da fortuna e afundaria em sua obscuridade original, a menos que massacrasse os romanos tão livremente quanto havia massacrado os cimbros, e não apenas desse o sinal, mas fosse ele mesmo o sinal para desastres civis e massacres. Lúcio Sula foi ingrato, pois salvou seu país usando remédios piores do que os perigos com os quais estava ameaçado, quando marchou através do sangue humano desde a cidadela de Praeneste até o Portão Colline, travou mais batalhas e causou mais massacres depois dentro da cidade, e mais cruelmente depois que a vitória foi conquistada, mais perversamente depois de lhes terem sido prometidos clemência, conduziram duas legiões a um canto e as puseram à espada, e, grandes deuses! Inventou uma proscrição pela qual aquele que matou um cidadão romano recebia indenização, uma quantia em dinheiro, tudo menos uma coroa cívica! Pompeu foi ingrato, pois o retorno que fez ao seu país para três consulados, três triunfos e os inúmeros cargos públicos em que se lançou quando menor de idade, levou outros também a impor-lhe as mãos sob o pretexto de tornar seu próprio poder menos odioso; como se o que ninguém deveria fazer se tornasse certo se mais de uma pessoa o fizesse. Enquanto ele cobiçava comandos extraordinários, organizando as províncias de modo a tê-las escolhido, e dividindo todo o estado com uma terceira pessoa[29], de modo a deixar dois terços dela na posse de sua própria família[30], reduziu o povo romano a tal condição que só poderia salvar-se submetendo-se à escravidão. O inimigo e conquistador[31] de Pompeu era ele mesmo ingrato; ele trou-

---
29 NOTA DE AUBREY STEWART — Crasso.
30 NOTA DE AUBREY STEWART — Pompeu era casado com a filha de César. Cf. Virg., "Aen.," " VI., 831, sq., e os belos versos de Lucano, "Phars.", I., 114.
31 NOTA DE AUBREY STEWART — Sêneca tem o cuidado de evitar a menção do nome de César, que poderia ter ofendido os imperadores sob os quais

xe a guerra da Gália e da Alemanha para Roma, e ele, o amigo da população, o campeão dos comuns, armou seu acampamento no Circo Flaminus, mais perto da cidade do que o acampamento de Porsena. Ele, de fato, usou os privilégios cruéis da vitória com moderação; como foi dito na época, ele protegeu seus compatriotas e não matou nenhum homem que não estivesse em armas. Mas que crédito há nisso? Outros usaram seus braços de forma mais cruel, mas os arremessaram para longe quando aglutinados de sangue, enquanto ele, embora logo guardasse a espada, nunca a deixou de lado. Antônio era ingrato ao seu ditador, que ele declarou ter sido justamente morto, e cujos assassinos ele permitiu que partissem para seus comandos nas províncias; quanto ao seu país, depois de ter sido despedaçado por tantas eliminações, invasões e guerras civis, pretendia submetê-lo a reis, nem mesmo de origem romana, e forçar esse mesmo Estado a pagar tributo aos eunucos[32], que haviam restaurado direitos soberanos, autonomia e imunidades aos aqueus, aos rodianos e ao povo de muitas outras cidades famosas.

XVII. O dia não seria suficiente para enumerar aqueles que levaram sua ingratidão ao ponto de arruinar sua terra natal. Seria uma tarefa tão vasta mencionar quantas vezes o Estado tem sido ingrato com seus melhores e mais devotados amantes, embora não tenha feito menos mal do que sofreu. Enviou Camilo e Cipião para o exílio; mesmo após a morte de Catilina, exilou Cícero, destruiu sua casa, saqueou suas propriedades e fez tudo o que Catilina teria feito se fosse vitoriosa; Rutilius encontrou sua virtude recompensada com um esconderijo na Ásia; para Catão, o povo romano recusou o pretório, e persistiu em recusar o consulado. Somos ingratos em assuntos públicos; e se cada um perguntar a si mesmo, descobrirá que não há ninguém que não tenha alguma

---

vivia, que usavam o nome como título.
32 NOTA DE AUBREY STEWART — A alusão é à ligação de Antônio com Cleópatra. Cf. Virgem. "Aen.", VIII., 688.

ingratidão particular de que se queixar. No entanto, é impossível que todos os homens se queixem, a menos que todos sejam merecedores de queixa, portanto, todos os homens são ingratos. Eles são ingratos sozinhos? Ou melhor, também são todos avarentos, todos rancorosos e todos covardes, especialmente aqueles que parecem ousados; e, além disso, todos os homens bajulam os grandes, e todos são ímpios. No entanto, você não precisa se zangar com eles; perdoe-os, pois são todos loucos. Não quero recordá-los do que não está provado, nem dizer: "Vede como a juventude é ingrata! Que jovem, mesmo que de vida inocente, não anseia pela morte do pai? Mesmo que moderado em seus desejos, não espera ansiosamente? Mesmo que obediente, não pensa nisso? Como são poucos os que temem a morte até da melhor das esposas, que nem sequer calculam as probabilidades dela. Orem, que litigante, depois de ter sido defendido com sucesso, conserva qualquer lembrança de tão grande benefício por mais do que alguns dias?" Todos concordam que ninguém morre sem reclamar. Que no seu último dia ousa dizer:

"*Eu vivi, cumpri a tarefa que a sorte me impôs.*"

Quem não sai do mundo com relutância e com lamentações? No entanto, é parte de um homem ingrato não estar satisfeito com o passado. Seus dias serão sempre poucos se você contá-los. Reflita que o tempo não é a maior das bênçãos; aproveite ao máximo o seu tempo, por mais curto que seja; Mesmo que o dia de sua morte seja adiado, sua felicidade não será aumentada, pois a vida é meramente tornada mais longa, não mais agradável, pelo atraso. Quão melhor é ser grato pelos prazeres que recebeu, não para contar os anos dos outros, mas para dar um alto valor aos seus, e marcá-los para o seu crédito, dizendo: "Deus me achou digno disso; Estou satisfeito com isso; Ele poderia ter me dado mais, mas isso também é um benefício." Sejamos gratos aos deuses e aos homens, gratos àqueles que nos deram qualquer coisa e gratos até mesmo àqueles que deram qualquer coisa aos nossos parentes.

XVIII. "Você me torna passível de uma dívida infinita de gratidão", diz nosso oponente, "quando você diz 'mesmo para aqueles que deram qualquer coisa às nossas relações', então fixe algum limite. Aquele que concede um benefício ao filho, segundo vós, concede-o igualmente ao pai: esta é a primeira questão que desejo levantar. Em seguida, gostaria de ter uma definição clara sobre se um benefício, se for concedido ao pai de seu amigo, bem como a si mesmo, é concedido também a seu irmão? Ou sobre o tio? Ou seu avô? Ou sua esposa e seu sogro? Diga-me onde devo parar, até onde devo seguir o pedigree da família?"

SÊNECA. Se eu cultivar a tua terra, eu te concedo um benefício; se eu apagar sua casa em chamas, ou a sustentar de modo a salvá-la da queda, eu te concederei um benefício; se eu curar o teu escravo, eu te cobrarei; se eu salvar a vida de seu filho, você não receberá assim um benefício de mim?

XIX. O ADVERSÁRIO. Seus exemplos não são para o propósito, pois aquele que cultiva a minha terra, não beneficia a terra, mas a mim; aquele que sustenta a minha casa para que ela não caia, presta-me este serviço, pois a própria casa é sem sentimento, e como não tem nenhuma, sou eu que estou em dívida com ele; e aquele que cultiva a minha terra o faz porque deseja fazer um favor a mim, não à terra. Devo dizer o mesmo de um escravo; ele é um imóvel de minha propriedade; ele é salvo para minha vantagem, portanto, estou em dívida por ele. Meu filho é capaz de receber um benefício; assim é ele quem a recebe; Sinto-me gratificado por um benefício que se aproxima tanto de mim, mas não sou obrigado a fazê-lo.

SÊNECA. Ainda assim, gostaria que V. Excelência, que diz que não tem qualquer obrigação, me respondesse isto. A boa saúde, a felicidade e a herança de um filho estão ligadas ao pai; Seu pai ficará mais feliz se mantiver seu filho seguro, e mais infeliz se o perder. O que se segue, então? Quando um homem é feito mais feliz por mim e é libertado do maior perigo de infelicidade, ele não recebe um benefício?

ADVERSÁRIO. Não, porque há algumas coisas que são concedidas aos outros e ainda fluem delas para chegar a nós mesmos; no entanto, devemos pedir o reembolso à pessoa a quem foi concedido; como, por exemplo, o dinheiro deve ser buscado no homem a quem foi emprestado, embora possa, de alguma forma, ter chegado às minhas mãos. Não há benefício cujas vantagens não se estendam aos amigos mais próximos do receptor e, às vezes, até mesmo àqueles menos intimamente ligados a ele; no entanto, não indagamos se o benefício procedeu daquele a quem foi dado primeiro, mas onde foi o primeiro colocado. Deve exigir o reembolso do próprio réu pessoalmente.

SÊNECA. Bem, mas eu te peço, você não diz: "Você preservou meu filho para mim; se ele tivesse morrido, eu não poderia ter sobrevivido a ele?" Você não deve um benefício para a vida de alguém cuja segurança você valoriza acima da sua? Além disso, se eu salvasse a vida de seu filho, você cairia diante dos meus joelhos e pagaria votos ao céu como se você mesmo tivesse sido salvo; você diria: "Não faz diferença se você salvou a minha ou a mim; você nos salvou a ambos, mas eu mais do que ele". Por que você diz isso, se você não recebe um benefício?

ADVERSÁRIO. Porque, se meu filho contraísse um empréstimo, eu deveria pagar ao seu credor, mas não deveria, portanto, estar em dívida com ele; ou se meu filho fosse tomado em adultério, eu deveria corar, mas não deveria, portanto, ser adúltero. Eu digo que tenho a obrigação de salvar meu filho, não porque eu realmente sou, mas porque estou disposto a me constituir seu devedor por minha própria vontade. Por outro lado, tirei de sua segurança o maior prazer e vantagem possíveis, e escapei daquele golpe mais terrível, a perda de meu filho. É verdade, mas não estamos agora discutindo se você me fez algum bem ou não, mas se você me concedeu algum benefício; pois os animais, pedras e ervas podem fazer um bem, mas não concedem benefícios, que só podem ser dados por quem deseja o bem ao receptor. Agora você não deseja o bem ao pai, mas apenas ao filho; E às vezes você nem conhece o pai. Então, quando você disse: "Eu não concedi um benefício ao pai salvando o filho?", você deve encontrar isso com: "Eu, então, concedi um benefício a um pai que eu não conheço, em quem eu nunca pensei?" E o que você dirá quando, como às vezes acontece, odiar o pai e, no entanto, salvar seu filho? Pode-se pensar que você concedeu um benefício a alguém a quem você odiou mais amargamente enquanto o estava concedendo?

No entanto, se eu fosse deixar de lado a briga do diálogo, e respondê-lo como advogado, eu diria que você deveria considerar a intenção do doador, você deveria considerar seu benefício como concedido à pessoa a quem ele pretendia concedê-lo. Se o fez em honra do pai, então o pai recebeu o benefício; Se ele pensou apenas no filho, então o pai não está sujeito a nenhuma obrigação: pelo benefício que foi conferido ao filho, mesmo que o pai sentisse prazer com isso. Se, no entanto, ele mesmo tiver uma oportunidade, ele mesmo desejará dar-lhe algo, mas não como se fosse forçado a pagar uma dívida, mas como se tivesse motivos para iniciar uma troca de favores. Não deve ser exigida a devolução de um benefício ao pai do síndico; se ele lhe faz alguma bondade em troca disso, ele deve ser considerado como um homem justo, mas não como um homem grato. Pois não há fim para isso; se concedo um benefício ao pai do receptor, também o concedo à sua mãe, ao seu avô, ao seu tio materno, aos seus filhos, aos seus parentes, amigos, escravos e ao país? Onde para, então, um benefício? Pois segue-se essa cadeia interminável de pessoas, a quem é difícil atribuir limites, porque se juntam a ela aos poucos, e estão sempre se arrastando em direção a ela.

XX. Uma pergunta comum é: "Dois irmãos estão em desacordo. Se eu salvar a vida de um, conferirei um benefício ao outro, que se arrependerá de seu odiado irmão não ter perecido?" Não pode haver dúvida de que é um benefício fazer o bem a um homem, mesmo contra a vontade desse homem, assim como ele, que contra sua própria vontade faz bem a um homem, não lhe concede um benefício. "Você", pergunta nosso adversário, "chama de benefício aquilo pelo qual ele está desagradado e magoado?" Sim; Muitos benefícios têm uma aparência dura e proibitiva, como cortar ou queimar para curar doenças, ou confinar com correntes. Não devemos considerar se um homem está entristecido por receber um benefício, mas se ele deve se alegrar: uma moeda não é ruim porque é recusada por um selvagem que não conhece seu próprio carimbo. Um homem recebe um benefício mesmo que odeie o que é feito, desde que lhe faça bem, e que o doador o conceda para lhe fazer o bem. Não faz diferença se ele recebe uma coisa boa com mau espírito. Considere o inverso disso. Suponha que um homem odeie seu irmão, embora seja vantajoso para ele ter um irmão, e eu mato esse irmão, isso não é um benefício, embora ele possa dizer que é, e ficar feliz com isso. Nossos inimigos mais astutos são aqueles a quem agradecemos pelos erros que nos cometem.

"Eu entendo; uma coisa que faz o bem é um benefício, uma coisa que faz mal não é um benefício. Agora vou sugerir-lhe um ato que não faz bem nem mal e, no entanto, é um benefício. Suponhamos que eu encontre o cadáver do pai de alguém em um deserto e o enterre, então eu certamente não lhe fiz bem, pois que diferença poderia fazer para ele de que maneira seu corpo decaiu? Nem fiz nenhum bem ao filho dele, pois que vantagem ele ganha com o meu ato?" Vou te contar o que ele ganha. Ele realizou, por meus meios, um rito solene e necessário; Prestei um serviço para o pai dele que ele desejava, ou melhor, que teria sido seu dever ter prestado a si mesmo. No entanto, esse ato não é um benefício, se eu simplesmente cedesse àqueles sentimentos de piedade e bondade que me fariam enterrar qualquer cadáver, mas apenas se eu reconhecesse esse corpo, e o enterrasse, com o pensamento em minha mente de que estava fazendo esse serviço ao filho; mas, ao simplesmente jogar terra sobre um estranho morto, não coloco ninguém sob a obrigação de um ato realizado com base em princípios gerais da humanidade.

Pode-se perguntar: "Por que você é tão cuidadoso em perguntar a quem concede benefícios, como se um dia quisesse exigir o reembolso deles? Há quem diga que o reembolso nunca deve ser exigido; e dão as seguintes razões. Um homem indigno não pagará o benefício que recebeu, mesmo que lhe seja exigido, enquanto um homem digno o fará por vontade própria. Consequentemente, se você o concedeu a um homem bom, espere; não o ultraje pedindo-o, como se por vontade própria ele nunca o pagasse. Se você o concedeu a um homem mau, sofra por isso, mas não estrague seu benefício transformando-o em empréstimo. Além disso, a lei, ao não autorizá-lo, proíbe-o, implicitamente, de exigir o reembolso de um benefício." Tudo isso é bobagem. Enquanto eu não tiver necessidade premente, enquanto não for forçado pela pobreza, perderei meus benefícios em vez de pedir reembolso; mas se a vida de meus filhos estivesse em jogo, se minha esposa estivesse em perigo, se minha consideração pelo bem-estar de meu país e por minha própria liberdade me forçasse a adotar um curso de que eu não gostasse, eu deveria superar minha delicadeza e declarar abertamente que tinha feito tudo o que podia para evitar a necessidade de receber ajuda de um homem ingrato; A necessidade de obter o reembolso do benefício acabará por superar a delicadeza em solicitá-lo. Em seguida, quando concedo um benefício a um homem de bem, faço-o com a intenção de nunca exigir reembolso, exceto em caso de absoluta necessidade.

XXI. "Mas", argumenta ele, "ao não autorizá-lo, a lei o proíbe de exigir o reembolso". Há muitas coisas que não são aplicadas por nenhuma lei ou processo, mas que as convenções da sociedade, que são mais fortes do que qualquer lei, nos obrigam a observar. Não há lei que nos proíba de divulgar os segredos do nosso amigo; não há lei que nos obrigue a manter a fé mesmo com um inimigo; Ora, que lei existe que nos obriga a cumprir o que prometemos? Não há. No entanto, eu deveria me indignar com alguém que não guardou segredo, e eu deveria me indignar com alguém que prometeu sua palavra e a quebrou. "Mas", argumenta, "você está transformando um benefício em um empréstimo". De modo algum, pois não insisto no reembolso, mas apenas o exijo; Não, eu nem exijo, mas lembro do meu amigo. Mesmo a necessidade mais extrema não me levará a pedir ajuda a alguém com quem eu deveria ter que passar por uma longa luta.

Se houver alguém tão ingrato que não seja suficiente lembrá-lo de sua dívida, eu o deixaria de lado e pensaria que ele não merecia ser tornado grato à força. Um agiota não exige o pagamento de seus devedores se souber que eles faliram e, para vergonha deles, não tem mais nada além de vergonha a perder; e eu, como ele, passaria por cima daqueles que são aberta e obstinadamente ingratos e exigiria pagamento apenas daqueles que provavelmente me pagariam, não daqueles de quem eu teria que extorquir à força.

XXII. Há muitos que não podem negar que receberam um benefício, mas não podem devolvê-lo — homens que não são bons o suficiente para serem chamados de gratos, nem ainda ruins o suficiente para serem chamados de ingratos; mas que são maçantes e lentos, devedores atrasados, embora não inadimplentes. Homens como estes eu não deveria pedir reembolso, mas os lembraria vigorosamente disso e os traria de um estado de indiferença de volta ao seu dever. Eles imediatamente responderiam: "Perdoe-me; Eu não sabia, por Hércules, que você perdeu isso, ou eu teria oferecido por minha própria vontade, eu imploro que você não me ache ingrato; Lembro-me da sua bondade para comigo." Por que preciso hesitar em tornar homens como esses melhores para si mesmos e para mim? Eu impediria qualquer um de fazer errado, se eu fosse capaz; muito mais eu impediria um amigo, tanto para que ele não fizesse mal, quanto para que ele não fizesse mal comigo em particular. Eu lhe concedo um segundo benefício, não permitindo que ele seja ingrato; e eu não deveria recriminá-lo duramente com o que eu tinha feito por ele, mas deveria falar o mais gentilmente que pudesse. A fim de dar-lhe a oportunidade de retribuir minha bondade, eu deveria refrescar sua lembrança dela e pedir um benefício; ele entenderia que eu estava pedindo reembolso. Às vezes eu fazia uso de uma linguagem um tanto severa, se eu tivesse alguma esperança de que com ela ele pudesse ser emendado; embora eu não irritasse um homem irremediavelmente ingrato, por medo de transformá-lo em inimigo. Se pouparmos os ingratos até mesmo da afronta de lembrá-los de sua conduta, os tornaremos mais atrasados na devoluçao de benefícios; e embora alguns possam ser curados de seus maus caminhos, e transformados em homens bons, se suas consciências foram picadas pelo remorso, ainda assim permitiremos que pereçam por falta de uma palavra de advertência, com a qual um pai às vezes corrige seu filho, uma esposa traz de volta para si um marido errante, ou um homem estimula a fidelidade vacilante de seu amigo.

XXIII. Para despertar alguns homens, é necessário apenas agitá-los, não atingi-los; Da mesma forma, com alguns homens, o sentimento de honra sobre a devolução de um benefício não está extinto, mas adormecido. Vamos despertá-lo. "Não transforme", eles dirão, "a gentileza que me fez em um erro; pois é um erro se não exigir algum retorno de mim, e assim me fará um ingrato. E se eu não souber que tipo de reembolso você deseja? Se estou tão ocupado com os negócios, e minha atenção é tão desviada para outros assuntos que não pude assistir a uma oportunidade de servi-lo? Aponte-me o que eu posso fazer por você, o que você deseja que eu faça. Por que você se desespera, antes de me colocar à prova? Por que você está com tanta pressa de perder seu benefício e seu amigo? Como você pode dizer se eu não quero, ou se eu não sei como retribuí-lo: se é na intenção ou na oportunidade que eu estou querendo? Me ponha à prova". Recordo-lhe, pois, o que fiz, sem amargura, não em público, nem de forma repreensiva, mas para que ele pense que ele próprio se lembrou disso e não que lhe foi recordado.

XXIV. Um dos veteranos de Júlio César uma vez estava implorando diante dele contra seus vizinhos, e a causa estava indo contra ele. "Você se lembra, general", disse ele, "que na Espanha você deslocou o tornozelo perto do rio Sucro?[33]" Quando César disse que se lembrava disso, ele continuou: "Você se lembra de que, quando, durante o calor excessivo, você quis descansar sob uma árvore que oferecia muito pouca sombra, como o chão em que aquela árvore solitária crescia era áspero e rochoso, um de seus camaradas espalhou seu manto sob você?" César respondeu: "Claro, eu me lembro; na verdade, eu estava perecendo de sede; e como não podia caminhar até a nascente mais próxima, eu teria engatinhado com as mãos e os joelhos, se meu camarada, um homem corajoso e ativo, não tivesse me trazido água em seu capacete." "Poderia, então, meu general, reconhecer aquele homem ou aquele capacete?" César respondeu que não se lembrava do capacete, mas que se lembrava bem do homem; e acrescentou: "Fico furioso por ser levado a esta velha história no meio de um inquérito ju-

---

33 NOTA DE AUBREY STEWART — Xucar.

dicial: "De qualquer forma, você não é ele". "Não te culpo, César", respondeu o homem, "por não me reconhecer; porque, quando isso aconteceu, eu estava ileso; mas depois, na batalha de Munda, meu olho foi arrancado, e os ossos do meu crânio esmagados. Nem reconheceria aquele capacete se o visse, pois estava dividido por uma espada espanhola." César não permitiu que esse homem se incomodasse com processos judiciais, e presenteou seu velho soldado com o terreno através do qual um direito de passagem de uma vila havia dado origem à disputa.

XXV. Nesse caso, o que ele deveria ter feito? Porque a memória de seu comandante estava confusa por uma infinidade de incidentes, e porque sua posição como líder de vastos exércitos não lhe permitia notar soldados individuais, o homem não deveria ter pedido um retorno pelo benefício que havia conferido? Agir como ele agiu não é tanto pedir um retorno, mas tomá-lo quando ele está em uma posição conveniente pronta para nós, embora tenhamos que estender as mãos para recebê-lo. Por conseguinte, pedirei a devolução de um benefício, sempre que eu for reduzido a grandes dificuldades, ou quando, ao fazê-lo, agir em benefício daquele a quem o peço. Tibério César, quando alguém se dirigiu a ele com as palavras: "Você se lembra...?", respondeu, antes que o homem pudesse mencionar quaisquer outras provas de um antigo conhecido: "Não me lembro do que eu era". Por que não seria proibido exigir desse homem o reembolso de favores anteriores? Ele tinha um motivo para esquecê-los: negava todo o conhecimento de seus amigos e camaradas, e desejava que os homens apenas vissem, pensassem e falassem dele como imperador. Ele considerava seu velho amigo como um intrometido impertinente.

Devemos ter ainda mais cuidado ao escolher uma oportunidade favorável quando pedimos que um benefício nos seja devolvido, do que quando pedimos que um nos seja concedido. Devemos ser moderados em nossa linguagem, para que os gratos não se ofendam, ou os ingratos finjam fazê-lo. Se vivêssemos entre homens sábios, seria nosso dever esperar em silêncio até que nossos benefícios fossem devolvidos. No entanto, mesmo para os homens sábios, seria melhor dar alguma dica do que nossa posição exigia. Pedimos ajuda até mesmo aos próprios deuses, de cujo conhecimento nada se esconde, embora nossas orações não possam alterar suas intenções em relação a nós, mas apenas possam lembrá-las de suas mentes. O sacerdote de Homero[34], eu digo, relata até aos deuses sua conduta obediente e seu piedoso cuidado com seus altares. A segunda melhor forma de virtude é estar disposto e ser capaz de aceitar conselhos[35]. Um cavalo dócil e pronto a obedecer pode ser guiado pelo menor movimento das rédeas. Pouquíssimos homens são guiados por sua própria razão: os que vêm ao lado dos melhores são aqueles que retornam ao caminho certo em consequência de conselhos; e estes não devemos privar de seu guia. Quando nossos olhos estão cobertos, eles ainda possuem visão; mas é a luz do dia que, quando lhes é admitida, os convoca a cumprir o seu dever: as ferramentas ficam ociosas, a menos que o operário as utilize para participar na sua obra. Da mesma forma, as mentes dos homens contêm um sentimento bom, que, no entanto, é torpe, seja pelo luxo e pelo desuso, seja pela ignorância de seus deveres. Isso devemos tornar útil, e não entrar em uma paixão com ele, e deixá-lo em seu erro, mas suportar com ele pacientemente, assim como os mestres de escola suportam pacientemente com os erros de estudiosos esquecidos; pois, assim como pela inspiração de uma ou duas palavras, sua memória é frequentemente lembrada para o texto do discurso que eles têm que repetir, assim a boa vontade dos homens pode ser levada a retribuir a bondade, lembrando-os dela.

---

34 NOTA DE AUBREY STEWART — Il. I. 39 sqq.
35 NOTA DE AUBREY STEWART — Hes. Op. 291.

LIVRO VI

I. Há algumas coisas que parecem mais excelentes, Liberalis, e que estão completamente fora da nossa vida real, que só indagamos para exercitar o nosso intelecto, enquanto outras nos dão prazer durante o tempo que estamos a descobri-las e são úteis quando descobertas. Eu colocarei tudo isso em suas mãos; você, a seu próprio critério, pode ordenar que elas sejam investigadas minuciosamente, ou que sejam reservadas, e sejam usadas como interlúdios agradáveis. Algo será ganho até mesmo por aqueles que você dispensa de uma vez, pois é vantajoso até mesmo saber quais matérias não valem a pena aprender. Eu me guiarei, pois, pelo seu rosto: segundo a sua expressão, tratarei mais longamente de algumas questões, expulsarei outras do tribunal e porei termo a elas imediatamente.

II. Resta saber se um benefício pode ser retirado à força. Há quem diga que não pode porque não é uma coisa, mas um ato. Um presente não é o mesmo que o ato de dar, assim como um marinheiro não é o mesmo que o ato de velejar. Um doente e uma doença não são a mesma coisa, embora ninguém possa estar doente sem doença; e, da mesma forma, um benefício em si é uma coisa, e o que qualquer um de nós recebe por meio de um benefício é outra. O benefício em si é incorpóreo e nunca se torna inválido; mas seu objeto muda de dono, e passa de mão em mão. Então, quando você tira de alguém o que deu a ele, você tira o objeto apenas do benefício, não o benefício em si. A própria natureza não consegue se lembrar do que deu. Ela pode deixar de conceder benefícios, mas não pode tirá-los: um homem que morre, mas viveu; um homem que se torna cego, no entanto, viu. Ela pode cortar suas bênçãos de nós no futuro, mas não pode impedir que as tenhamos desfrutado no passado. Muitas vezes não podemos desfrutar de um benefício por muito tempo, mas o benefício não é destruído. Deixe a Natureza lutar o quanto quiser, ela não pode se dar retrospectiva. Um homem pode perder sua casa, seu dinheiro, sua propriedade — tudo o que pode ser chamado de benefício — mas o benefício em si permanecerá firme e imóvel; Nenhum poder pode impedir que seu benfeitor os tenha concedido, ou que os tenha recebido.

III. Penso que uma bela passagem do poema de Rabirius, no qual M. Antônio, vendo sua fortuna desertando-o, nada deixou a ele a não ser o privilégio de morrer, e mesmo isso apenas com a condição de que ele o usasse prontamente, exclama:

"*O que eu dei, isso eu possuo agora!*"

Quanto ele poderia ter possuído, se tivesse escolhido! São riquezas das quais depender, que durante toda a turbulência da vida humana permanecerão firmes; e quanto maiores forem, menos inveja atrairão. Por que você está poupando sua propriedade, como se fosse sua? Você é apenas o gerente disso. Todos esses tesouros, que te fazem inchar de orgulho, e voar acima dos meros mortais, até que te esqueças da fraqueza da tua natureza; tudo aquilo que guarda em cofres gradeados com ferro, e protege com armas, que conquista de outros homens com as suas vidas, e defende arriscando a sua própria; para o qual lançais frotas para tingir o mar de sangue, e sacudir as muralhas das cidades, sem saber que flechas a fortuna vos pode estar preparando pelas costas; para ganhar o que tantas vezes violaste todos os laços de parentesco, de amizade e de companheirismo, até que o mundo inteiro se esmague entre os dois combatentes: todos estes não são vossos; eles são uma espécie de depósito, que está a ponto de passar para outras mãos: seus inimigos, ou seus herdeiros, que são um pouco melhores, se apoderarão deles. "Como", você pergunta, "você pode torná-los seus?" "Entregando-os." Fazei, pois, o que é melhor para os vossos próprios interesses, e gozai deles com certeza, que não vos podem ser tirados, tornando-os ao mesmo tempo mais certamente seus, e mais honrosos para vós. Aquilo que você estima tanto, aquilo pelo qual você pensa que se tornou rico e poderoso, possui apenas o título miserável de "casa", "escravo" ou "dinheiro", mas quando você o doa, torna-se um benefício.

IV. "Você admite", diz nosso adversário, "que às vezes não temos nenhuma obrigação para com aquele de quem recebemos um benefício. Nesse caso, foi tomado à força." Não, há muitas coisas que nos fariam deixar de sentir gratidão por um benefício, não porque o benefício foi tirado de nós, mas porque foi estragado. Suponha que um homem tenha me defendido em um processo, mas tenha ultrajado à força minha esposa; não me tirou o benefício que me conferiu, mas, equilibrando-o com um erro equivalente, libertou-me da minha dívida; de fato, se ele me feriu mais do que me beneficiou anteriormente, ele não apenas põe fim à minha gratidão, mas me torna livre para me vingar dele, e reclamar dele, quando o mal supera o benefício; Nesse caso, o benefício não é retirado, mas é superado. Por que alguns pais não são tão cruéis e tão perversos que é justo e apropriado que seus filhos se afastem deles e os reneguem? No entanto, ora, tiraram a vida que deram? Não, mas sua conduta antinatural nos últimos anos destruiu toda a gratidão que lhes era devida por seu benefício original. Nesses casos, não é um benefício em si, mas a gratidão devida por um benefício que é retirada, e o resultado não é que alguém não possua o benefício, mas que não seja colocado sob nenhuma obrigação por ele. É como se um homem me emprestasse dinheiro e depois queimasse minha casa; a vantagem do empréstimo é compensada pelo dano que ele causou: não o pago e, no entanto, não estou em dívida com ele. Da mesma forma, qualquer um que possa ter agido gentil e generosamente comigo, e que depois se mostrou altivo, insultuoso e cruel, me coloca na mesma posição como se eu nunca tivesse recebido nada dele: ele assassinou seus próprios benefícios. Embora o contrato de arrendamento possa permanecer em vigor, ainda assim um homem não continua a ser inquilino se o seu senhorio pisotear as suas colheitas, ou cortar o seu pomar; O seu contrato está terminado, não porque o senhorio tenha recebido a renda acordada, mas porque impossibilitou o seu recebimento. Assim, também, um credor muitas vezes tem que pagar dinheiro ao seu devedor, caso ele tenha tomado mais bens dele em outras transações do que alega ter lhe emprestado. O juiz não se senta apenas para decidir entre devedor e credor, quando diz: "Você emprestou dinheiro ao homem; Mas então, o que se seguiu? Você afastou seu gado, assassinou seu escravo, você tem em sua posse uma placa pela qual você não pagou. Depois de avaliar o que cada um recebeu, ordeno a V. Exa., que veio a este juízo como credor, que o deixe como devedor." Da mesma forma, estabelece-se um equilíbrio entre benefícios e lesões. Em muitos casos, repito, não se tira um benefício daquele que o recebe, e ainda assim não lhe impõe nenhuma obrigação, se o doador se arrependeu de dá-lo, se disse infeliz porque o deu, suspirou ou fez cara de ironia enquanto o deu; se ele pensava que estava jogando fora em vez de dar, se ele dava para agradar a si mesmo, ou para agradar a qualquer um, exceto a mim, o receptor; se ele insistentemente se torna ofensivo vangloriando-se do que fez, se se vangloria de seu dom em toda parte, e faz disso uma miséria para mim, então de fato o benefício permanece em minhas mãos, mas eu não lhe devo nada por isso, assim como somas de dinheiro às quais um credor não tem direito legal lhe são devidas, mas não podem ser reclamados por ele.

V. Embora você tenha me concedido um benefício, ainda assim você me fez um mal; o benefício exigia gratidão, a vingança errada exigida: o resultado é que eu não lhe devo gratidão, nem você me deve compensação — cada um é cancelado pelo outro.

SOBRE OS BENEFÍCIOS

Quando dizemos: "Devolvi-lhe o seu benefício", não queremos dizer que lhe restituímos a mesma coisa que havíamos recebido, mas algo mais em seu lugar. Devolver é devolver uma coisa em vez de outra, porque, naturalmente, em todo reembolso não é a coisa em si, mas o seu equivalente que é devolvido. Diz-se que devolvemos dinheiro mesmo contando peças de ouro em vez de prata, ou mesmo se nenhum dinheiro passar entre nós, mas se a transação for efetuada verbalmente pela cessão de uma dívida.

Acho que o vejo dizer: "Você está perdendo seu tempo; de que me serve saber se o que não devo a outro ainda permanece em minhas mãos ou não? São como as sutilezas engenhosas dos advogados, que declaram que não se pode adquirir uma herança por prescrição, mas só se pode adquirir as coisas em que consiste a herança, como se houvesse alguma diferença entre o patrimônio e as coisas em que ele consiste. Prefiro decidir este ponto para mim, que pode ser útil. Se o mesmo homem me confere um benefício, e depois me faz um mal, é meu dever devolvê-lo e, no entanto, vingar-me dele, tendo, por assim dizer, duas contas distintas abertas com ele, ou misturá-las ambas, e não fazer nada, deixando o benefício ser apagado pelo prejuízo, o prejuízo pelo benefício? Vejo que o primeiro curso é adotado pela lei da terra; vocês sabem melhor o que a lei pode ser entre vocês, filósofos estoicos, em tal caso. Suponho que você mantenha a ação que eu ajuízo contra outro, distinta daquela que ele move contra mim e os dois processos não se fundem em um? Por exemplo, se um homem me confia dinheiro, e depois me rouba, eu vou entrar com uma ação contra ele por roubo, e ele vai entrar com uma ação contra mim por deter ilegalmente sua propriedade?"

VI. Os casos a que se referiu, meu Liberalis, são abrangidos por leis bem estabelecidas, que é necessário que sigamos. Uma lei não pode ser fundida em outra: cada uma procede à sua maneira.

LÚCIO ANEU SÊNECA

Há uma ação específica que trata dos depósitos, tal como há uma que trata do roubo. Um benefício não está sujeito à lei; depende da minha própria arbitragem. Tenho a liberdade de contrastar a quantidade de bem ou mal que qualquer um pode ter me feito e, em seguida, decidir qual de nós está em dívida com o outro. Nos processos judiciais nós mesmos não temos poder, devemos ir onde eles nos conduzem; no caso de um benefício o poder supremo é meu, eu pronuncio sentença. Consequentemente, não separo nem distingo entre benefícios e malefícios, mas os envio perante o mesmo juiz. Se eu não o fizesse, você me daria amor e ódio, agradeceria e faria reclamações ao mesmo tempo, o que a natureza humana não admite. Prefiro comparar o benefício e o prejuízo entre si e ver se houve algum equilíbrio a meu favor. Se alguém coloca linhas de outros escritos sobre o meu manuscrito, escondendo — embora não retirando o conteúdo — as cartas que estavam lá antes, da mesma forma um erro vindo depois de um benefício não permite que este seja visto.

VII. Seu rosto, pelo qual concordei em ser guiado, agora fica enrugado de franzir a testa, como se eu estivesse me afastando demais do assunto. Você parece me dizer:

"Por que navegar em direção ao mar?
Altere seu curso, e
Abrace a costa."

Eu o abraço o mais perto possível. Então, agora, se você acha que nos debruçamos suficientemente sobre este ponto, vamos à consideração do próximo — isto é, se estamos em dívida com alguém que nos faz bem sem querer fazê-lo. Eu poderia ter expressado isso mais claramente, se não fosse correto que a questão fosse um pouco obscura, a fim de que, pela distinção imediatamente a seguir, se possa mostrar que queremos investigar o caso tanto daquele que nos faz o bem contra a sua vontade, quanto daquele

SOBRE OS BENEFÍCIOS

que nos faz o bem sem saber. Que um homem que nos faz o bem agindo sob impulso não nos coloca assim sob nenhuma obrigação, é tão claro, que não são necessárias palavras para prová-lo. Tanto esta questão, como qualquer outra de caráter semelhante que possa ser levantada, pode ser facilmente resolvida se, em cada caso, tivermos em mente que, para que qualquer coisa seja um benefício, ela deve chegar até nós em primeiro lugar através de algum pensamento e, em segundo lugar, através do pensamento de um amigo e bem-querido. Portanto, não sentimos qualquer gratidão pelos rios, embora eles possam suportar grandes navios, oferecer um fluxo amplo e invariável para o transporte de mercadorias, ou fluir belamente e cheio de peixes através de campos férteis. Ninguém se concebe em dívida por um benefício para com o Nilo, assim como não lhe daria rancor se suas águas inundassem seus campos em excesso, e se retirasse mais lentamente do que o normal; o vento não concede benefícios, por mais suave e favorável que seja, nem alimentos saudáveis e úteis; pois aquele que quiser conceder-me um benefício, não só deve fazer-me o bem, mas deve desejar fazê-lo. Por conseguinte, não pode ser inscrita qualquer obrigação para com os animais mudos; no entanto, quantos homens foram salvos do perigo pela rapidez de um cavalo! — nem ainda em direção às árvores. Mas quantos sofredores do calor do verão foram abrigados pela espessa folhagem de uma árvore! Que diferença pode fazer, se eu lucrei com o ato de alguém que não sabia que estava me fazendo o bem, ou de alguém que não podia saber, quando em cada caso a vontade de me fazer o bem era necessária? Você poderia muito bem me pedir ser grato a um navio, uma carruagem ou uma lança por me salvar do perigo, como me pedir ser grato a um homem que pode ter me feito bem por acaso, mas sem mais intenção de me fazer bem do que essas coisas poderiam ter.

VIII. Alguns homens podem receber benefícios sem saber, mas nenhum homem pode concedê-los sem saber. Muitos doentes foram curados por circunstâncias fortuitas, que não se tornam, portanto, remédios específicos; como, por exemplo, um homem foi restaurado à saúde ao cair em um rio durante o tempo muito frio, enquanto outro foi libertado de uma febre por meio de um açoitamento, porque o terror repentino transformou sua atenção em um novo canal, de modo que as horas perigosas passaram despercebidas. No entanto, nenhum deles são remédios, embora possam ter sido bem-sucedidos; e da mesma maneira alguns homens nos fazem bem, embora não estejam dispostos — na verdade, porque não estão dispostos a fazê-lo — mas não precisamos nos sentir gratos a eles como se tivéssemos recebido um benefício deles, porque a fortuna transformou o mal que eles pretendiam em bem. Você supõe que eu estou em dívida com um homem que golpeia meu inimigo com um golpe que ele mirou em mim, que teria me ferido se não tivesse perdido sua marca? Muitas vezes acontece que, ao se perjurar abertamente, um homem faz com que até mesmo testemunhas confiáveis não acreditem, e torna sua vítima pretendida um objeto de compaixão, como se estivesse sendo arruinado por uma conspiração. Alguns foram salvos pelo próprio poder que foi exercido para esmagá-los, e os juízes que teriam condenado um homem por lei, recusaram-se a condená-lo por favor. No entanto, não conferiram um benefício ao acusado, embora lhe tenham prestado um serviço, porque devemos considerar a que se destinava o dardo, não o que ele atinge e um benefício se distingue de uma lesão não pelo seu resultado, mas pelo espírito em que se destinava. Ao se contradizer, ao irritar o juiz por sua arrogância ou ao permitir precipitadamente que todo o seu caso dependesse do depoimento de uma testemunha, meu oponente pode ter salvado minha causa. Não considero se seus erros me beneficiaram ou não, pois ele me desejou mal.

IX. Para que eu possa ser grato, devo desejar o mesmo que o meu benfeitor deve ter desejado para que pudesse conceder um benefício. Algo pode ser mais injusto do que guardar rancor contra uma pessoa que pode ter pisado no pé de uma multidão, ou espirrado um, ou empurrado alguém para o caminho que não se queria seguir? No entanto, foi por seu ato que fomos feridos, e só nos abstemos de reclamar dele porque ele não sabia o que estava fazendo. A mesma razão possibilita que os homens nos façam o bem sem nos conferir benefícios, ou nos prejudiquem sem nos fazer mal, porque é a intenção que distingue nossos amigos de nossos inimigos. Quantos foram salvos do serviço no exército por doença! Alguns homens foram salvos de compartilhar a queda de sua casa, sendo levados a um tribunal por seus inimigos; alguns foram salvos por naufrágios de cair nas mãos de piratas; No entanto, não nos sentimos gratos a tais coisas, porque o acaso não tem nenhum sentimento do serviço que presta, nem somos gratos ao nosso inimigo, embora seu processo, enquanto nos assediou e deteve, ainda salvou nossas vidas. Nada pode ser um benefício que não provenha da boa vontade, e que não seja entendido como tal pelo doador. Se alguém me faz um serviço, sem saber, não tenho nenhuma obrigação para com ele; se o fizer, querendo me ferir, imitarei sua conduta.

X. Voltemos a nossa atenção para o primeiro deles. Você pode desejar que eu faça alguma coisa para expressar minha gratidão a um homem que não fez nada para me conferir um benefício? Passando para o próximo, você deseja que eu mostre minha gratidão a tal homem, e de minha própria vontade, devolva a ele o que recebi dele contra sua vontade? O que devo dizer do terceiro, aquele que, querendo fazer uma lesão, erra ao conceder um benefício? Que você tivesse querido me conferir um benefício não é suficiente para me tornar grato; mas que você desejasse não fazê-lo é suficiente para me libertar de qualquer obrigação para com você. Um mero desejo não constitui um benefício; e assim como o melhor e mais sincero desejo não é um benefício quando a fortuna impede que ele seja levado a efeito, também não é um benefício o que a fortuna nos concede, a menos que os bons desejos o precedam. Para me colocar sob uma obrigação, você não deve simplesmente me fazer um serviço, mas deve fazê-lo intencionalmente.

XI. Cleantes faz uso do seguinte exemplo: "Eu enviei", diz ele, "dois escravos para procurar Platão e trazê-lo para mim da Academia. Um deles vasculhou a fileira de colunas e todos os outros lugares em que pensava que provavelmente seria encontrado, e voltou para casa igualmente cansado e sem sucesso; o outro sentou-se entre a plateia de um banco de montaria ali perto, e, divertindo-se na sociedade de outros escravos como um descuidado como era, encontrou Platão, sem procurá-lo, pois por acaso passava por aquele caminho. Devemos", diz ele, "louvar aquele escravo que, tanto quanto estava em seu poder, fez o que lhe foi ordenado, e devemos punir o outro cuja preguiça se revelou tão feliz". Só a boa vontade é que presta um verdadeiro serviço; Vejamos, então, em que condições nos obriga. Não basta desejar o bem a um homem, sem lhe fazer o bem; nem basta fazer-lhe o bem sem lhe desejar o bem. Suponhamos que alguém quisesse me dar um presente, mas não o deu; Tenho a sua boa vontade, mas não tenho o seu benefício, que consiste em matéria e boa vontade em conjunto. Não devo nada a alguém que quis emprestar-me dinheiro, mas não o fez, e da mesma forma serei amigo de alguém que quis, mas não pôde conceder-me, mas não estarei sob nenhuma obrigação para com ele. Também desejarei conceder-lhe alguma coisa, como ele me concedeu; mas se a fortuna for mais favorável a mim do que a ele, e eu conseguir conceder-lhe algo, fazê-lo será um benefício concedido a ele, não uma recompensa por gratidão pelo que ele fez por mim. Tornar-se-á seu dever ser grato a mim; Terei iniciado o intercâmbio de benefícios; a série de benefícios deve ser iniciada a partir do meu ato.

XII. Já entendi o que deseja perguntar; não há necessidade de dizer nada, seu semblante fala por você. "Se alguém nos faz o bem por sua própria causa, estamos", você pergunta, "obrigados a ele? Muitas vezes ouço você reclamar que há algumas coisas que os homens fazem uso por si mesmos, mas que colocam na conta dos outros." Eu lhe direi, meu Liberalis; mas primeiro deixe-me distinguir entre as duas partes de sua pergunta e separar o que é justo do que é injusto. Faz uma grande diferença se alguém nos concede um benefício por si mesmo ou se o faz em parte por si mesmo e em parte por nós. Aquele que visa apenas aos seus próprios interesses e que nos faz o bem porque não pode obter lucro para si mesmo, parece-me ser como o fazendeiro que fornece forragem no inverno e no verão para seus rebanhos ou como o homem que alimenta os cativos que comprou para que possam obter um preço melhor no mercado de escravos, ou que amassa e penteia bois gordos para venda; ou como o guardião de uma escola de armas, que se esforça muito para exercitar e equipar seus gladiadores. Como diz Cleantes, há uma grande diferença entre benefícios e comércio.

XIII. Por outro lado, não sou tão injusto a ponto de não sentir gratidão por um homem porque, ao me ajudar, ele também ajudou a si mesmo; pois nao insisto que ele consulte meus interesses, excluindo os seus próprios — não, prefiro que o benefício que recebo seja ainda mais vantajoso para o doador, desde que ele tenha pensado em nós dois ao dá-lo e pretenda dividi-lo entre mim e ele mesmo. Mesmo que ele possua a maior parte do benefício, ainda assim, se ele me permitir uma parte, se ele quisesse que fosse para nós dois, eu não seria apenas injusto, mas também ingrato, se não me regozijasse com o fato de que o que me beneficiou também o beneficiou. É a essência da maldade dizer que nada pode ser um benefício que não cause algum incômodo a quem o dá.

Quanto àquele que concede um benefício para seu próprio bem, eu deveria dizer a ele: "Você fez uso de mim, e como pode dizer que concedeu um benefício a mim, em vez de eu a você?" "Suponha", responde ele, "que eu não possa obter um cargo público a não ser resgatando dez cidadãos de um grande número de cativos, você não me deve nada por libertá-lo da escravidão e do cativeiro? Ainda assim, farei isso por mim mesmo". A isso eu deveria responder: "Você faz isso em parte por minha causa, em parte por sua própria causa. É para o seu próprio bem que você resgata cativos, mas é para o meu bem que você me resgata; pois, para servir ao seu propósito, bastaria que você resgatasse qualquer um. Portanto, sou seu devedor, não por ter me resgatado, mas por ter me escolhido, já que você poderia ter alcançado o mesmo resultado se tivesse resgatado outra pessoa em vez de mim. Você divide as vantagens do ato entre você e eu, e me confere um benefício pelo qual ambos lucramos. O que você faz inteiramente por minha causa é escolher-me em detrimento de outros. Se, portanto, você fosse nomeado pretor por resgatar dez cativos, e houvesse apenas dez de nós cativos, nenhum de nós estaria sob qualquer obrigação para com você, porque não há nada pelo qual você possa pedir a qualquer um de nós que lhe dê crédito, além de sua própria vantagem. Eu não considero um benefício com ciúmes e desejo que ele seja dado somente a mim, mas desejo ter uma parte dele."

XIV. "Bem, então", diz ele, "suponha que eu ordenasse que todos os seus nomes fossem colocados em uma urna e que seu nome fosse sorteado entre aqueles que seriam resgatados, você não me deveria nada?" Sim, eu lhe deveria alguma coisa, mas muito pouco: vou lhe explicar o quão pouco. Ao fazer isso, você faz algo por mim, pois me concede a chance de ser resgatado; devo à sorte o fato de meu nome ter sido sorteado, tudo o que devo a você é o fato de meu nome poder ter sido sorteado. O senhor me deu os meios para obter seu benefício. A maior parte desse benefício eu devo à sorte; o fato de eu ter essa dívida, eu devo a você.

Não levarei em conta aqueles cujos benefícios são concedidos em um espírito mercenário, que não consideram a quem, mas em que termos eles dão, cujos benefícios são inteiramente egoístas. Suponhamos que alguém me venda milho; não posso viver a menos que o compre; no entanto, não devo minha vida a ele por tê-lo comprado. Não considero o quanto ele foi essencial para mim e que eu não poderia viver sem ele, mas quão pouco devo agradecer por ele, uma vez que eu não poderia tê-lo sem pagar por ele, e como o comerciante que o importou não considerou o bem que me faria, mas o quanto ganharia para si mesmo, não devo nada pelo que comprei e paguei.

XV. "De acordo com esse raciocínio", diz meu oponente, "você diria que não deve nada a um médico além de seus míseros honorários, nem a seu professor, porque lhe pagou algum dinheiro; no entanto, todas essas pessoas são muito queridas e muito respeitadas". Em resposta a isso, gostaria de dizer que algumas coisas têm mais valor do que o preço que pagamos por elas. Você compra de um médico a vida e a boa saúde, cujo valor não pode ser estimado em dinheiro; de um professor de ciências liberais, você compra a educação de um cavalheiro e a cultura mental; portanto, você paga a essas pessoas o preço, não pelo que elas nos dão, mas pelo trabalho que elas tiveram para nos dar; você as paga por dedicarem sua atenção a nós, por desconsiderarem seus próprios assuntos para nos atender: elas recebem o preço, não de seus serviços, mas do gasto de seu tempo. No entanto, isso pode ser afirmado de forma mais verdadeira de outra maneira, que apresentarei imediatamente a vocês, depois de ter apontado primeiro como o que foi dito acima pode ser contestado. Nosso adversário diria: "Se algumas coisas são de maior valor do que o preço que pagamos por elas, então, embora você possa tê-las comprado, você ainda me deve algo mais por elas". Eu respondo, em primeiro lugar, o que importa o valor real delas, uma vez que o comprador e o vendedor acertaram o preço entre eles? Em seguida, não o comprei pelo seu próprio preço, mas pelo seu. "Ele", você diz, "vale mais do que seu preço de venda". É verdade, mas não pode ser vendido por mais. O preço de tudo varia de acordo com as circunstâncias; depois que você elogiou bem seus produtos, eles valem apenas o preço mais alto pelo qual você pode vendê-los; um homem que compra coisas baratas não tem nenhuma obrigação com o vendedor. Em segundo lugar, mesmo que elas valham mais, não há generosidade em deixá-las ir por menos, já que o preço é estabelecido pelo costume e pela taxa do mercado, não pelos usos e poderes da mercadoria. Qual seria o pagamento adequado para um homem que cruza os mares, mantendo um curso correto em meio às ondas depois que a terra se afundou, que prevê tempestades vindouras e, de repente, quando ninguém espera perigo, ordena que as velas sejam enroladas, que as velas sejam baixadas e que a tripulação fique em seus postos, pronta para enfrentar a fúria do vendaval inesperado? Em que quantia você pode estimar o valor de um alojamento em uma região selvagem, de um abrigo na chuva, de um banho ou fogo no tempo frio? No entanto, eu sei em que condições isso me será fornecido quando eu entrar em uma pousada. Quanto faz por nós o homem que escora nossa casa quando ela está prestes a cair e que, com uma habilidade inacreditável, suspende no ar um bloco de construção que começou a rachar no alicerce; no entanto, podemos contratar a sustentação por um preço fixo e barato. A muralha da cidade nos mantém a salvo de nossos inimigos e de invasões repentinas de bandidos; no entanto, sabe-se muito bem quanto um ferreiro ganharia por dia para erguer torres e andaimes[36] para garantir a segurança pública.

XVI. Eu poderia continuar a coletar exemplos para provar que coisas valiosas são vendidas a um preço baixo. Por que devo algo a mais ao meu médico e ao meu professor, e não me eximo de qualquer obrigação para com eles pagando-lhes seus honorários? É porque eles passam de médicos e professores a amigos e nos impõem obrigações, não pela habilidade que nos vendem, mas pela boa vontade gentil e familiar. Se meu médico não faz mais do que sentir meu pulso e me classificar entre aqueles que ele vê em suas rondas diárias, apontando o que devo fazer ou evitar sem nenhum interesse pessoal, então não devo a ele mais do que seus honorários, porque ele me vê com os olhos não de um amigo, mas de um comandante[37]. Tampouco tenho qualquer razão para amar meu professor, se ele me considera meramente como um da massa de seus alunos, e não me considera digno de um cuidado especial, se ele nunca fixou sua atenção em mim, e se quando ele descarregou seu conhecimento sobre o público, poderia-se dizer que eu o adquiri mais do que aprendi diretamente com ele. Qual é, então, o motivo de devermos muito a eles? Não é que o que eles nos venderam valha mais do que pagamos por ele, mas que eles nos deram algo pessoalmente. Suponhamos que meu médico tenha dedicado mais atenção ao meu caso do que era profissionalmente necessário; que ele tenha temido por mim, e não por seu próprio crédito: Que ele não tenha se contentado em indicar remédios, mas que ele mesmo os tenha aplicado; que ele tenha se sentado ao meu lado no leito entre meus amigos ansiosos e vindo me ver nas

---

36 NOTA DE AUBREY STEWART — Consulte o "Dictionnaire d'Architecture" de Viollet-le-Duc, artigos "Architecture Militaire" e "Hourds", para saber o provável significado de "Propugnacula".
37 NOTA DE AUBREY STEWART — Eu leio "Nbn tamquam amicus videt sed tamquam imperator."

crises de minha doença; que nenhum serviço foi incômodo ou repugnante demais para ele realizar; que ele não tenha ouvido meus gemidos sem se comover; que entre o número de pessoas que o procuraram, eu fosse seu caso favorito; e que ele tenha dedicado aos outros apenas o tempo que seus cuidados com minha saúde lhe permitiram: Eu me sentiria grato a esse homem não como um médico, mas como um amigo. Suponhamos também que meu professor tenha suportado trabalho e cansaço ao me instruir; que ele tenha me ensinado algo mais do que é ensinado por todos os mestres da mesma forma; que ele tenha despertado meus melhores sentimentos por meio de seu incentivo e que, em um momento, ele elevasse meu ânimo com elogios e, em outro, me alertasse para que eu deixasse a preguiça: que ele tenha colocado a mão, por assim dizer, em meus poderes latentes e entorpecidos do intelecto e os trouxe para a luz do dia; que ele não tenha me distribuído avidamente o que sabia, a fim de que pudesse ser procurado por mais tempo, mas estava ansioso, se possível, para derramar todo o seu conhecimento em mim; então sou ingrato se não o amo tanto quanto amo meus parentes mais próximos e meus amigos mais queridos.

XVII. Damos algo a mais até mesmo àqueles que ensinam os ofícios mais simples, se seus esforços parecerem extraordinários; concedemos uma gratificação aos pilotos, aos operários que lidam com os materiais mais comuns e se alugam por dia. No entanto, nas artes mais nobres, aquelas que preservam ou embelezam nossas vidas, seria ingrato quem pensasse que deve ao artista não mais do que o que ele negociou. Além disso, o ensino do aprendizado de que falamos mistura mente com mente; quando isso ocorre, tanto no caso do médico quanto no do professor, o preço de seu trabalho é pago, mas o de sua mente permanece devido.

XVIII. Certa vez, Platão atravessou um rio e como o barqueiro não lhe pediu nada, ele supôs que o havia deixado passar de graça por respeito e disse que o barqueiro o havia colocado sob uma obrigação. Pouco tempo depois, vendo o barqueiro levar uma pessoa após a outra para atravessar o rio com o mesmo esforço e sem cobrar nada, Platão declarou que o barqueiro não o havia obrigado. Se você quer que eu seja grato pelo que você dá, você não deve apenas dar a mim, mas mostrar que você quer isso especialmente para mim; você não pode fazer qualquer reivindicação a alguém por ter dado a ele o que você joga fora em meio à multidão. E então? Não lhe devo nada por isso? Nada, como indivíduo; pagarei, quando o resto da humanidade o fizer, o que não devo mais do que eles.

XIX. "Você diz", pergunta ao meu oponente, "que aquele que me leva de graça em um barco pelo rio Pó não me concede nenhum benefício?" Sim, digo. Ele me faz algum bem, mas não me concede um benefício; pois ele o faz para o seu próprio bem, ou pelo menos não para o meu; em suma, ele mesmo não imagina que está me concedendo um benefício, mas o faz para o crédito do Estado, ou da vizinhança, ou de si mesmo, e espera algum retorno por isso, diferente do que receberia de passageiros individuais. "Bem", pergunta meu oponente, "se o imperador concedesse a franquia a todos os gauleses, ou isenção de impostos a todos os espanhóis, cada um deles não lhe deveria nada por isso?" É claro que sim, mas estaria em dívida com ele, nao como se tivesse recebido pessoalmente um benefício destinado apenas a si mesmo, mas como participante de um benefício conferido à sua nação. Ele argumentaria: "O imperador não pensou em mim no momento em que beneficiou a todos nós; ele não se importou em me dar a franquia separadamente, ele não fixou sua atenção em mim; por que então eu deveria ser grato a alguém que não pensou em mim quando estava pensando em fazer o que fez? Em resposta a isso, eu digo que quando ele pensou em fazer o bem a todos os gauleses, ele pensou em fazer o bem a mim também, pois eu era um gaulês e ele me incluiu em minha denominação nacional, se não em minha denominação pessoal. Da mesma forma, eu deveria me sentir grato a ele, não por um benefício pessoal, mas por um benefício geral; sendo apenas um do povo, eu deveria considerar a dívida de gratidão como incorrida, não por mim, mas por meu país, e não deveria pagá-la eu mesmo, mas apenas contribuir com minha parte para isso. Não chamo um homem de meu credor porque ele emprestou dinheiro ao meu país, nem deveria incluir esse dinheiro em uma lista de minhas dívidas se eu fosse um candidato a um cargo público ou um réu nos tribunais; ainda assim, eu pagaria minha parte para extinguir tal dívida. Da mesma forma, nego que esteja sujeito a uma obrigação por causa de um presente concedido a toda a minha nação, porque, embora o doador o tenha dado a mim, ele não o fez por minha causa, mas o deu sem saber se o estava dando a mim ou não; no entanto, eu deveria sentir que devia algo pelo presente, porque ele chegou a mim, embora não diretamente. Para me colocar sob uma obrigação, uma coisa deve ser feita apenas por minha causa."

XX. "De acordo com isso", argumenta nosso oponente, "você não tem nenhuma obrigação para com o Sol ou a Lua, pois eles não se movem apenas por sua causa". Não, mas como eles se movem com o objetivo de preservar o equilíbrio do Universo, eles também se movem por minha causa, visto que sou uma fração do universo. Além disso, a nossa posição e a deles não é a mesma, pois aquele que me faz o bem para que possa, por meu intermédio, fazer o bem a si mesmo, não me concede um benefício, porque ele meramente faz uso de mim como um instrumento para seu próprio benefício; ao passo que o Sol e a Lua, mesmo que nos façam o bem por causa deles mesmos, ainda assim não podem nos fazer o bem para que, por nosso intermédio, possam fazer o bem a si mesmos, pois o que há que possamos conceder a eles?

XXI. "Eu teria certeza", responde ele, "de que o Sol e a Lua desejavam nos fazer bem, se pudessem se recusar a fazê-lo; mas eles não podem deixar de agir como agem. Em resumo, que parem e interrompam seu trabalho".

Veja agora de quantas maneiras esse argumento pode ser refutado. Quem não pode se recusar a fazer algo, pode, no entanto, desejar fazê-lo. De fato, não há maior prova de um desejo fixo de fazer algo do que não ser capaz de alterar sua determinação. Um homem bom não pode deixar de fazer o que faz, pois, se não o fizer, não será um homem bom. Um homem bom, então, não é capaz de conceder um benefício, porque faz o que deve fazer e não é capaz de não fazer o que deve fazer? Além disso, faz uma grande diferença se você diz: "Ele não é capaz de não fazer isso porque é forçado a fazê-lo" ou "Ele não é capaz de desejar não fazê-lo"; pois, se ele não pôde deixar de fazê-lo, então eu não estou em dívida com ele, mas com a pessoa que o forçou a fazê-lo; Se ele não pôde deixar de desejar aquilo porque não tinha nada melhor para desejar, então é ele que se força a fazê-lo e, nesse caso, a dívida que, agindo sob compulsão, ele não poderia reivindicar, é devida a ele como se estivesse se obrigando.

"Que o Sol e a Lua deixem de querer nos beneficiar", diz nosso adversário. Eu respondo: "Lembre-se do que foi dito. Quem pode ser tão louco a ponto de recusar dar o nome de livre-arbítrio àquilo que não tem perigo de deixar de agir e de adotar o curso oposto, uma vez que, ao contrário, aquele cuja vontade está fixada para sempre deve ser considerado como alguém que deseja mais ardentemente do que qualquer outra pessoa. Certamente, se se pode dizer que ele, que pode a qualquer momento mudar de ideia, deseja, não devemos negar a existência de vontade em um ser cuja natureza não admite mudança de ideia."

XXII. "Bem", diz ele, "deixe-os parar, se for possível". O que você diz é o seguinte: "Que todos esses corpos celestes, colocados a grandes distâncias uns dos outros e organizados para preservar o equilíbrio do universo, deixem seus postos determinados: Que surja uma súbita confusão, de modo que constelações possam colidir com constelações, que a harmonia estabelecida de todas as coisas possa ser destruída e que as obras de Deus sejam abaladas até a ruína; Que toda a estrutura dos corpos celestes, que se movem rapidamente, abandone em meio à carreira aqueles movimentos que nos garantiram que durariam por Eras, e que aqueles que agora, por meio de seu avanço e recuo regulares, mantêm o mundo em uma temperatura moderada, sejam instantaneamente consumidos pelo fogo, de modo que, em vez da infinita variedade das estações, tudo seja reduzido a uma condição uniforme; que o fogo se alastre por toda parte, seguido por uma noite monótona, e que o abismo sem fundo engula todos os deuses." Vale a pena destruir tudo isso apenas para refutá-lo? Mesmo que você não queira, eles lhe fazem bem e giram em seus cursos por sua causa, embora o movimento deles possa ser devido a alguma causa anterior e mais importante.

XXIII. Além disso, os deuses não agem sob nenhuma restrição externa, mas sua própria vontade é uma lei para eles para sempre. Eles estabeleceram uma ordem que não pode ser alterada e, consequentemente, é impossível que pareçam estar propensos a fazer algo contra sua vontade, pois desejam continuar fazendo tudo o que não podem deixar de fazer e nunca se arrependem de sua decisão original. Não é por fraqueza que eles perseveram; não, eles não têm a intenção de abandonar o melhor caminho, e é por isso que estão fadados a prosseguir. Quando, no momento da criação original, eles organizaram todo o Universo, prestaram atenção em nós, assim como no restante, e pensaram na raça humana; e, por essa razão, não podemos supor que é meramente para seu próprio prazer que eles se movem em suas órbitas e exibem seu trabalho, já que nós também fazemos parte desse trabalho. Temos, portanto, uma obrigação para com o sol, a lua e o restante das hostes celestiais, porque, embora eles possam se levantar para conceder benefícios mais importantes do que aqueles que recebemos deles, ainda assim eles nos concedem esses benefícios enquanto seguem seu caminho para coisas maiores. Além disso, eles nos ajudam com um propósito definido e, portanto, nos impõem uma obrigação, porque, no caso deles, não tropeçamos por acaso em um benefício concedido por alguém que não sabia o que estava fazendo, mas eles sabiam que deveríamos receber deles as vantagens que recebemos; de modo que, embora eles possam ter algum objetivo mais elevado, embora o resultado de seus movimentos possa ser algo de maior importância do que a preservação da raça humana, ainda assim, desde o início, o pensamento foi direcionado para o nosso conforto, e o esquema do mundo foi organizado de uma forma que prova que nossos interesses não eram sua menor nem última preocupação. É nosso dever demonstrar amor filial por nossos pais, embora muitos deles não pensassem em filhos quando se casaram. O mesmo não acontece com os deuses: eles não podiam deixar de saber o que estavam fazendo quando forneceram alimento e conforto à humanidade. Aqueles para cujo benefício tanto foi criado, não poderiam ter sido criados sem um projeto. A natureza concebeu a ideia de nós, antes de nos formar e, de fato, não somos uma obra tão insignificante que poderia ter caído de suas mãos sem ser observada. Veja quão grandes privilégios ela nos concedeu, quão além da raça humana o império da humanidade se estende; considere quão amplamente ela nos permite vagar, não nos restringindo apenas à terra, mas permitindo que percorramos todas as partes de si mesma; considere também a audácia de nosso intelecto, o único que conhece os deuses ou os procura, e como podemos elevar nossa mente bem acima da terra e comungar com essas influências divinas: você perceberá que o homem não é uma obra montada às pressas ou não estudada. Entre seus produtos mais nobres, a natureza não tem nenhum do qual possa se orgulhar mais do que o homem, e certamente nenhum outro que possa compreender seu orgulho. Que loucura é essa de questionar os deuses por sua generosidade? Se um homem declara que não recebeu nada quando está recebendo o tempo todo, e daqueles que sempre estarão dando sem nunca receber nada em troca, como ele será grato àqueles cuja bondade não pode ser retribuída sem custo? E quão grande erro é não ser grato a um doador, porque ele é bom até mesmo para aquele que o rejeita, ou usar o fato de sua generosidade ser derramada sobre nós em um fluxo ininterrupto, como um argumento para provar que ele não pode deixar de concedê-la. Suponha que homens como esses digam: "Eu não quero", "Que ele guarde para si", "Quem lhe pede?", e assim por diante, com todos os outros discursos de mentes insolentes: ainda assim, aquele cuja generosidade chega até você, embora você diga que não, o coloca sob uma obrigação, no entanto; de fato, talvez a maior parte do benefício que ele concede é que ele está pronto para dar mesmo quando você está reclamando contra ele.

XXIV. Você não vê como os pais forçam as crianças durante a infância a se submeterem ao que é útil para sua saúde? Embora as crianças chorem e se debatam, eles as envolvem e amarram seus membros para que a liberdade prematura não os faça crescer tortos, depois lhes incutem uma educação liberal, ameaçando aqueles que não estão dispostos a aprender e, finalmente, se jovens espirituosos não se comportam de maneira frugal, modesta e respeitável, eles os obrigam a fazê-lo. Força e medidas severas são usadas até mesmo para jovens que cresceram e são seus próprios senhores, se eles, por medo ou por insolência, se recusarem a aceitar o que é bom para eles. Assim, os maiores benefícios que recebemos, recebemos sem saber, ou contra nossa vontade, de nossos pais.

XXV. Aquelas pessoas que são ingratas e repudiam os benefícios, não porque não desejam recebê-los, mas para que não sejam obrigadas a recebê-los, são como aquelas que caem no extremo oposto e são excessivamente gratas, que rezam para que algum problema ou infortúnio aconteça com seus benfeitores para lhes dar uma oportunidade de provar o quanto se lembram com gratidão do benefício que receberam. É uma questão de saber se eles estão certos e se demonstram um sentimento de verdadeira obediência; seu estado de espírito é mórbido, como o de amantes frenéticos que desejam que sua amante seja exilada, para que possam acompanhá-la quando ela deixar seu país, abandonada por todos os seus amigos, ou que ela seja pobre para que possa precisar mais do que eles lhe dão, ou que desejam que ela esteja doente para que possam sentar-se ao lado de seu leito, e que, em suma, por puro amor, fazem os mesmos desejos que seus inimigos desejariam para ela. Assim, os resultados do ódio e do amor frenético são praticamente os mesmos; e esses amantes são muito parecidos com aqueles que esperam que seus amigos enfrentem dificuldades que eles possam remover, e que, assim, cometem um erro para que possam conceder um benefício, quando teria sido muito melhor para eles não fazer nada, em vez de ganhar uma oportunidade de prestar um bom serviço por meio de um crime. O que dizer de um marinheiro que orasse aos deuses por tempestades e tormentas terríveis, a fim de que o perigo tornasse sua habilidade mais estimada? O que dizer de um general que orasse para que um grande número de inimigos cercasse seu acampamento, enchesse as valas com um ataque repentino, derrubasse a muralha ao redor de seu exército em pânico e colocasse seus estandartes hostis nos próprios portões, a fim de que ele pudesse ganhar mais glória restaurando suas fileiras quebradas e fortunas destruídas? Todos esses homens nos conferem seus benefícios por meios odiosos, pois imploram aos deuses que prejudiquem aqueles a quem pretendem ajudar e desejam que eles sejam abatidos antes de levantá-los; é um sentimento cruel, provocado por um senso distorcido de gratidão, desejar que o mal aconteça a alguém a quem se é obrigado, por honra, a socorrer.

XXVI. "Meu desejo", argumenta nosso oponente, "não faz mal a ele, porque quando desejo o perigo, desejo o resgate ao mesmo tempo". O que você quer dizer com isso não é que você não faz nada de errado, mas que faz menos do que se desejasse que o perigo caísse sobre ele, sem desejar o resgate. É perverso jogar um homem na água para poder tirá-lo de lá, jogá-lo no chão para poder levantá-lo ou trancá-lo para poder libertá-lo. Você não concede um benefício a alguém que não é seu amigo. Não se concede um benefício a um homem deixando de prejudicá-lo, nem pode ser um bom serviço a alguém remover dele um fardo que você mesmo impôs a ele. É verdade que você pode curar a dor que infligiu, mas eu preferiria que você não me machucasse. Você pode ganhar minha gratidão curando-me porque estou ferido, mas não me ferindo para que você possa me curar: nenhum homem gosta de cicatrizes, exceto em comparação com feridas, que ele fica feliz em ver curadas, embora preferisse não tê-las recebido. Seria cruel desejar que tais coisas acontecessem a alguém de quem você nunca recebeu uma gentileza; quanto mais cruel é desejar que elas aconteçam a alguém com quem você está em débito.

XXVII. "Eu oro", responde ele, "ao mesmo tempo, para que eu possa ajudá-lo". Em primeiro lugar, se eu o interromper no meio de sua oração, isso mostrará imediatamente que você é ingrato: ainda não ouvi o que você deseja fazer por ele; ouvi o que você deseja que ele sofra. Você ora para que a ansiedade, o medo e um mal ainda pior do que esse venha sobre ele. Você deseja que ele precise de ajuda, o que é desvantajoso para ele; você deseja que ele precise de sua ajuda, o que é vantajoso para você. Você não deseja ajudá-lo, mas se livrar de sua obrigação para com ele, pois quando você está ansioso para pagar sua dívida dessa maneira, você deseja apenas se livrar da dívida, não pagá-la. Portanto, a única parte de seu desejo que poderia ser considerada honrosa é o sentimento básico e ingrato de não querer ficar sob uma obrigação, pois o que você deseja não é ter a oportunidade de retribuir a gentileza dele, mas que ele seja forçado a implorar que você lhe faça uma gentileza. Você se torna superior e, de forma perversa, degrada sob seus pés o homem que lhe prestou um bom serviço. Seria muito melhor ficar em dívida com ele de maneira honrosa e amigável do que tentar saldar a dívida por esses meios malignos! Você seria menos culpado se negasse que a recebeu, pois seu benfeitor não perderia nada além do que lhe deu, ao passo que agora você deseja que ele se torne inferior a você e seja levado, pela perda de sua propriedade e posição social, a uma condição abaixo de seus próprios benefícios. Você se considera grato? Apenas expresse seus desejos aos ouvidos daquele a quem deseja fazer o bem. Você considera isso uma oração pelo bem-estar dele, que pode ser dividida entre seu amigo e seu inimigo, e que, se a última parte fosse omitida, você não duvidaria que foi pronunciada por alguém que se opunha e odiava essa pessoa? Inimigos em guerra às vezes desejaram capturar certas cidades para poupá-las, ou conquistar certas pessoas para perdoá-las, mas esses eram os desejos de inimigos, e o que era a parte mais gentil deles começou com crueldade. Finalmente, que tipo de orações você acha que podem ser aquelas que aquele, em nome de quem são feitas, espera mais sinceramente do que qualquer outra pessoa que não sejam atendidas? Ao esperar que os deuses prejudiquem um homem e que você o ajude, você lida de forma muito desonrosa com ele e não trata os próprios deuses de forma justa, pois dá a eles o papel odioso a desempenhar e reserva o generoso para si mesmo: os deuses devem prejudicá-lo para que você possa prestar-lhe um serviço. Se você subornasse um informante para acusar um homem e depois o retirasse, se você envolvesse um homem em um processo judicial e depois desistisse dele, ninguém hesitaria em chamá-lo de vilão: que diferença faz se você tenta fazer isso por chicana[38] ou por oração, a não ser que, por meio da oração, você crie inimigos mais poderosos para ele do que por outros meios? Você não pode dizer: "Ora, que mal eu faço a ele?" Sua oração é fútil ou prejudicial; na verdade, ela é prejudicial mesmo que não resulte em nada. Você faz mal ao seu amigo ao desejar que ele sofra algum mal: você deve agradecer aos deuses por não causar nenhum mal a ele. O fato de você desejar o mal é suficiente: devemos ficar tão irritados com você como se o tivesse feito.

XXVIII. "Se", argumenta nosso adversário, "minhas orações tivessem alguma eficácia, elas também teriam sido eficazes para salvá-lo do perigo". Em primeiro lugar, eu respondo, o perigo no qual você deseja que eu caia é certo, a ajuda que eu deveria receber é incerta. Ou chame os dois de certos; o que me prejudica é o que vem primeiro. Além disso, VOCÊ entende os termos de seu desejo; eu serei jogado pela tempestade sem ter certeza de que tenho um porto de descanso à mão.

Pense na tortura que deve ter sido para mim, mesmo que eu receba sua ajuda, ter precisado dela: se eu escapar em segurança, ter tremido por mim mesmo; se eu for absolvido, ter que defender minha causa. Escapar do medo, por maior que ele seja, nunca pode ser tão agradável quanto viver em uma segurança sólida e inabalável. Ore para que você possa retribuir minhas gentilezas

---

[38] Abuso de recursos em processos judiciais. (N. do R.)

quando eu precisar delas, mas não ore para que eu precise delas. Você teria feito o que orou, se estivesse em seu poder.

XXIX. Quão mais honrosa seria uma oração desse tipo: "Oro para que ele possa permanecer em uma posição tal que possa sempre conceder benefícios e nunca precisar deles: Que ele seja atendido pelos meios de dar e ajudar, dos quais ele faz um uso tão abundante; que ele nunca precise de benefícios para conceder, ou se arrependa de qualquer um que tenha concedido; que sua natureza, como é adequada para atos de piedade, bondade e clemência, seja estimulada e trazida à tona por um número de pessoas agradecidas, que eu confio que ele encontrará sem precisar provar sua gratidão; que ele não se recuse a se reconciliar com ninguém, e que ninguém precise se reconciliar com ele: Que a sorte continue a favorecê-lo de maneira tão uniforme que ninguém possa retribuir sua bondade de nenhuma maneira, a não ser sentindo-se grato a ele".

Quão mais apropriadas são orações como essas, que não o adiam para uma oportunidade distante, mas expressam sua gratidão imediatamente? O que impede que você retribua a bondade de seu benfeitor, mesmo quando ele está em prosperidade? Quantas maneiras existem para retribuirmos o que devemos até mesmo aos ricos — por exemplo, por meio de conselhos honestos, por meio de relações constantes, por meio de conversas corteses, agradando-o sem bajulá-lo, ouvindo atentamente qualquer assunto que ele queira discutir, guardando em segurança qualquer segredo que ele possa nos revelar e por meio de relações sociais. Não há ninguém tão bem posicionado pela sorte que não precise de um amigo, ainda mais pelo fato de não precisar de nada.

XXX. A outra é uma oportunidade melancólica e que devemos sempre rezar para que seja mantida longe de nós: os deuses devem ficar zangados com um homem para que você possa demonstrar sua gratidão a ele? Você não percebe que está agindo errado, pelo simples fato de que aqueles a quem você é ingrato se saem melhor? Lembre-se de masmorras, correntes, miséria, escravidão, guerra, pobreza: essas são as oportunidades pelas quais você ora; se alguém tem alguma relação com você, é por meio dela que você acerta suas contas. Por que não desejar antes que aquele a quem você deve mais seja poderoso e feliz? Pois, como acabei de dizer, o que impede que você retribua a bondade até mesmo daqueles que desfrutam de maior prosperidade? Para fazer isso, amplas e variadas oportunidades se apresentarão a você. O quê? Você não sabe que uma dívida pode ser paga até mesmo a um homem rico? Nem vou incomodá-lo com muitos exemplos do que você pode fazer. Embora as riquezas e a prosperidade de um homem possam impedi-lo de fazer qualquer outro tipo de pagamento, eu lhe mostrarei o que os mais altos da terra precisam, o que falta àqueles que possuem tudo. Eles querem um homem que fale a verdade, que os salve da massa organizada de falsidade pela qual estão cercados, que os deixa tão desnorteados com mentiras que o hábito de ouvir apenas o que é agradável em vez do que é verdadeiro os impede de saber o que realmente é a verdade. Você não vê como essas pessoas são levadas à ruína pela falta de sinceridade entre seus amigos, cuja lealdade se degenerou em obediência servil? Ninguém, ao dar-lhes conselhos, diz-lhes o que realmente pensa, mas cada um compete com o outro na bajulação; E enquanto os amigos do homem têm como único objetivo ver quem pode enganá-lo mais agradavelmente, ele mesmo ignora seus poderes reais e, acreditando ser um homem tão grande quanto lhe dizem que é, mergulha o Estado em guerras inúteis, que trazem desastres sobre ele, rompe uma paz útil e necessária e, por meio de uma paixão de raiva que ninguém controla, derrama o sangue de muitas pessoas e, por fim, derrama o seu próprio. Tais pessoas afirmam o que nunca foi investigado como fatos certos, consideram que modificar sua opinião é tão desonroso quanto ser derrotado, acreditam que instituições que estão apenas começando a existir durarão para sempre e, assim, derrubam grandes Estados, para a destruição de si mesmas e de todos os que estão ligados a elas. Vivendo como vivem em um paraíso de tolos, resplandecente com vantagens irreais e de curta duração, eles se esquecem de que, assim que deixam de ouvir a verdade, não há limite para os infortúnios que podem esperar.

XXXI. Quando Xerxes declarou guerra contra a Grécia, todos os seus cortesãos encorajaram seu temperamento orgulhoso, que se esqueceu de quão insubstanciais eram suas bases de confiança. Um deles declarou que os gregos não suportariam ouvir a notícia da declaração de guerra e fugiriam ao primeiro rumor de sua aproximação; outro, que com um exército tão vasto a Grécia poderia não apenas ser conquistada, mas totalmente subjugada, e que era de se temer que eles encontrassem as cidades gregas vazias e abandonadas, e que a fuga em pânico do inimigo deixaria para eles apenas vastos desertos, onde não se poderia fazer uso de suas enormes forças. Outro lhe disse que o mundo dificilmente seria grande o suficiente para contê-lo, que os mares eram estreitos demais para suas frotas, que os campos não comportariam seus exércitos, que as planícies não eram largas o suficiente para que sua cavalaria fosse posicionada e que o próprio céu mal era grande o suficiente para permitir que todas as suas tropas lançassem seus dardos de uma só vez. Enquanto muitas dessas afirmações aconteciam ao seu redor, elevando sua já excessiva autoconfiança a um nível frenético, Demaratus, o lacedemônio, disse-lhe que a multidão desorganizada e desajeitada em que ele confiava era, por si só, um perigo para seu chefe, porque possuía apenas peso sem força; pois um exército grande demais não pode ser governado, e um exército que não pode ser governado não pode existir por muito tempo. "Os lacedemônios", disse ele, "o encontrarão na primeira montanha da Grécia e lhe darão uma amostra de sua qualidade. Todas essas suas milhares de nações serão controladas por trezentos homens: eles permanecerão firmes em seus postos, defenderão as passagens que lhes foram confiadas com suas armas e as bloquearão com seus corpos: toda a Ásia não os forçará a ceder; por mais que sejam poucos, eles impedirão toda essa terrível invasão, embora tentada por quase toda a raça humana. Embora as leis da natureza possam ceder a vocês e permitir que passem da Europa para a Ásia, ainda assim vocês pararão em um caminho secundário; considerem quais serão suas perdas depois, quando tiverem calculado o preço que terão de pagar pela passagem das Termópilas; quando souberem que sua marcha pode ser interrompida, descobrirão que podem ser postos em fuga. Os gregos cederão muitas partes de seu país a você, como se tivessem sido varridos pela primeira e terrível correnteza de uma montanha; depois, eles se levantarão contra você de todos os lados e o esmagarão por meio de sua própria força. O que as pessoas dizem, que seus preparativos bélicos são grandes demais para serem contidos nos países que você pretende atacar, é bem verdade; mas isso é para nossa desvantagem. A Grécia os conquistará exatamente por isso, porque ela não pode contê-los; vocês não podem usar toda a sua força. Além disso, você não será capaz de fazer o que é essencial para a vitória, ou seja, enfrentar as manobras do inimigo imediatamente, apoiar seus próprios homens se eles cederem ou confirmá-los e fortalecê-los quando suas fileiras estiverem vacilantes. Além disso, não pense que, pelo fato de seu exército ser tão grande que seu próprio chefe não conhece seu número, ele é irresistível; não há nada tão grande que não possa perecer; de fato, sem qualquer outra causa, seu próprio tamanho excessivo pode ser sua ruína." O que Demaratus previu aconteceu. Aquele cujo poder os deuses e os homens obedeciam e que varria tudo o que se opunha a ele, foi convidado a parar por trezentos homens, e os persas, derrotados em todas as partes da Grécia, aprenderam a grande diferença que existe entre uma multidão e um exército. Assim, Xerxes, que sofria mais com a vergonha de seu fracasso do que com as perdas sofridas, agradeceu a Demaratus por ter sido o único homem a lhe dizer a verdade e permitiu que ele pedisse o favor que quisesse. Ele pediu permissão para dirigir uma carruagem até Sardes, a maior cidade da Ásia, usando uma tiara erguida na cabeça, um privilégio que era desfrutado apenas pelos reis. Ele merecia sua recompensa antes de pedi-la, mas quão miserável deve ter sido a nação, na qual não havia ninguém que falasse a verdade ao rei, exceto um homem que não falava a verdade para si mesmo.

XXXII. O falecido imperador Augusto baniu sua filha, cuja conduta foi além da vergonha da imodéstia comum e tornou públicos os escândalos da casa imperial.

Levado por sua paixão, ele divulgou todos esses crimes que, como imperador, deveria ter mantido em segredo com o mesmo cuidado com que os punia, porque a vergonha de alguns atos apodrece até mesmo aquele que os vinga. Posteriormente, quando, com o passar do tempo, a vergonha tomou o lugar da raiva em sua mente, ele lamentou não ter mantido silêncio sobre assuntos que não havia aprendido até que fosse vergonhoso falar sobre eles, e muitas vezes costumava exclamar: "Nenhuma dessas coisas teria acontecido comigo, se Agripa ou Mecenas tivessem vivido!" Era tão difícil para o senhor de tantos milhares de homens reparar a perda de dois. Quando suas legiões eram massacradas, novas legiões eram imediatamente alistadas; quando sua frota naufragava, em poucos dias outra estava à tona; quando os edifícios públicos eram consumidos pelo fogo, outros mais finos surgiam em seu lugar; mas os lugares de Agripa e Mecenas permaneceram vazios durante toda a sua vida. O que devo imaginar? Que não havia homens como esses que pudessem ocupar seus lugares, ou que isso foi culpa do próprio Augusto, que preferiu chorar por eles a procurar por seus semelhantes? Não temos razão para supor que Agripa ou Mecenas tinham o hábito de falar a verdade para ele; de fato, se tivessem vivido, teriam sido tão dissimulados quanto os outros. Um dos hábitos dos reis é insultar seus atuais servos elogiando aqueles que perderam, e atribuir a virtude de falar a verdade àqueles de quem não há mais risco de ouvi-la.

XXXIII. No entanto, voltando ao meu assunto, veja como é fácil retribuir a gentileza dos prósperos, e até mesmo daqueles que ocupam as posições mais altas de toda a humanidade. Diga a eles não o que desejam ouvir, mas o que gostariam de sempre ter ouvido; embora seus ouvidos sejam tapados por lisonjas, às vezes a verdade pode penetrar neles; dê-lhes conselhos úteis. Você se pergunta que serviço pode prestar a um homem próspero? Ensine-o a não confiar em sua prosperidade e a entender que ela deve ser sustentada pelas mãos de muitos amigos confiáveis. Você não terá feito muito por ele se lhe tirar a crença tola de que sua influência durará para sempre e lhe ensinar que o que ganhamos por acaso passa logo e mais rápido do que veio; que não podemos cair pelos mesmos estágios pelos quais subimos ao topo da boa fortuna, mas que frequentemente entre ela e a ruína há apenas um passo? Você não sabe quão grande é o valor da amizade, se não entende o quanto você dá àquele a quem você dá um amigo, uma mercadoria que é escassa não apenas nas casas dos homens, mas em séculos inteiros, e que não é mais escassa do que nos lugares onde se pensa ser mais abundante. Por favor, você acha que esses livros de nomes, que o seu nomenclador[39] mal consegue carregar ou lembrar, são os de amigos? Não são seus amigos que se aglomeram para bater à sua porta e que são admitidos em seus diques maiores ou menores.

---

39 NOTA DE AUBREY STEWART — O nomenclador era um escravo que acompanhava seu senhor nas prospecções e em ocasiões semelhantes, com o propósito de lhe dizer os nomes de quem ele encontrava na rua.

XXXIV. Dividir os amigos em classes é um velho truque dos reis e de seus imitadores; demonstra grande arrogância pensar que tocar ou passar pela soleira da porta de alguém pode ser um privilégio valioso, ou conceder como honra o fato de você se sentar mais perto da porta da frente do que os outros, ou entrar na casa antes deles, embora dentro da casa haja muito mais portas, que fecham até mesmo aqueles que foram admitidos até então. Entre nós, Caio Graco e, logo depois dele, Lívio Druso foram os primeiros a se manterem separados da massa de seus adeptos e a admitir alguns em sua privacidade, alguns em suas recepções mais seletas e outros em suas recepções gerais. Consequentemente, esses homens tinham amigos de primeira e segunda categoria, e assim por diante, mas não tinham amigos verdadeiros em nenhum deles. Você pode aplicar o nome de amigo a alguém que é admitido em sua ordem regular para lhe apresentar seus cumprimentos? Ou pode esperar lealdade perfeita de alguém que é forçado a entrar em sua presença por uma porta aberta a contragosto? Como um homem pode chegar a usar uma ousada liberdade de expressão com você, se a ele só é permitido, em seu devido momento, fazer uso da frase comum "Salve você", que é usada por perfeitos estranhos? Sempre que você for a qualquer um desses grandes homens, cujos diques interessam a toda a cidade, embora encontre todas as ruas cercadas por multidões e os transeuntes mal consigam abrir caminho em meio à multidão, você pode ter certeza de que chegou a um lugar onde há muitos homens, mas nenhum amigo de seu patrono. Não devemos procurar nossos amigos em nosso saguão de entrada, mas em nosso próprio peito; é lá que ele deve ser recebido, mantido e guardado em nossa mente. Ensine isso e você terá pago sua dívida de gratidão.

XXXV. Se você é útil para seu amigo apenas quando ele está em dificuldades e é supérfluo quando tudo vai bem com ele, você está fazendo uma estimativa medíocre de seu próprio valor. Assim como você pode se comportar sabiamente tanto em circunstâncias duvidosas, prósperas ou adversas, demonstrando prudência em casos duvidosos, coragem no infortúnio e autocontrole na boa sorte, em todas as circunstâncias você pode se tornar útil para seu amigo. Não o abandone na adversidade, mas não deseje que isso aconteça com ele: os vários incidentes da vida humana lhe darão muitas oportunidades de provar sua lealdade a ele sem lhe desejar o mal. Aquele que reza para que outro se torne rico, a fim de que ele possa compartilhar suas riquezas, na verdade tem em vista seu próprio benefício, embora suas orações sejam ostensivamente oferecidas em favor de seu amigo; e, da mesma forma, aquele que deseja que seu amigo se meta em algum problema do qual sua própria ajuda amigável possa livrá-lo — um desejo extremamente ingrato — prefere a si mesmo a seu amigo e acha que vale a pena que seu amigo seja infeliz, a fim de que ele possa provar sua gratidão. Esse mesmo desejo o torna ingrato, pois ele quer se livrar de sua gratidão como se fosse um fardo pesado. Ao retribuir uma gentileza, faz uma grande diferença se você está ansioso para conceder um benefício ou apenas para se livrar de uma dívida. Aquele que deseja retribuir um benefício estudará os interesses de seu amigo e esperará que surja uma ocasião adequada; aquele que deseja apenas se livrar de uma obrigação estará ansioso para fazer isso de qualquer maneira, o que demonstra um sentimento muito ruim. "Você diz", podemos ser perguntados, "que a ânsia de retribuir a bondade pertence a um sentimento mórbido de gratidão?" Não posso explicar meu significado de forma mais clara do que repetindo o que já disse. Você não quer retribuir, mas escapar do benefício que recebeu. Parece que você está dizendo: "Quando vou me livrar dessa obrigação? Devo me esforçar por todos os meios ao meu alcance para extinguir minha dívida com ele". Você estaria longe de ser grato se quisesses pagar uma dívida com o dinheiro dele; no entanto, esse seu desejo é ainda mais injusto, pois você invoca maldições sobre ele e faz terríveis imprecações sobre a cabeça de alguém que deveria ser considerado sagrado por você. Ninguém, suponho, duvidaria de sua maldade se você orasse abertamente para que ele sofresse pobreza, cativeiro, fome ou medo; no entanto, qual é a diferença entre orar abertamente por algumas dessas coisas e desejá-las silenciosamente? Pois você deseja algumas delas. Vá e aproveite sua crença de que isso é gratidão, fazer o que nem mesmo um homem ingrato faria, supondo que ele se limitasse a repudiar o benefício e não chegasse ao ponto de odiar seu benfeitor.

XXXVI. Quem chamaria Eneias de piedoso, se ele desejasse que sua cidade natal fosse capturada, a fim de salvar seu pai do cativeiro? Quem apontaria os jovens sicilianos como bons exemplos para seus filhos, se eles tivessem rezado para que Aetna ardesse com um calor incomum e derramasse uma vasta massa de fogo, a fim de lhes dar uma oportunidade de demonstrar seu afeto filial, resgatando seus pais do meio da conflagração? Roma não deve nada a Cipião se ele manteve a Guerra Púnica viva para que ele pudesse ter a glória de terminá-la; ela não deve nada aos Décios se eles rezaram por desastres públicos para dar a si mesmos uma oportunidade de demonstrar sua corajosa devoção. É o maior escândalo para um médico fazer trabalho para si mesmo; e muitos que agravaram as doenças de seus pacientes para que pudessem ter maior crédito por curá-los, ou não conseguiram curá-los, ou o fizeram à custa do mais terrível sofrimento para suas vítimas.

XXXVII. Diz-se (pelo menos é o que nos conta Hecaton) que quando Calístrato, com muitos outros, foi levado ao exílio por seu país faccioso e licenciosamente livre, alguém rezou para que tal problema pudesse acontecer aos atenienses que eles seriam forçados a chamar de volta os exilados. Ao ouvir isso, ele rezou para que Deus proibisse seu retorno em tais termos. Quando alguém tentou consolar nosso compatriota, Rutílio, por seu exílio, apontando que a guerra civil estava próxima e que todos os exilados logo seriam devolvidos a Roma, ele respondeu com um espírito ainda maior: "Que mal eu lhe fiz, para que você deseje que eu retorne ao meu país mais infeliz do que saí dele? Meu desejo é que meu país corasse por eu ter sido banido, em vez de se lamentar por eu ter voltado". Um exílio do qual todos se envergonham mais do que o sofredor não é exílio de forma alguma. Essas duas pessoas, que não desejavam ser devolvidas a seus lares à custa de um desastre público, mas preferiam que dois sofressem injustamente a que todos sofressem da mesma forma, são consideradas como bons cidadãos; e, da mesma forma, não está de acordo com o caráter de um homem grato desejar que seu benfeitor caia em problemas que ele pode dissipar; porque, mesmo que tenha boas intenções para com ele, ainda assim ele lhe deseja o mal. Apagar um fogo que você mesmo acendeu não lhe trará nem mesmo absolvição, muito menos crédito.

XXXVIII. Em alguns Estados, um desejo maligno era considerado um crime. É certo que, em Atenas, Demades obteve um veredito contra alguém que vendia móveis para funerais, provando que ele havia orado por grandes ganhos, que não poderia obter sem a morte de muitas pessoas. No entanto, é uma questão de dúvida se ele foi corretamente considerado culpado. Talvez ele tenha orado, não para vender seus produtos a muitas pessoas, mas para vendê-los por um preço alto ou para obter o que iria vender por um preço baixo. Uma vez que seu negócio consistia em comprar e vender, por que considerar que sua oração se aplicava a apenas um ramo, embora ele lucrasse com ambos? Além disso, você poderia considerar culpados todos os que faziam parte de seu comércio, pois todos desejavam, ou seja, oravam secretamente, como ele. Além disso, você poderia considerar culpada grande parte da raça humana, pois quem não se beneficia com as necessidades do próximo? Um soldado, se deseja a glória, deve desejar a guerra; o fazendeiro lucra com o preço do milho; um grande número de litigantes aumenta o preço da eloquência forense; os médicos ganham dinheiro com uma temporada de doenças; os comerciantes de luxos enriquecem com a efeminação da juventude; suponha que nenhuma tempestade ou incêndio prejudicasse nossas moradias, o comércio do construtor estaria paralisado. A oração de um homem foi detectada, mas era exatamente como as orações de todos os outros homens. Você imagina que Arrúncio e Hatério, e todos os outros caçadores de legados profissionais, não fazem as mesmas orações que os coveiros? Embora estes últimos não saibam de quem é a morte que desejam, enquanto os primeiros desejam a morte de seus amigos mais queridos, de quem, por causa de sua intimidade, têm mais esperanças de herdar uma fortuna. A vida de ninguém faz mal ao coveiro, ao passo que esses homens passam fome se seus amigos demoram a morrer; eles, portanto, não desejam apenas suas mortes para que possam receber o que ganharam com uma servidão vergonhosa, mas para que possam ser libertados de um pesado imposto. Não há dúvida, portanto, de que tais pessoas repetem com ainda mais fervor a oração pela qual o coveiro foi condenado, pois quem quer que possa lucrar com a morte de tais homens, prejudica-os com a vida. No entanto, os desejos de todos eles são igualmente bem conhecidos e impunes. Por fim, que cada homem examine a si mesmo, que olhe para os pensamentos secretos de seu coração e considere o que ele silenciosamente espera; quantas de suas orações ele se envergonharia de reconhecer, até mesmo para si mesmo; quão poucas são as que poderíamos repetir na presença de testemunhas!

XXXIX. No entanto, não devemos condenar todas as coisas que consideramos dignas de culpa, como, por exemplo, esse desejo em relação aos nossos amigos, sobre o qual estivemos discutindo, surge de um sentimento de afeição mal direcionado e cai no mesmo erro que se esforça para evitar, pois o homem é ingrato no exato momento em que se apressa em provar sua gratidão. Ele reza em voz alta: "Que ele caia em meu poder, que precise de minha influência, que não consiga ser seguro e respeitável sem minha ajuda, que seja tão desafortunado que qualquer retorno que eu lhe dê possa ser considerado um benefício". Somente aos deuses, ele acrescenta: "Que traições domésticas o envolvam, as quais podem ser reprimidas somente por mim; que algum inimigo poderoso e virulento, alguma multidão animada e armada o ataque; que ele seja atacado por um credor ou um informante".

XL. Veja como você é justo; você nunca teria desejado que nenhum desses infortúnios acontecesse a ele, se ele não tivesse lhe concedido um benefício. Para não falar da culpa mais grave que você incorre ao retribuir o mal com o bem, você claramente erra ao não esperar o momento adequado para cada ação, pois é tão errado antecipar isso quanto não aceitar quando chega. Um benefício nem sempre deve ser aceito e, em todos os casos, não deve ser devolvido. Se você me devolvesse contra a minha vontade, seria ingrato, quanto mais ingrato seria se me forçasse a desejá-lo? Espere pacientemente; por que não está disposto a deixar que minha generosidade fique com você? Por que, como se estivesse lidando com um agiota severo, tem tanta pressa em assinar e selar um título equivalente? Por que deseja que eu me meta em problemas? Por que invoca os deuses para me arruinar? Se essa é a sua maneira de retribuir uma gentileza, o que você faria se estivesse exigindo o pagamento de uma dívida?

XLI. Acima de tudo, portanto, meu Liberalis, aprendamos a viver calmamente sob uma obrigação para com os outros e observemos as oportunidades de pagar nossa dívida sem fabricá-las. Lembremo-nos de que essa ansiedade em aproveitar a primeira oportunidade de nos libertarmos mostra ingratidão; pois ninguém paga com boa vontade aquilo que não está disposto a dever, e sua ânsia em tirá-lo de suas mãos mostra que ele o considera um fardo e não um favor. Quão melhor e mais justo é ter em mente o que devemos aos nossos amigos e oferecer o reembolso, não se intrometer, nem se considerar muito endividado, porque um benefício é um vínculo comum que liga duas pessoas. Diga: "Não demoro a retribuir sua bondade para comigo; espero que aceite minha gratidão com alegria". Se uma fatalidade irresistível pairar sobre qualquer um de nós, e o destino determinar que você deve receber seu benefício de volta, ou que eu devo receber um segundo benefício, então, de nós dois, que dê aquele que estava acostumado a dar. Estou pronto para recebê-lo.

"Não é o papel de Turnus adiar."

Esse é o espírito que mostrarei quando chegar a hora; enquanto isso, os deuses serão minhas testemunhas.

XLII. Eu notei em você, meu Liberalis, e como se tivesse tocado com minha mão, um sentimento de ansiedade exigente para não ficar para trás em fazer o que é seu dever. Essa ansiedade não é adequada a uma mente grata, que, ao contrário, produz a máxima confiança em si mesmo e que afasta todos os problemas pela consciência da verdadeira afeição ao seu benfeitor. Dizer "Pegue de volta o que você me deu" não é menos reprovável do que dizer "Você está em dívida comigo". Que esse seja o primeiro privilégio de um benefício, que aquele que o concedeu possa escolher o momento em que o receberá de volta. "Mas temo que os homens possam falar mal de mim." Você está agindo errado se for grato apenas por causa de sua reputação, e não para satisfazer sua consciência. Nessa questão, você tem dois juízes: seu benfeitor, a quem você não deve, e você mesmo, a quem você não pode enganar. "Mas", diz você, "se não houver oportunidade de pagamento, devo permanecer sempre em dívida com ele?" Sim, mas você deve fazer isso abertamente e de boa vontade, e deve ver com grande prazer o que ele lhe confiou. Se você está irritado por ainda não ter devolvido um benefício, deve estar arrependido de tê-lo recebido; mas se ele mereceu que você recebesse um benefício dele, por que não mereceria que você permanecesse em dívida com ele por muito tempo?

XLIII. Estão muito enganadas as pessoas que consideram uma prova de grandeza de espírito fazer ofertas para dar e encher os bolsos e as casas de muitos homens com seus presentes, pois, às vezes, isso não se deve a uma grande mente, mas a uma grande fortuna; elas não sabem como, às vezes, é muito mais grandioso e mais difícil receber do que esbanjar presentes. Não devo menosprezar nenhum desses atos; é tão próprio de um coração nobre dever quanto receber, pois ambos têm o mesmo valor quando feitos de forma virtuosa; de fato, dever é mais difícil, porque é preciso mais esforço para manter uma coisa segura do que para dá-la. Portanto, não devemos ter pressa em pagar, nem precisamos tentar fazê-lo fora do tempo devido, pois apressar o pagamento no momento errado é tão ruim quanto ser lento no momento certo. Meu benfeitor confiou sua generosidade a mim: não devo ter nenhum receio, nem por ele, nem por mim mesmo. Ele tem segurança suficiente; não pode perdê-la, a menos que me perca — ou melhor, nem mesmo se me perder. Eu lhe agradeci por isso, ou seja, eu o retribuí. Aquele que pensa demais em retribuir um benefício deve supor que seu amigo pensa demais em receber uma retribuição. Não se preocupe com nenhum dos dois. Se ele quiser receber seu benefício de volta, vamos devolvê-lo com alegria; se ele preferir deixá-lo em nossas mãos, por que deveríamos desenterrar seu tesouro? Por que deveríamos nos recusar a ser seus guardiões? Ele merece ter permissão para fazer o que quiser. Quanto à fama e à reputação, vamos considerá-las como assuntos que devem acompanhar, mas que não devem dirigir nossas ações.

LIVRO VII

Tenha bom ânimo, meu Liberalis:

"Nosso porto está próximo, e não vou me atrasar,
nem me desviarei do caminho com divagações."

I. Este livro reúne tudo o que foi omitido e, nele, tendo esgotado meu assunto, considerarei não o que devo dizer, mas o que ainda não disse. Se houver algo supérfluo nele, peço-lhe que o aceite em boa parte, pois é para você que ele é supérfluo. Se eu quisesse apresentar meu trabalho da melhor maneira possível, deveria tê-lo aumentado gradualmente e ter guardado para o final a parte que seria avidamente lida até mesmo por um leitor cansado. No entanto, em vez disso, reuni tudo o que era essencial no início; agora estou reunindo tudo o que me escapou; nem, por Hércules, se você me perguntar, acho que, depois que as regras que governam nossa conduta foram estabelecidas, é muito útil discutir as outras questões que foram levantadas mais para o exercício de nossos intelectos do que para a saúde de nossas mentes. O cínico Demétrio, que, em minha opinião, foi um grande homem, mesmo se comparado aos maiores filósofos, tinha um ditado admirável sobre isso, que dizia que se ganhava mais tendo alguns preceitos sábios prontos e de uso comum do que aprendendo muitos sem tê-los à mão. "O melhor lutador", dizia ele, "não é aquele que aprendeu completamente todos os truques e manobras da arte, que raramente são encontrados na luta real, mas aquele que se treinou bem e cuidadosamente em um ou dois deles e que aguarda ansiosamente por uma oportunidade de praticá-los. Não importa quantos deles ele conheça, se ele souber o suficiente para obter a vitória; e assim, nesse nosso assunto, há muitos pontos de interesse, mas poucos de importância. Você não precisa saber qual é o sistema de marés do oceano, por que cada sétimo ano deixa sua marca no corpo humano, por que as partes mais distantes de um longo pórtico não mantêm sua verdadeira proporção, mas parecem se aproximar umas das outras até que, por fim, os espaços entre as colunas desaparecem, como é possível que gêmeos sejam concebidos separadamente, embora nasçam juntos, se ambos resultam de um só ato ou cada um de um ato separado, por que aqueles cujo nascimento foi o mesmo devem ter destinos tão diferentes na vida e morar à maior distância possível um do outro, embora tenham nascido tocando um ao outro; Não lhe fará muito mal passar por cima de assuntos que não nos é permitido conhecer e que não nos beneficiariam se fossem conhecidos. Verdades tão obscuras podem ser negligenciadas impunemente. Nem podemos nos queixar de que a natureza lida mal conosco, pois não há nada que seja difícil de descobrir, exceto aquelas coisas pelas quais não ganhamos nada além do crédito de tê-las descoberto; todas as coisas que tendem a nos tornar melhores ou mais felizes são óbvias ou facilmente descobertas. Sua mente pode se elevar acima dos acidentes da vida, se puder se elevar acima dos medos e não cobiçar avidamente a riqueza sem limites, mas tiver aprendido a buscar as riquezas dentro de si mesma; se tiver expulsado o medo dos homens e dos deuses e tiver aprendido que não tem muito a temer do homem e nada a temer de Deus; se, desprezando todas as coisas que tornam a vida miserável enquanto a adornam, a mente puder se elevar a tal ponto que veja claramente que a morte não pode ser o início de nenhum problema, embora seja o fim de muitos; Se ela puder se dedicar à retidão e considerar fácil qualquer caminho que leve a ela; se, sendo uma criatura gregária e nascida para o bem comum, considerar o mundo como o lar universal, se mantiver sua consciência limpa em relação a Deus e viver sempre como se estivesse em público, temendo a si mesma mais do que aos outros homens, então ela evitará todas as tempestades, estará em terreno firme à luz do dia e terá levado à perfeição seu conhecimento de tudo o que é útil e essencial. Tudo o que resta serve apenas para entreter nosso lazer; no entanto, quando ancorada em segurança, a mente pode considerar esses assuntos também, embora não possa obter força, mas apenas cultura de sua discussão."

II. As regras acima são as que meu amigo Demétrio pede àquele que deseja progredir na filosofia que agarre com as duas mãos, que nunca as solte, mas que se apegue a elas, que as torne parte de si mesmo e que, por meio da meditação diária sobre elas, se coloque em tal estado de espírito que essas máximas saudáveis lhe ocorram por conta própria, de modo que, onde quer que esteja, elas possam estar prontas para serem usadas quando necessário, e que o critério do certo e do errado possa se apresentar a ele sem demora. Que ele saiba que nada é mau a não ser o que é vil, e nada é bom a não ser o que é honroso: que ele guie sua vida por essa regra: que ele aja e espere que os outros ajam de acordo com essa lei, e que ele considere aqueles cujas mentes estão mergulhadas na indolência e que se entregam à luxúria e à gula como os mais lamentáveis da humanidade, não importa quão esplêndida seja sua fortuna. Que ele diga a si mesmo: "O prazer é incerto, curto, apto a nos entristecer, e quanto mais ansiosamente nos entregamos a ele, mais cedo provocamos uma reação de sentimento contra ele; devemos necessariamente depois corar por ele, ou nos arrepender por ele, não há nada de grandioso nele, nada digno da natureza do homem, pouco inferior à dos deuses, o prazer é um ato baixo, provocado pela ação de nossos membros inferiores e mais baixos, e vergonhoso em seu resultado. O verdadeiro prazer, digno de um ser humano e de um homem, não é encher ou inchar seu corpo com comida e bebida, nem excitar luxúrias que são menos prejudiciais quando estão mais calmas, mas estar livre de todas as formas de perturbação mental, tanto aquelas que surgem das lutas ambiciosas dos homens uns com os outros, quanto aquelas que vêm do alto e são mais difíceis de lidar, que fluem de nossa visão tradicional dos deuses e os estimamos pela analogia de nossos próprios vícios." Esse prazer equânime, seguro e não sedutor é desfrutado pelo homem agora descrito; um homem hábil, por assim dizer, nas leis dos deuses e dos homens. Esse homem desfruta do presente sem ansiedade pelo futuro, pois aquele que depende do que é incerto não pode confiar em nada. Assim, ele está livre de todos aqueles grandes problemas que perturbam a mente, não espera nem cobiça nada e não se envolve em aventuras incertas, estando satisfeito com o que tem. Não suponha que ele esteja satisfeito com pouco, pois tudo é dele, e não no sentido em que tudo era de Alexandre, que, embora tenha chegado à margem do Mar Vermelho, ainda queria mais território do que aquele pelo qual havia passado. Ele nem mesmo possuía os países que possuía ou que havia conquistado, enquanto Onesícrito, que ele havia enviado à sua frente para descobrir novos países, estava vagando pelo oceano e entrando em guerra em mares desconhecidos. Está claro que aquele que empurrou seus exércitos para além dos limites do universo, que com ganância imprudente se lançou de cabeça em um mar ilimitado e inexplorado, deve ter sido, na realidade, cheio de necessidades? Não importa quantos reinos ele possa ter tomado ou doado, ou quão grande parte do mundo possa lhe prestar tributo; tal homem deve estar necessitado de tudo o que deseja.

III. Esse não foi o vício apenas de Alexandre, que seguiu com uma audácia afortunada os passos de Baco e Hércules, mas é comum a todos aqueles cuja cobiça é aguçada em vez de apaziguada pela boa sorte. Observe Ciro, Cambises e toda a casa real da Pérsia: você consegue encontrar algum deles que tenha achado que seu império era grande o suficiente ou que, no último suspiro, não estivesse ainda aspirando por mais conquistas? Não precisamos nos admirar com isso, pois tudo o que é obtido pela cobiça é simplesmente engolido e perdido, e não importa o quanto é despejado em sua boca insaciável. Somente o homem sábio possui tudo sem ter que lutar para mantê-lo; somente ele não precisa enviar embaixadores através dos mares, medir acampamentos em praias hostis, colocar guarnições em fortes de comando ou manobrar legiões e esquadrões de cavalaria. Como os deuses imortais, que governam seu reino sem recorrer às armas e, de suas alturas serenas e elevadas, protegem o seu próprio reino, assim o homem sábio cumpre seus deveres, por mais abrangentes que sejam, sem desordem, e olha com desprezo para toda a raça humana, porque ele próprio é o maior e mais poderoso membro dela. Você pode rir dele, mas se você examinar em sua mente o leste e o oeste, chegando até mesmo às regiões separadas de nós por vastas regiões selvagens, se você pensar em todas as criaturas da Terra, em todas as riquezas que a generosidade da natureza esbanja, isso mostra um grande espírito para ser capaz de dizer, como se você fosse um deus: "Tudo isso é meu". Assim, ele não cobiça nada, pois não há nada que não esteja contido em tudo, e tudo é dele.

IV. "Isso", diz você, "é exatamente o que eu queria! Eu o peguei! Ficarei feliz em ver como você se livrará das dificuldades em que caiu por sua própria vontade. Diga-me, se o homem sábio possui tudo, como alguém pode dar algo a um homem sábio? Pois até mesmo o que você dá a ele já é dele. É impossível, portanto, conceder um benefício a um homem sábio, se o que lhe é dado vem de seu próprio estoque; no entanto, vocês, estoicos, declaram que é possível oferecer algo a um homem sábio. Também faço a mesma pergunta sobre os amigos: pois vocês dizem que os amigos possuem tudo em comum e, se assim for, ninguém pode dar nada a seu amigo, pois ele dá o que seu amigo já possuía em comum com ele mesmo".

Não há nada que impeça que uma coisa pertença a um homem sábio e, ainda assim, seja propriedade de seu dono legal. De acordo com a lei, tudo em um Estado pertence ao rei, mas toda a propriedade sobre a qual o rei tem direitos de posse é dividida entre os proprietários individuais, e cada coisa separada pertence a alguém: e assim pode-se dar ao rei uma casa, um escravo ou uma quantia em dinheiro sem que se diga que ele lhe deu o que já era seu; pois o rei tem direitos sobre todas essas coisas, enquanto cada cidadão tem a propriedade delas. Falamos do país dos atenienses ou dos campônios, embora os habitantes os dividam entre si em propriedades separadas; toda a região pertence a um Estado ou outro, mas cada parte dela pertence a seu próprio proprietário individual; de modo que podemos dar nossas terras ao Estado, embora sejam consideradas como pertencentes ao Estado, porque nós e o Estado as possuímos de maneiras diferentes. Pode haver alguma dúvida de que todas as economias privadas de um escravo pertencem a seu senhor, assim como ele próprio? O escravo, portanto, não possui nada, porque se seu mestre quisesse, ele poderia não possuir nada; nem o que ele dá por sua própria vontade deixa de ser um presente, porque poderia ter sido arrancado dele contra sua vontade. Quanto a como devemos provar que o homem sábio possui todas as coisas, veremos mais adiante; por ora, ambos concordamos em considerar isso como verdade; devemos reunir algo para responder à pergunta que temos diante de nós, que é: como ainda resta algum meio de agir generosamente com alguém que já possui todas as coisas? Todas as coisas que um filho tem pertencem a seu pai, mas quem não sabe que, apesar disso, um filho pode dar presentes a seu pai? Todas as coisas pertencem aos deuses; no entanto, nós damos presentes e esmolas até mesmo aos deuses. O que eu tenho não é necessariamente meu porque pertence a você, pois a mesma coisa pode pertencer tanto a mim quanto a você.

"Aquele a quem os cortesãos pertencem", argumenta nosso adversário, "deve ser um comprador: agora os cortesãos estão incluídos em todas as coisas, portanto os cortesãos pertencem ao homem sábio. Mas aquele a quem os cortesãos pertencem é um comprador; portanto, o homem sábio é um comprador". Sim! Pelo mesmo raciocínio, nossos oponentes o proibiriam de comprar qualquer coisa, argumentando: "Nenhum homem compra sua própria propriedade. Ora, todas as coisas são propriedade do homem sábio; portanto, o homem sábio não compra nada." Com o mesmo raciocínio, eles se opõem a que ele tome empréstimos, porque ninguém paga juros pelo uso de seu próprio dinheiro. Eles levantam infinitas polêmicas, embora entendam perfeitamente o que dizemos.

V. Pois, quando digo que o homem sábio possui tudo, quero dizer que ele o faz sem prejudicar os direitos individuais de cada homem em sua própria propriedade, da mesma forma que em um país governado por um bom rei, tudo pertence ao rei, pelo direito de sua autoridade, e ao povo por seus diversos direitos de propriedade. Isso eu provarei em seu devido lugar; enquanto isso, é uma resposta suficiente à pergunta declarar que eu sou capaz de dar ao homem sábio aquilo que é, de uma forma, meu e, de outra, dele. Tampouco é estranho que eu seja capaz de dar qualquer coisa a alguém que possui tudo. Suponha que eu tenha alugado uma casa de você: uma parte dessa casa é minha, outra é sua; a casa em si é sua, o uso de sua casa me pertence. As colheitas podem amadurecer em suas terras, mas você não pode tocá-las contra a vontade de seu inquilino; e se o milho estiver caro ou a preço de fome, você

"*Em vão irá contemplar a grande reserva de outro,*"

cultivada em sua terra, crescendo sobre sua terra e destinada a ser armazenada em seus próprios celeiros. Embora você seja o proprietário, não deve entrar em minha casa alugada, nem pode tirar de mim seu próprio escravo se eu tiver contratado seus serviços; não, se eu alugar uma carruagem de você, concedo um benefício ao permitir que você se sente nela, embora ela seja sua. Você vê, portanto, que é possível para um homem receber um presente aceitando o que é seu.

VI. Em todos os casos que mencionei, cada parte é proprietária da mesma coisa. Como isso acontece? Porque um é proprietário da coisa e o outro é proprietário do uso da coisa. Estamos falando dos livros de Cícero. Dorus, o livreiro, chama esses mesmos livros de seus; um os reivindica porque os escreveu, o outro porque os comprou; de modo que se pode falar corretamente deles como pertencentes a qualquer um dos dois, pois pertencem a cada um, embora de maneira diferente. Assim, Tito Lívio pode receber como presente ou pode comprar seus próprios livros de Dorus. Embora o homem sábio possua tudo, ainda assim posso lhe dar o que possuo individualmente; pois embora, como um rei, ele possua tudo em sua mente, ainda assim a propriedade de todas as coisas é dividida entre vários indivíduos, de modo que ele pode tanto receber um presente quanto dever um presente; pode comprar ou alugar coisas. Tudo pertence a César; no entanto, ele não tem propriedade privada além de sua própria bolsa privada; como Imperador, todas as coisas são dele, mas nada é seu, exceto o que ele herda. É possível, sem traição, discutir o que é e o que não é dele; pois mesmo o que a Corte pode decidir que não é dele, de outro ponto de vista é dele. Da mesma forma, o homem sábio, em sua mente, possui tudo, mas em termos de direito real e propriedade, ele possui apenas sua própria propriedade.

VII. Bion é capaz de provar, por meio de argumentos, em um momento, que todos são sacrílegos, em outro, que ninguém o é. Quando ele está com vontade de lançar todos os homens na rocha de Tarpeia, ele diz: "Quem toca o que pertence aos deuses e o consome ou o converte para seu próprio uso é sacrílego; mas todas as coisas pertencem aos deuses, de modo que qualquer coisa que alguém toque pertence a eles, a quem tudo pertence; quem, portanto, toca em qualquer coisa é sacrílego". Mais uma vez, quando ele pede que os homens arrombem os templos e saqueiem o Capitólio sem temer a ira do céu, ele declara que ninguém pode ser sacrílego, porque tudo o que um homem tira, ele tira de um lugar que pertence aos deuses para outro lugar que pertence aos deuses. A resposta a isso é que todos os lugares de fato pertencem aos deuses, mas nem todos são consagrados a eles, e que o sacrilégio só pode ser cometido em lugares solenemente dedicados ao céu. Assim, também, o mundo inteiro é um templo dos deuses imortais e, de fato, o único digno de sua grandeza e esplendor, e ainda assim há uma distinção entre coisas sagradas e profanas; todas as coisas que é lícito fazer sob o céu e as estrelas não é lícito fazer dentro de paredes consagradas. O homem sacrílego não pode causar nenhum dano a Deus, pois Ele está fora de seu alcance por Sua natureza divina; no entanto, ele é punido porque parece ter causado dano a Ele: sua punição é exigida por nosso sentimento sobre o assunto, e até mesmo pelo seu próprio. Da mesma forma, portanto, como aquele que rouba qualquer coisa sagrada é considerado sacrílego, embora o que ele roubou esteja, no entanto, dentro dos limites do mundo, assim também é possível roubar um homem sábio: pois, nesse caso, não será uma parte do universo que ele possui, mas algumas das coisas das quais ele é o proprietário reconhecido, e que são, separadamente, sua propriedade, que lhe serão roubadas. A primeira dessas posses ele reconhecerá como sua, a segunda ele não estará disposto, mesmo que possa possuí-la; ele dirá, como disse aquele comandante romano, quando, para recompensar sua coragem e seus bons serviços ao Estado, lhe foi designada a maior quantidade de terra que ele poderia abrigar em um dia de lavoura. "Vocês não querem", disse ele, "um cidadão que queira mais do que o suficiente para um cidadão". Você não acha que é preciso ser muito mais homem para recusar essa recompensa do que para ganhá-la? Pois muitos tiraram os marcos da propriedade de outros homens, mas ninguém estabelece limites para a sua própria.

VIII. Quando, então, consideramos que a mente do homem verdadeiramente sábio tem poder sobre todas as coisas e permeia todas as coisas, não podemos deixar de declarar que tudo é dele, embora, na estimativa de nossa lei comum, possa ser considerado que ele não possua propriedade alguma. Faz uma grande diferença se estimamos o que ele possui pela grandeza de sua mente ou pelo registro público. Ele rezaria para ser libertado dessa posse de tudo de que o senhor fala. Não vou lembrá-lo de Sócrates, Crisipo, Zenão e outros grandes homens, ainda mais porque a inveja não impede ninguém de elogiar os antigos. Mas, há pouco tempo, mencionei Demétrio, que parece ter sido colocado pela natureza em nossa época para provar que não poderíamos corrompê-lo nem ser corrigidos por ele; um homem de sabedoria consumada, embora ele mesmo a negasse, constante dos princípios que professava, de uma eloquência digna de tratar dos assuntos mais importantes, desprezando meras pretensões e sutilezas verbais, mas expressando com espírito infinito as ideias que o inspiravam. Não duvido que ele tenha sido dotado pela Providência Divina de uma vida tão pura e de tal poder de expressão para que nossa época não ficasse sem um modelo nem uma reprovação. Se algum deus tivesse desejado dar toda a nossa riqueza a Demétrio, com a condição fixa de que ele não tivesse permissão para doá-la, tenho certeza de que ele teria se recusado a aceitá-la e teria dito,

IX. "Não pretendo prender em minhas costas um fardo como esse, do qual nunca poderei me livrar, nem pretendo, ágil e pouco equipado como sou, impedir meu progresso mergulhando no profundo pântano das transações comerciais. Por que você me oferece o que é a desgraça de todas as nações? Eu não o aceitaria mesmo que quisesse dá-lo, pois vejo muitas coisas que não caberia a mim dar. Gostaria de colocar diante de meus olhos as coisas que fascinam tanto os reis quanto os povos, desejo contemplar o preço de seu sangue e de suas vidas. Primeiro traga diante de mim os troféus de luxo, exibindo-os como quiser, em sucessão ou, o que é melhor, em uma única massa. Vejo a carapaça da tartaruga, um animal imundo e preguiçoso, comprada por somas imensas e ornamentada com o mais elaborado cuidado, sendo que o contraste de cores que é admirado nela é obtido pelo uso de corantes que se assemelham às tonalidades naturais. Vejo mesas e peças de madeira avaliadas pelo preço da propriedade de um senador, que são tanto mais preciosas quanto mais nós a árvore tiver sido torcida pela doença. Vejo vasos de cristal, cujo preço é aumentado por sua fragilidade, pois entre os ignorantes o risco de perder as coisas aumenta seu valor em vez de diminuí-lo, como deveria. Vejo taças de murano, pois o luxo seria muito barato se os homens não bebessem uns com os outros em pedras preciosas ocas para depois jogarem o vinho fora. Vejo mais de uma pérola grande colocada em cada orelha; pois agora nossas orelhas são treinadas para carregar fardos, as pérolas são penduradas nelas em pares, e cada par tem outras únicas presas acima dele. Essa loucura feminina não é exagerada o suficiente para os homens de nosso tempo, a menos que eles pendurem duas ou três propriedades em cada orelha. Vejo vestidos de seda para senhoras, se é que merecem ser chamados de vestidos, que não cobrem nem o corpo nem a vergonha; ao usá-los, elas dificilmente podem jurar, com boa consciência, que não estão nuas. Eles são importados a um custo enorme de nações desconhecidas até mesmo para o comércio, a fim de que nossas matronas possam mostrar tanto de sua pessoa em público quanto o fazem para seus amantes em particular."

X. Veja quantas coisas existem cujo preço excede o de seu amado ouro: todas as que mencionei são mais estimadas e valorizadas. Agora quero examinar sua riqueza, essas placas de ouro e prata que deslumbram nossa cobiça. Por Hércules, a própria terra, embora traga à superfície tudo o que é útil para nós, enterrou essas placas, afundou-as profundamente e se apoia nelas com todo o seu peso, considerando-as substâncias perniciosas e passíveis de serem a ruína da humanidade se trazidas à luz do dia. Vejo que o ferro é retirado das mesmas covas escuras que o ouro e a prata, para que não nos faltem nem os meios nem a recompensa do assassinato. Até agora, lidamos com substâncias reais, mas algumas formas de riqueza enganam nossos olhos e mentes. Vejo ali cartas de crédito, notas promissórias e títulos, fantasmas vazios de propriedade, fantasmas da Avareza doentia, com os quais ela engana nossas mentes, que se deleitam com fantasias irreais; pois o que são essas coisas, e o que são juros, livros contábeis e usura, a não ser nomes de desenvolvimentos não naturais da cobiça humana? Eu poderia reclamar da natureza por não ter escondido o ouro e a prata mais profundamente, por não ter colocado sobre eles um peso pesado demais para ser removido, mas o que são seus documentos, sua venda a prazo, seus juros de doze por cento que sugam o sangue? Esses são males que devemos à nossa própria vontade, que fluem meramente de nosso hábito pervertido, não tendo nada neles que possa ser visto ou manuseado, meros sonhos de avareza vazia. Miserável é aquele que pode se deleitar com o tamanho do livro de contabilidade de sua propriedade, com grandes extensões de terra cultivadas por escravos acorrentados, com rebanhos e manadas enormes que exigem províncias e reinos para seu pasto, com uma família de servos, mais numerosa do que algumas das nações mais guerreiras, ou com uma casa particular cuja extensão ultrapassa a de uma grande cidade! Depois de ter examinado cuidadosamente toda a sua riqueza, em que ela é investida e em que é gasta, e de ter se tornado orgulhoso ao pensar nela, que ele compare o que tem com o que deseja: ele se torna um homem pobre imediatamente. "Deixai-me ir; restituí-me as minhas riquezas. Eu conheço o reino da sabedoria, que é grande e estável: Possuo todas as coisas, e de tal forma que elas pertencem a todos os homens."

XI. Quando, portanto, Caio César lhe ofereceu duzentos mil sestércios[40], ele os recusou rindo, achando indigno de si mesmo gabar-se de ter recusado uma quantia tão pequena. Ó deuses e deusas, que mente mesquinha deve ter tido o imperador, se ele esperava honrá-lo ou corrompê-lo. Devo repetir aqui uma prova de sua magnanimidade. Ouvi dizer que quando ele estava expressando sua admiração pela loucura de Gaio ao supor que poderia ser influenciado por tal suborno, ele disse: "Se ele quisesse me tentar, deveria ter tentado fazê-lo oferecendo todo o seu reino".

XII. É possível, então, dar algo ao homem sábio, embora todas as coisas pertençam ao homem sábio. Da mesma forma, embora declaremos que os amigos têm todas as coisas em comum, ainda assim é possível dar algo a um amigo, pois não tenho tudo em comum com um amigo da mesma forma que com um parceiro, em que uma parte pertence a ele e outra a mim, mas sim como um pai e uma mãe possuem seus filhos em comum quando têm dois, não cada pai possuindo um filho, mas cada um possuindo ambos. Em primeiro lugar, provarei que qualquer possível parceiro meu não tem nada em comum comigo: e por quê? Porque essa comunidade de bens só pode existir entre homens sábios, que são os únicos capazes de ter amizade: outros homens não podem ser amigos nem parceiros uns dos outros. Em seguida, as coisas podem ser possuídas em comum de várias maneiras. Os assentos dos cavaleiros no teatro pertencem a todos os cavaleiros romanos; no entanto, o assento que eu ocupo passa a ser meu e, se eu o ceder a alguém, embora eu lhe ceda apenas uma coisa que possuímos em comum, ainda assim parece que lhe dei algo. Algumas coisas pertencem a certas pessoas sob condições específicas. Eu tenho um lugar entre

---

40 Moeda da Roma Antiga. (N. do R.)

os cavaleiros, não para vender, alugar ou morar, mas simplesmente para ver o espetáculo, portanto, não digo uma mentira quando digo que tenho um lugar entre os assentos dos cavaleiros. No entanto, se, quando entro no teatro, os assentos dos cavaleiros estão cheios, eu tenho um assento lá por direito, porque tenho o privilégio de sentar lá, e não tenho um assento lá, porque meu assento está ocupado por aqueles que compartilham meu direito a esses lugares. Suponhamos que a mesma coisa ocorra entre amigos; tudo o que nosso amigo possui é comum a nós, mas é propriedade daquele que o possui; não posso fazer uso disso contra sua vontade. "Você está rindo de mim", diz você; "se o que pertence ao meu amigo é meu, eu posso vendê-lo". Você não pode, pois não pode vender seu lugar entre os assentos dos cavaleiros, que, no entanto, são comuns a você e aos outros cavaleiros. Consequentemente, o fato de não poder vender uma coisa, consumi-la ou trocá-la por uma melhor ou pior não prova que ela não é sua; pois o que é seu sob certas condições é seu mesmo assim.

XIII. Eu recebi, mas certamente não menos. Para não me alongar mais do que o necessário, um benefício não pode ser mais do que um benefício; mas os meios empregados para transmitir benefícios podem ser maiores e mais numerosos. Refiro-me àquelas coisas por meio das quais a bondade se expressa e dá vazão a si mesma, como os amantes, cujos muitos beijos e abraços íntimos não aumentam seu amor, mas o reproduzem.

XIV. A próxima questão que surge foi minuciosamente debatida nos livros anteriores, de modo que aqui será apenas abordada brevemente, pois os argumentos que foram usados em outros casos podem ser transferidos para ela.

A questão é se alguém que fez tudo o que estava ao seu alcance para devolver um benefício, o devolveu. "Você pode saber", diz nosso adversário, "que ele não o devolveu, porque ele fez tudo o que estava ao seu alcance para devolvê-lo; é evidente, portanto, que ele não fez aquilo que não teve a oportunidade de fazer. Um homem que procura seu credor por toda parte sem encontrá-lo não paga a ele o que deve". Alguns estão em uma posição tal que é seu dever realizar algo importante; no caso de outros, ter feito tudo o que estava ao seu alcance para realizá-lo é tão bom quanto realizá-lo. Se um médico fez tudo o que estava ao seu alcance para curar seu paciente, ele cumpriu seu dever; um advogado que emprega todos os seus poderes de eloquência em favor de seu cliente, cumpre seu dever mesmo que seu cliente seja condenado; o generalismo, mesmo de um comandante derrotado, é elogiado se ele exerceu suas funções de forma prudente, laboriosa e corajosa. Seu amigo fez tudo o que estava ao seu alcance para retribuir sua bondade, mas sua boa sorte o impediu; nenhuma adversidade lhe sobreveio na qual ele pudesse provar a veracidade de sua amizade; ele não pôde lhe dar dinheiro quando você era rico, nem cuidar de você quando estava com saúde, nem ajudá-lo quando você estava tendo sucesso; ainda assim, ele retribuiu sua bondade, mesmo que você não tenha recebido nenhum benefício dele. Além disso, esse homem, por estar sempre ansioso e atento a uma oportunidade de fazer isso, já que gastou muita ansiedade e muito trabalho nisso, realmente fez mais do que aquele que rapidamente teve a oportunidade de retribuir sua bondade. O caso de um devedor não é o mesmo, pois não é suficiente que ele tenha tentado encontrar o dinheiro a menos que o pague; no caso dele, há um credor severo que não deixará passar um único dia sem lhe cobrar juros; no seu caso, há um amigo muito gentil que, ao vê-lo ocupado, preocupado e ansioso, diria:

> *"'Tire esse problema de seu peito;*
> *Deixe de se preocupar; recebi de você tudo o que eu queria;*
> *você me engana, se supõe que eu queira algo mais; você*
> *me retribuiu totalmente em intenção".*

"Diga-me", diz nosso adversário, "se ele tivesse retribuído o benefício, você diria que ele retribuiu sua bondade: então, aquele que o retribui está na mesma posição que aquele que não o retribuiu?"

Por outro lado, considere o seguinte: se ele tivesse esquecido o benefício que recebeu, se não tivesse nem mesmo tentado ser grato, você diria que ele não retribuiu a gentileza; mas esse homem trabalhou dia e noite, negligenciando todos os seus outros deveres em seu cuidado devotado para não deixar escapar nenhuma oportunidade de provar sua gratidão; então, aquele que não se esforçou para retribuir uma gentileza deve ser classificado como esse homem que nunca deixou de se esforçar? O senhor é injusto ao exigir de mim um pagamento material quando vê que não me falta intenção.

XV. Em suma, suponha que, quando você for levado cativo, eu tenha tomado dinheiro emprestado, dado minha propriedade como garantia ao meu credor, que eu tenha navegado em um inverno tempestuoso ao longo de costas repletas de piratas, que eu tenha enfrentado todos os perigos que necessariamente acompanham uma viagem, mesmo em um mar pacífico, que eu tenha vagado por todos os lugares selvagens procurando por aqueles homens dos quais todos os outros fogem, e que quando eu finalmente chegar aos piratas, alguém já o tenha resgatado: você dirá que eu não retribuí sua bondade? Mesmo que, durante essa viagem, eu tenha perdido por naufrágio o dinheiro que juntei para salvá-lo, mesmo que eu mesmo tenha caído na prisão da qual tentei libertá-lo, você dirá que não retribuí sua bondade? Não, por Hércules! Os atenienses chamam Harmódio e Aristógito de tiranicidas; a mão de Múcio que ele deixou no altar do inimigo foi equivalente à morte de Porsena, e a valentia que luta contra a fortuna é sempre ilustre, mesmo que não consiga realizar seu objetivo. Aquele que observa cada oportunidade que passa e tenta aproveitar uma após a outra faz mais para demonstrar sua gratidão do que aquele a quem a primeira oportunidade permitiu ser grato sem nenhum problema. "Mas", diz nosso adversário, "ele lhe deu duas coisas, ajuda material e sentimento de bondade; você, portanto, deve a ele duas coisas". Você poderia dizer isso a alguém que retribui seu sentimento de bondade sem se preocupar mais com isso; esse homem está realmente em dívida com você; mas você não pode dizer o mesmo de alguém que deseja retribuir, que luta e não deixa pedra sobre pedra para fazê-lo; pois, até onde está nele, ele o retribui em ambos os tipos; em segundo lugar, a contagem nem sempre é um teste verdadeiro, às vezes uma coisa é equivalente a duas; consequentemente, um desejo tão intenso e ardente de retribuir toma o lugar de uma retribuição material. De fato, se um sentimento de gratidão não tem valor para retribuir uma bondade sem dar algo material, então ninguém pode ser grato aos deuses, a quem podemos retribuir apenas com gratidão. "Não podemos", diz nosso adversário, "dar mais nada aos deuses". Bem, mas se eu não sou capaz de dar a esse homem, cuja bondade sou obrigado a retribuir, nada além de minha gratidão, por que isso, que é tudo o que posso conceder a um deus, seria insuficiente para provar minha gratidão para com um homem?

XVI. Se, no entanto, você me perguntar o que eu realmente penso e quiser que eu dê uma resposta definitiva, eu diria que uma parte deve considerar que seu benefício foi devolvido, enquanto a outra deve sentir que não o devolveu; uma deve liberar seu amigo da dívida, a outra deve se considerar obrigada a pagá-la; uma deve dizer: "Eu recebi"; a outra deve responder: "Eu devo". Em toda a nossa investigação, devemos olhar inteiramente para o bem público; devemos evitar que os ingratos tenham qualquer desculpa na qual possam se refugiar e sob a qual possam negar suas dívidas. "Eu fiz tudo o que estava ao meu alcance", diz você. Bem, continue fazendo isso. Você acha que nossos antepassados eram tão tolos a ponto de não entenderem que é muito injusto que o homem que desperdiçou o dinheiro que recebeu de seu credor em devassidão ou jogos de azar seja classificado como aquele que perdeu sua própria propriedade e a de outros em um incêndio, roubo ou algum outro infortúnio mais triste? Eles não aceitariam nenhuma desculpa, para que os homens pudessem entender que eles estavam sempre obrigados a manter sua palavra; achava-se melhor que mesmo uma boa desculpa não fosse aceita por algumas pessoas, do que todos os homens serem levados a tentar dar desculpas. Você diz que fez tudo o que estava ao seu alcance para pagar sua dívida; isso deve ser suficiente para seu amigo, mas não para você. Aquele a quem você deve uma gentileza é indigno de gratidão se deixar que todo o seu cuidado e trabalho para pagá-la sejam em vão; e assim, também, se seu amigo aceitar sua boa vontade como pagamento, você será ingrato se não estiver ainda mais ansioso para sentir a obrigação da dívida que ele lhe perdoou. Não pegue o recibo dele nem chame testemunhas para prová-lo; em vez disso, busque oportunidades para pagar não menos do que antes; pague a um homem porque ele pede o pagamento, a outro porque ele perdoa sua dívida; a um porque ele é bom, a outro porque ele é mau. Portanto, você não precisa pensar que tem algo a ver com a questão de um homem ser obrigado a devolver o benefício que recebeu de um homem sábio, se esse homem deixou de ser sábio e se tornou um homem mau. Você devolveria um depósito que tivesse recebido de um homem sábio; devolveria um empréstimo até mesmo a um homem mau; que motivos você tem para não devolver um benefício também? Por ele ter mudado, ele deveria mudar você? Se você tivesse recebido algo de um homem quando saudável, não o devolveria quando ele estivesse doente, embora sempre sejamos mais obrigados a tratar nossos amigos com mais bondade quando eles estão doentes? Assim, também, esse homem está doente em sua mente; devemos ajudá-lo e suportá-lo; a insensatez é uma doença da mente.

XVII. Acho que aqui devemos fazer uma distinção, a fim de tornar esse ponto mais inteligível. Os benefícios são de dois tipos: um, o benefício perfeito e verdadeiro, que só pode ser concedido por um homem sábio a outro; o outro, a forma vulgar comum que homens ignorantes como nós trocam. Com relação ao último, não há dúvida de que é meu dever retribuí-lo, quer meu amigo se revele um assassino, um ladrão ou um adúltero. Os crimes têm leis para puni-los; os criminosos são melhor reformados pelos juízes do que pela ingratidão; um homem não deve torná-lo ruim por ser ele mesmo ruim. Eu devolverei um benefício a um homem mau, eu o devolverei a um homem bom; eu o faço a este último, porque eu devo a ele; ao primeiro, para que eu não fique em dívida com ele.

XVIII. Com relação à outra classe de benefício, surge a questão de saber se, caso eu não tenha sido capaz de recebê-lo sem ser um homem sábio, sou capaz de devolvê-lo, exceto a um homem sábio. Pois suponhamos que eu o devolva a ele, ele não poderá recebê-lo, ele não é mais capaz de receber tal coisa, ele perdeu o conhecimento de como usá-lo. O senhor não me diria para devolver[41] uma bola a um homem que perdeu a mão; é loucura dar a alguém o que ele não pode receber. Se eu for começar a responder ao último argumento, direi que não devo dar a ele o que ele não pode receber; mas eu o devolveria, mesmo que ele não pudesse receber. Não posso obrigá-lo, a menos que ele aceite minha generosidade; mas, ao devolvê-la, posso me livrar de minhas obrigações para com ele. Você diz: "ele não poderá usá-la". Deixe que ele cuide disso; a culpa será dele, não minha.

---

41 NOTA DE AUBREY STEWART — Ou seja, em um jogo de bola.

XIX. "Devolver uma coisa", diz nosso adversário, "é entregá-la a alguém que possa recebê-la. Porque, se você devesse um pouco de vinho a qualquer homem, e ele lhe pedisse para despejá-lo em uma rede ou peneira, você diria que o havia devolvido? Ou estaria disposto a devolvê-lo de tal forma que, no ato da devolução, ele se perdesse entre vocês?" Devolver é dar aquilo que você deve de volta ao seu dono quando ele desejar. Não é meu dever fazer mais do que isso; o fato de ele possuir o que recebeu de mim é uma questão a ser considerada posteriormente; não lhe devo a guarda de sua propriedade, mas o pagamento honroso de minha dívida, e é muito melhor que ele não a tenha do que eu não a devolva a ele. Eu pagaria ao meu credor, mesmo que ele levasse imediatamente o que lhe paguei para o mercado; mesmo que ele designasse uma adúltera para receber o dinheiro de mim, eu o pagaria a ela; mesmo que ele despejasse as moedas que recebe em uma dobra solta de sua capa, eu o pagaria. É minha obrigação devolvê-lo a ele, não guardá-lo e guardá-lo para ele depois de tê-lo devolvido; sou obrigado a cuidar de sua generosidade quando a tiver recebido, mas não quando a tiver devolvido a ele. Enquanto estiver comigo, ela deve ser mantida em segurança; mas quando ele a pedir novamente, devo entregá-la a ele, mesmo que ela escorregue de suas mãos quando ele a pegar. Retribuirei a um homem bom quando for conveniente; retribuirei a um homem mau quando ele me pedir.

"Você não pode", argumenta nosso adversário, "devolver-lhe um benefício do mesmo tipo daquele que recebeu; pois você o recebeu de um homem sábio e o está devolvendo a um tolo". Não devo devolver a ele um benefício como o que ele agora pode receber? Não é minha culpa se eu o devolver pior do que o recebi, a culpa é dele e, portanto, a menos que ele recupere sua sabedoria anterior, eu o devolverei na forma que ele, em sua condição decaída, é capaz de receber. "Mas e", pergunta ele, "se ele se tornar não apenas mau, mas selvagem e feroz, como Apolodoro ou Fálaris, você devolveria até mesmo a um homem como esse um benefício que recebeu dele?" Eu respondo: A natureza não admite uma mudança tão grande em um homem sábio. Os homens não mudam do melhor para o pior; mesmo ao se tornar mau, ele necessariamente manteria alguns traços de bondade; a virtude nunca é tão completamente extinta a ponto de não imprimir na mente marcas que nenhuma degradação pode apagar. Se os animais selvagens criados em cativeiro escapam para a floresta, eles ainda retêm algo de sua mansidão original e estão tão distantes dos mais gentis em um extremo quanto estão no outro daqueles que sempre foram selvagens e nunca suportaram ser tocados pela mão do homem. Ninguém que tenha se dedicado à filosofia jamais se tornará completamente perverso; sua mente se torna tão profundamente colorida com ela, que seus matizes nunca poderão ser inteiramente estragados e escurecidos. Em segundo lugar, eu pergunto se esse seu homem é feroz apenas na intenção ou se ele se lança em ofensas reais à humanidade? O senhor citou os tiranos Apolodoro e Fálaris; se o homem mau restringe a semelhança maligna deles dentro de si mesmo, por que eu não deveria devolver o benefício a ele, a fim de me libertar de qualquer outra relação com ele? Se, no entanto, ele não apenas se deleita com o sangue humano, mas se alimenta dele; se ele exerce sua crueldade insaciável na tortura de pessoas de todas as idades, e sua fúria não é motivada pela raiva, mas por uma espécie de prazer na crueldade, se ele corta a garganta de crianças diante dos olhos de seus pais; se, não satisfeito em apenas matar suas vítimas, ele as tortura, e não apenas as queima, mas realmente as assa; se seu castelo está sempre molhado com sangue recém-derramado; então não é suficiente não devolver seus benefícios. Toda a conexão entre mim e esse homem foi rompida por sua destruição dos laços da sociedade humana. Se ele tivesse me concedido algo, mas invadisse meu país natal, ele teria perdido todo o direito à minha gratidão e seria considerado um crime retribuir-lhe; se ele não atacasse meu país, mas fosse o flagelo de seu próprio país; Se ele não tiver nada a ver com minha nação, mas atormentar e despedaçar a sua própria, então, da mesma forma, tal depravação, embora não o torne meu inimigo pessoal, ainda assim o torna odioso para mim, e o dever que tenho para com a raça humana é anterior e mais importante do que aquele que tenho para com ele como indivíduo.

XX. No entanto, embora seja assim, e embora eu esteja livre de qualquer obrigação para com ele, a partir do momento em que, ao ultrajar todas as leis, ele tornou impossível que qualquer homem lhe fizesse um mal, ainda assim, acho que devo fazer a seguinte distinção ao lidar com ele. Se o reembolso de seu benefício não aumentar nem mantiver seus poderes de causar danos à humanidade, e for de tal natureza que eu possa devolvê-lo sem desvantagem para o público, eu o devolverei: por exemplo, eu salvaria a vida de seu filho pequeno; pois que mal esse benefício pode causar a qualquer um dos que sofrem com sua crueldade? Mas eu não lhe forneceria dinheiro para pagar seu guarda-costas. Se ele deseja bolinhas de gude ou roupas finas, os adereços de seu luxo não farão mal a ninguém; mas eu não o forneceria soldados e armas. Se ele exigir, como uma grande dádiva, atores e cortesãs e coisas que suavizem sua natureza selvagem, eu os concederia de bom grado. Eu não o forneceria com trirremes[42] e navios de guerra com bico de bronze, mas lhe enviaria embarcações rápidas e luxuosamente equipadas, e todos os brinquedos dos reis que se divertem no mar. Se sua saúde estivesse completamente debilitada, eu, com o mesmo ato, concederia um benefício a todos os homens e devolveria um a ele; visto que, para tais personagens, a morte é o único remédio, e que aquele que nunca retornará a si mesmo, é melhor deixar a si mesmo. No entanto, uma maldade como essa é incomum e é

---

42 Antiga embarcação grega movida por remos. (N. do R.)

sempre considerada um presságio, como quando a terra se abre ou quando fogos irrompem de cavernas no fundo do mar; portanto, deixemos isso de lado e falemos dos vícios que podemos odiar sem tremer diante deles. Quanto ao homem mau comum, que posso encontrar no mercado de qualquer cidade, que é temido apenas por indivíduos, eu lhe devolveria um benefício que tivesse recebido dele. Não é justo que eu me beneficie de sua maldade; deixe-me devolver o que não é meu ao seu dono. Se ele é bom ou mau, não faz diferença; mas eu consideraria o assunto com muito cuidado, se não estivesse devolvendo, mas concedendo.

XXI. Esse ponto precisa ser ilustrado por uma história. Um certo pitagórico comprou um belo par de sapatos de um sapateiro e, como se tratava de uma peça cara, ele não pagou por eles. Algum tempo depois, ele foi à loja para pagá-los e, depois de muito tempo batendo na porta fechada, alguém lhe disse: "Por que você está perdendo seu tempo? O sapateiro que você procura foi levado para fora de sua casa e enterrado; isso é uma tristeza para nós, que perdemos nossos amigos para sempre, mas de forma alguma para você, que sabe que ele nascerá de novo", zombando do pitagórico. Diante disso, nosso filósofo, não a contragosto, levou seus três ou quatro denários para casa novamente, sacudindo-os de vez em quando; Depois disso, culpando-se pelo prazer que havia sentido secretamente por não pagar sua dívida e percebendo que havia gostado de ter feito esse ganho insignificante, ele voltou à loja e, dizendo: "o homem vive para você, pague a ele o que deve", passou quatro denários para dentro da loja pela fresta da porta fechada e deixou-os cair lá dentro, punindo-se por sua ganância inconcebível, para que não criasse o hábito de se apropriar do que não é seu.

XXII. Se você deve alguma coisa, procure alguém a quem possa pagá-la e, se ninguém exigir, faça-o você mesmo; se o homem é bom ou mau, não é da sua conta; pague-o e depois o culpe. Você se esqueceu de como seus vários deveres estão divididos: é justo que ele se esqueça disso, mas nós lhe pedimos que tenha isso em mente. Quando, no entanto, dizemos que aquele que concede um benefício deve esquecê-lo, é um erro supor que o privamos de toda lembrança do negócio, embora isso lhe seja muito digno de crédito; alguns de nossos preceitos são declarados de forma muito rigorosa, a fim de reduzi-los às suas verdadeiras proporções. Quando dizemos que ele não deve se lembrar do fato, queremos dizer que ele não deve falar publicamente ou se vangloriar de forma ofensiva. Há alguns que, quando concedem um benefício, contam-no em todas as sociedades, falam dele quando estão sóbrios, não conseguem ficar calados quando estão bêbados, forçam-no a estranhos e o comunicam aos amigos; é para suprimir essa consciência excessiva e reprovável que pedimos àquele que o concedeu que o esqueça e, ao ordenar-lhe que faça isso, o que é mais do que ele é capaz, o incentivamos a manter o silêncio.

XXIII. Quando você desconfia daqueles a quem ordena que façam alguma coisa, deve ordenar-lhes que façam mais do que o suficiente para que possam fazer o que é suficiente. O objetivo de todo exagero é chegar à verdade por meio da falsidade. Consequentemente, aquele que falou de cavalos como sendo:

"*Mais branco que a neve e mais rápido que o vento*"

disseram o que não podia ser, a fim de que se pensasse que o eram tanto quanto possível. E aquele que disse:

"*Mais firme do que os penhascos, mais impetuoso do que a correnteza,*"

não supunha que ele deveria fazer alguém acreditar que um homem poderia ser tão firme quanto um penhasco. O exagero nunca espera que todos os seus voos ousados sejam acreditados, mas afirma o que é incrível, para que assim possa transmitir o que é crível. Quando dizemos "que o homem que concedeu um benefício o esqueça", o que queremos dizer é "que ele seja como se o tivesse esquecido; que sua lembrança não apareça ou seja vista". Quando dizemos que o reembolso de um benefício não deve ser exigido, não proibimos totalmente que ele seja exigido; pois o reembolso muitas vezes precisa ser extorquido de homens maus, e até mesmo os homens bons precisam ser lembrados disso. Não devo indicar um meio de pagamento a alguém que não o percebe? Não devo explicar meus desejos a quem não os conhece? Por que ele (se for um homem mau) deveria ter a desculpa ou (se for um homem bom) a tristeza de não conhecê-las? Às vezes, os homens devem ser lembrados de suas dívidas, embora com modéstia, não no tom de quem exige um direito legal.

XXIV. Certa vez, Sócrates disse aos seus amigos: "Eu teria comprado um manto, se tivesse dinheiro para isso". Ele não pediu dinheiro a ninguém, mas lembrou a todos que o dessem. Havia uma rivalidade entre eles para saber quem deveria dar o dinheiro; e como não haveria de haver? Não foi uma coisa pequena o que Sócrates recebeu? Sim, mas era uma grande coisa ser o homem de quem Sócrates a recebeu. Poderia ele censurá-los mais gentilmente? "Eu teria", disse ele, "comprado um manto se tivesse dinheiro para isso". Depois disso, por mais ansioso que alguém estivesse para dar, ele dava tarde demais, pois já havia faltado com seu dever para com Sócrates. Pelo fato de alguns homens exigirem severamente o pagamento de dívidas, nós o proibimos, não para que nunca seja feito, mas para que seja feito com moderação.

XXV. Certa vez, Aristipo, ao apreciar um perfume, disse: "Má sorte para essas pessoas efeminadas que trouxeram descrédito a uma coisa tão agradável". Nós também podemos dizer: "Má sorte para esses extorsionários vulgares que nos importunam para obter o quádruplo de seus benefícios, e que levaram ao descrédito uma coisa tão agradável como lembrar nossos amigos de seus deveres". No entanto, farei uso desse direito de amizade e exigirei a devolução de um benefício de qualquer homem a quem eu não teria escrúpulos em pedir um, um homem que consideraria o poder de devolver um benefício como equivalente a receber um segundo. Jamais, nem mesmo ao reclamar dele, eu diria

> "Um infeliz abandonado na praia,
> Seu navio, seus companheiros, todos foram varridos;
> Tolo que eu era, tive pena de seu desespero,
> E até lhe dei uma parte do meu reino."

Isso não é lembrar, mas reprovar; isso é tornar os benefícios de alguém odiosos para ele ou até mesmo fazê-lo desejar ser ingrato. É suficiente, e mais do que suficiente, lembrá-lo disso de forma gentil e familiar:

> "Se algo meu já mereceu seus agradecimentos."

A isso, sua resposta seria: "É claro que você mereceu meus agradecimentos; você me acolheu, 'um infeliz abandonado na praia'".

XXVI. "Mas", diz nosso adversário, "suponha que não ganhemos nada com isso; suponha que ele finja que esqueceu, o que devo fazer?" Agora você faz uma pergunta muito necessária, e que conclui adequadamente esse ramo do assunto: como, a saber, devemos suportar os ingratos. Eu respondo: com calma, gentileza e magnanimidade. Nunca deixe que a descortesia, o esquecimento ou a ingratidão de alguém o enfureça a ponto de você não sentir nenhum prazer por ter concedido um benefício a ele; nunca deixe que seus erros o levem a dizer: "Gostaria de não ter feito isso". Você deve ter prazer até mesmo no mau êxito de seu benefício; ele sempre se arrependerá, mesmo que você não se arrependa agora. Você não deve ficar indignado, como se algo estranho tivesse acontecido; você deve ficar surpreso se isso não tivesse acontecido. Alguns são impedidos por dificuldades, outros por despesas e outros por perigo de devolver sua generosidade; alguns são impedidos por uma falsa vergonha, pois, ao devolvê-la, eles confessariam que a receberam; outros têm como obstáculo a ignorância de seus deveres, a indolência ou o excesso de negócios. Reflita sobre a insaciabilidade dos desejos dos homens. Você não precisa se surpreender se ninguém lhe pagar em um mundo em que ninguém nunca ganha o suficiente. Que homem existe com uma mente tão firme e confiável que você possa investir seus benefícios nele com segurança? Um homem é enlouquecido pela luxúria, outro é escravo de seu ventre, outro dá toda a sua alma ao ganho, não se importando com os meios pelos quais ele o acumula; a mente de alguns homens é perturbada pela inveja, outros são cegados pela ambição até que estejam prontos para se atirar na ponta da espada. Além disso, é preciso levar em conta a lentidão mental e a velhice; e também os opostos disso, a inquietação e a perturbação mental, bem como a autoestima excessiva e o orgulho nas mesmas coisas pelas quais um homem deveria ser desprezado. Não preciso mencionar a persistência obstinada em fazer coisas erradas ou a frivolidade que não consegue permanecer constante em um ponto; além de tudo isso, há a imprudência precipitada, há a timidez que nunca nos dá conselhos confiáveis e os inúmeros erros com os quais lutamos, a imprudência dos mais covardes, as brigas de nossos melhores amigos e o mal mais comum de confiar no que é mais incerto e de subestimar, quando o obtivemos, aquilo que nunca esperávamos possuir. Em meio a todas essas paixões inquietas, como você pode esperar encontrar algo tão cheio de descanso como a boa-fé?

XXVII. Se um retrato verdadeiro de nossa vida surgisse diante de sua visão mental, você contemplaria, penso eu, uma cena como a de uma cidade recém-tomada pela tempestade, onde a decência e a retidão não são mais consideradas, e nenhum conselho é ouvido a não ser o da força, como se a confusão universal fosse a palavra de comando. Nem o fogo nem a espada são poupados; o crime não é punido pelas leis; até mesmo a religião, que salva a vida dos suplicantes em meio a inimigos armados, não detém aqueles que estão correndo para garantir a pilhagem. Alguns homens roubam casas particulares, outros prédios públicos; todos os lugares, sagrados ou profanos, são igualmente despojados; alguns arrombam a porta de entrada, outros a escalam; alguns abrem um caminho mais largo para si mesmos derrubando as paredes que os impedem de entrar e abrem caminho para seu saque sobre ruínas; alguns devastam sem matar, outros esbravejam despojos que pingam o sangue de seu dono; todos levam os bens de seus vizinhos. Nessa luta gananciosa da raça humana, certamente vocês se esquecem do destino comum de toda a humanidade, se procurarem entre esses ladrões alguém que devolva o que recebeu. Se você se indigna com o fato de os homens serem ingratos, também deveria se indignar com o fato de serem luxuosos, avarentos e luxuriosos; você também poderia se indignar com os doentes por serem feios, ou com os velhos por serem pálidos. É, de fato, um vício grave, que não deve ser suportado e que coloca os homens em desacordo uns com os outros; não, ele rasga e destrói aquela união pela qual somente nossa fraqueza humana pode ser sustentada; no entanto, é tão absolutamente universal que mesmo aqueles que mais se queixam dele não estão livres dele.

XXVIII. Considere em seu íntimo se você sempre demonstrou gratidão àqueles a quem deve, se a bondade de alguém nunca foi desperdiçada com você, se você sempre tem em mente todos os benefícios que recebeu. Você perceberá que aqueles que recebeu quando era menino foram esquecidos antes de se tornar um homem; que aqueles que lhe foram concedidos quando jovem saíram de sua memória quando você se tornou idoso. Alguns perdemos, outros jogamos fora, outros desapareceram gradualmente de nossa vista, outros fechamos os olhos deliberadamente. Se eu tiver que me desculpar por sua fraqueza, devo dizer, em primeiro lugar, que a memória humana é um recipiente frágil e não é grande o suficiente para conter a massa de coisas colocadas nela; quanto mais ela recebe, mais ela necessariamente perde; as coisas mais antigas nela dão lugar às mais novas. Assim, acontece que sua enfermeira não tem quase nenhuma influência sobre você, porque o passar do tempo distanciou muito a bondade que você recebeu dela; assim é que você não olha mais para seu professor com respeito; e agora, quando está ocupado com sua candidatura ao consulado ou ao sacerdócio, você se esquece daqueles que o apoiaram em sua eleição para o cargo de questor. Se você se examinar cuidadosamente, talvez encontre o vício do qual se queixa em seu próprio peito; você está errado ao se irritar com uma falha universal, e também é tolo, pois ela também é sua; você deve perdoar os outros para que você mesmo possa ser absolvido. Você tornará seu amigo um homem melhor se o suportar; em todos os casos, você o tornará um homem pior se o censurar. Não há razão para torná-lo desavergonhado; deixe-o preservar qualquer resquício de modéstia que ele possa ter. Repreensões muito fortes muitas vezes dissipam uma modéstia que poderia ter dado bons frutos. Nenhum homem teme ser aquilo que todos os homens veem que ele é; quando sua falha se torna pública, ele perde o senso de vergonha.

XXIX. Você diz: "Perdi o benefício que concedi". No entanto, dizemos que perdemos o que consagramos ao céu, e um benefício bem concedido, mesmo que recebamos um mau retorno por ele, deve ser considerado uma das coisas consagradas. Nosso amigo não é o homem que esperávamos que fosse; ainda assim, ao contrário dele, permaneçamos como éramos. A perda não ocorreu quando ele se mostrou assim; sua ingratidão não pode ser tornada pública sem refletir alguma vergonha sobre nós, pois reclamar da perda de um benefício é um sinal de que ele não foi bem concedido. Na medida de nossas possibilidades, devemos nos defender em nome dele: "Talvez ele não tenha sido capaz de devolvê-lo, talvez ele não soubesse disso, talvez ele ainda o faça." Um credor sábio e tolerante evita a perda de algumas dívidas incentivando seu devedor e dando-lhe tempo. Devemos fazer o mesmo, devemos lidar com ternura com um senso de honra fraco.

XXX. "Eu perdi", diz você, "o benefício que concedi". Você é um tolo e não entende quando sua perda ocorreu; você de fato a perdeu, mas o fez quando a concedeu, e o fato só veio à tona agora. Mesmo no caso dos benefícios que parecem estar perdidos, a gentileza fará muito bem; as feridas da mente devem ser tratadas com tanta ternura quanto as do corpo. A corda, que poderia ser desemaranhada com paciência, muitas vezes se rompe com um puxão brusco. Por que sobrecarregá-lo com reprovações? Por que libertá-lo de sua obrigação? Mesmo que ele seja ingrato, ele não lhe deve nada depois disso. Que sentido há em exasperar um homem a quem você conferiu grandes favores, de modo que, de um amigo duvidoso, faça um inimigo certo, e um, também, que procurará apoiar sua própria causa difamando-o, ou fazer com que os homens digam: "Não sei qual é a razão pela qual ele não pode suportar um homem a quem ele deve tanto; deve haver algo por trás?" Qualquer homem pode difamar, mesmo que não manche permanentemente a reputação de seus superiores reclamando deles; nem ninguém ficará satisfeito em imputar pequenos crimes a eles, quando é apenas pela enormidade de sua falsidade que ele pode esperar ser acreditado.

XXXI. Que maneira muito melhor é aquela pela qual se preserva a aparência de amizade e, de fato, se o outro recuperar seu juízo perfeito, a própria amizade! Os homens maus são superados pela bondade incansável, e ninguém recebe bondade em um espírito

SOBRE OS BENEFÍCIOS

tão duro e hostil a ponto de não amar os homens bons, mesmo quando lhes faz mal, quando eles o colocam sob a obrigação adicional de não exigir retorno por sua bondade. Reflita, então, sobre o seguinte: você diz: "Minha bondade não teve retorno, o que devo fazer? Eu deveria imitar os deuses, os mais nobres dispostos de todos os eventos, que começam a conceder seus benefícios àqueles que não os conhecem e persistem em concedê-los àqueles que não são gratos por eles. Alguns os censuram por negligência para conosco, outros por injustiça para conosco; outros os colocam fora de seu próprio mundo, em preguiça e indiferença, sem luz e sem quaisquer funções; outros declaram que o próprio Sol, a quem devemos a divisão de nossos tempos de trabalho e de descanso, por cujos meios somos salvos de sermos mergulhados na escuridão da noite eterna; que, por meio de seu circuito, ordena as estações do ano, dá força a nossos corpos, produz nossas colheitas e amadurece nossos frutos, é meramente uma massa de pedra, ou uma coleção fortuita de partículas de fogo, ou qualquer coisa que não seja um deus. No entanto, como o mais bondoso dos pais, que apenas sorri diante das palavras maldosas de seus filhos, os deuses não deixam de acumular benefícios sobre aqueles que duvidam da fonte de onde vêm seus benefícios, mas continuam distribuindo imparcialmente sua generosidade entre todos os povos e nações da Terra. Possuindo apenas o poder de fazer o bem, eles umedecem a terra com chuvas sazonais, colocam os mares em movimento pelos ventos, marcam o tempo pelo curso das constelações, amenizam os extremos de calor e frio, de verão e inverno, respirando um ar mais ameno sobre nós; e suportam graciosa e serenamente as falhas de nossos espíritos errantes. Sigamos seu exemplo; doemos, mesmo que muito seja doado sem propósito, doemos, apesar disso, a outros; não, até mesmo àqueles em quem nossa generosidade foi desperdiçada. Ninguém é impedido pela queda de uma casa de construir outra; quando uma casa é destruída pelo fogo, lançamos os alicerces de outra antes que o local tenha tido tempo de esfriar; reconstruímos cidades arruinadas mais de uma vez nos mesmos locais, tão incansáveis são nossas esperanças de sucesso. Os homens não realizariam nenhuma obra, seja em terra ou no mar, se não estivessem dispostos a tentar novamente o que falharam uma vez."

XXXII. Suponha que um homem seja ingrato, ele não me prejudica, mas a si mesmo; eu desfrutei de meu benefício quando o concedi a ele. Por ele ser ingrato, não serei mais lento para dar, mas mais cuidadoso; o que perdi com ele, receberei de volta de outros. Mas concederei um segundo benefício a esse homem e o superarei, assim como um bom lavrador supera a esterilidade do solo por meio de cuidado e cultivo; se não fizer isso, meu benefício se perderá para mim e ele se perderá para a humanidade. Não é prova de uma grande mente dar e jogar fora a própria generosidade; o verdadeiro teste de uma grande mente é jogar fora a própria generosidade e ainda assim dar.